Christof Niederwieser

Prognostik 01: Zukunftsvisionen

2. Auflage 2020

Christof Niederwieser
Prognostik 01: Zukunftsvisionen

1. Auflage August 2015
2. Auflage Februar 2020

ISBN 978-3-9464-9511-6

Die Deutsche Nationalbibliothek verzeichnet diese Publikation
in der Deutschen Nationalbibliografie

ZUKUNFTSVERLAG
www.prognostik.com

Prognostik 01: Zukunftsvisionen

Inhalt

06. Prophetentum und Zukunftsmythen

07. Utopien und Gesellschaftsvisionen

08. Zukunftsroman und Science-Fiction

09. Geschichte der modernen Zukunftsforschung

10. Qualitative Prognosemethoden der Moderne

Zukunftsvisionen in Magie und Moderne

Anhang

Vorwort

Der Blick in die Zukunft hat eine lange Geschichte. Seit jeher verspürt der Mensch die Sehnsucht, mehr über das Kommende zu wissen und so der Willkür des Schicksals, seiner Geworfenheit ins Unwägbare beizukommen. Ein großer Teil menschlicher Handlungen und Entscheidungen basiert auf Annahmen über die Zukunft. Das weite Feld der Vorhersage reicht in zahlreiche Lebensbereiche hinein. Dennoch gibt es bislang kaum wissenschaftliche Arbeiten, welche das Thema Prognostik in all seiner Vielschichtigkeit umfassend behandeln. Vielmehr werden in der Literatur meist nur fragmentarische Ausschnitte der Zukunftsschau behandelt:

Ein Teil der Veröffentlichungen beschäftigt sich lediglich mit jenen Wahrsagemethoden, welche für den modernen Menschen gemeinhin als magisch oder abergläubisch gelten. Dazu zählen anthropologische und historische Publikationen über Naturvölker und vergangene Kulturen ebenso wie jene aus Esoterik, Religion oder Parapsychologie. Andere Publikationen stellen die zahlreichen Ansätze der Moderne vor: Konjunkturprognostik, Börsenprognostik, Wahlprognostik, Klima- und Umweltprognostik, Futurologie, Zukunftsforschung oder Technikfolgenabschätzung, Methoden wie Delphi-Befragung, Szenariotechnik, Modellsimulationen, Kondratieff-Zyklen oder Elliott-Waves sind nur einige wenige Beispiele dafür. Weitere Arbeiten beschäftigen sich mit den weltanschaulichen Grundlagen der Zukunftsschau. Emanation, Kausalität, Finalität, Schicksal oder Zufall sind wichtige Konzepte zum Verständnis der Hintergründe von Prognosemethoden. Doch ihre Darstellung beschränkt sich hauptsächlich auf philosophische Werke. Und schließlich gibt es Forschungsarbeiten aus Bereichen wie Psychologie, Neurobiologie oder Gehirnforschung, welche die psychologisch-medizinischen Hintergründe von Schicksalsglauben, Mustersehen, Wahrnehmungsirrtümern und Denkfallen erläutern, die oftmals für prognostische Praktiken verantwortlich sind.
Die Prognostik-Reihe ist der Versuch einer großen Zusammenschau all dieser Facetten. Sie ist nicht bloß eine umfassende Monographie und Enzyklopädie der Prognostik, sondern auch eine Reise in die Tiefen der menschlichen Geistesgeschichte. Und nicht selten findet sich Modernes in den magischen Methoden und Magisches in den Modellen unserer Zeit.

Der erste Band widmet sich der „visionären Prognostik", jenen Vorhersagemethoden, welche auf Inspiration und Intuition gründen. Drei weitere Bände sind in Arbeit und werden in absehbarer Zeit veröffentlicht. Damit Sie über diese Entwicklungen am Laufenden bleiben können, habe ich die Website www.prognostik.com ins Leben gerufen. Dort finden Sie stets die aktuellsten Neuigkeiten rund um meine Veröffentlichungen zum Thema Prognostik.

Eine solche Mammutaufgabe ist kaum alleine zu bewältigen. Deshalb gilt mein herzlicher Dank all jenen, die meinen wissenschaftlichen Weg begleitet haben:
Prof. Dr. Richard Weiskopf für die vielen Reisen in die Postmoderne und die freigeistige Betreuung meines Erstlingswerks „Über die magischen Praktiken des Managements", sowie Prof. Dr. Oswald Neuberger für seine motivierenden Worte und die Veröffentlichung meines ersten Buches in seiner Schriftreihe „Organisation & Personal", welche mich erst zum Verfassen der Prognostik-Bände ermutigt hat.
Prof. DDr. Ekkehard Kappler für die lebendige und inspirierende Betreuung meiner Dissertation „Prognostik in Magie und Moderne", welche bis heute Grundlage der Prognostik-Buchreihe ist, sowie Prof. Dr. Alan Scott und Prof Dr. Stephan Laske für die wohlwollende Begutachtung; allen für das weltoffene, kreative Klima, welches in der zweckdominierten Betriebswirtschaftslehre nicht selbstverständlich ist und in dem eine solche Arbeit überhaupt erst gedeihen konnte.
Dr. Johannes Lugger und Dr. Renaud Tschirner für Jahrzehnte der Freundschaft und viele bereichernde Diskussionen. Meinen Eltern für die großzügige Unterstützung dieses Unterfangens, insbesondere meinem Vater DDr. Erwin Niederwieser für die unermüdlichen Stunden des Lektorats und ganz besonders meinen Kindern Vinzent und Annabell.

Christof Niederwieser, August 2015

Vorwort zur 2. Auflage

Bereits zwanzig Jahre sind vergangen seit ich die ersten Skizzen zur Prognostik-Buchreihe verfasst habe. Vor nunmehr fünf Jahren hat „PROGNOSTIK 01: Zukunftsvisionen" als Auftakt der Serie dann endlich das Licht der Welt erblickt. In diesen fünf Jahren hat sich viel getan. Auch der zweite und der dritte Prognostik-Band sind mittlerweile erschienen. Und so war es an der Zeit, mit dem ersten Teil in Revision zu gehen und ihm hunderte Korrekturen im Detail angedeihen zu lassen. Auch einige neue Passagen finden sich, etwa in den Kapiteln über Nekromantie und über die qualitativen Methoden der modernen Zukunftsforschung. Damit das dichte Netzwerk an Fußnoten und Querverweisen zwischen den Bänden unverändert bleibt, habe ich die Seitenaufteilung weitgehend erhalten, wodurch alle Verweise auf den ersten Band auch für die 2. Auflage gültig bleiben.

Diese Zweitauflage von „PROGNOSTIK 01: Zukunftsvisionen" wurde durch einen Forschungsaufenthalt im Rahmen des aus Mitteln des Bundesministeriums für Bildung und Forschung (BMBF) geförderten Internationalen Kollegs für Geisteswissenschaftliche Forschung „Schicksal, Freiheit und Prognose. Bewältigungsstrategien in Ostasien und Europa" der Universität Erlangen-Nürnberg ermöglicht. Ich möchte den Direktoren Prof. Dr. Michael Lackner und Prof. Dr. Klaus Herbers ganz herzlich danken für die Einladung, an diesem einzigartigen und weltweit führenden Forschungszentrum zur Kulturgeschichte der Prognostik einen Beitrag leisten zu können. Mein großer Dank gilt auch allen Mitarbeitern und Gastwissenschaftlern am IKGF für die inspirierende gemeinsame Zeit und die vielen neuen Erkenntnisse über die faszinierende Welt der menschlichen Zukunftspraktiken.

Christof Niederwieser, Februar 2020

Einleitung

Der Wunsch des Menschen nach Wissen über die Zukunft reicht bis in ferne Urzeiten zurück. Bereits die Jäger und Sammler orakelten nach künftigen Nahrungsquellen. Herrscher und Dynastien der großen alten Kulturen richteten ihre Entscheidungen nach Omina, Vogelflug oder Eingeweide-Signaturen. Die Gelehrten der Renaissance schauten für ihre Könige in die Sterne. Und auch in der heutigen Zeit sind Wettervorhersagen, Konjunkturprognosen, Wahl-Barometer, Börsenzyklen und Trendanalysen allgegenwärtig.

Wahrsager, Propheten, Visionäre und Zukunftsforscher haben seit Jahrtausenden Hochkonjunktur. Und auch über die Frage, ob das Kommende überhaupt für den Menschen vorhersehbar ist, wird seither gestritten. Bereits Marcus Tullius Cicero (106 – 43 v. Chr.) diskutierte in seinem Buch „Über die Wahrsagung" ausführlich mit seinem Bruder Quintus darüber. Ist es naiver Aberglaube, die kommenden Geschicke berechnen zu wollen? Oder haben die Skeptiker nur noch nicht lange genug nach einer passenden Methode gesucht? Sind sie blind für die Gesetze des Schicksals, welche nur den Eingeweihten und Auserwählten zugänglich sind? Die Frage nach Wesen und Wert der Wahrsagekunst ist alt:

> „Denn es ist die Gefahr vorhanden, dass wir, wenn wir jene Dinge vernachlässigen, uns eines gottlosen Frevels oder aber, wenn wir sie annehmen, eines kindischen Aberglaubens schuldig machen."[1] (Cicero)

Die Skepsis gegenüber den mantischen Praktiken ist kein Novum der Gegenwart. Ob Prognostik prinzipiell möglich ist, darüber gehen die Meinungen seit jeher weit auseinander. Dennoch hat der Mensch sein Streben nach Voraussicht bis heute niemals aufgegeben. Mit zahllosen Methoden und Techniken versucht er unermüdlich, die Gesetze des Schicksals zu entschlüsseln. Inwieweit man hier der Moderne Fortschritte gegenüber den magischen Ansätzen unserer Vorfahren attestieren kann, hängt von der Definition der Begriffe Prognostik, Magie, Moderne, Aberglaube und Wissenschaft ab.

Der Prognostik-Begriff

Der Begriff der Prognostik ist sehr vielschichtig. Allgemein meint er die Voraussage zukünftiger Ereignisse und Entwicklungen. Doch Prognose ist nicht gleich Prognose. Sagt etwa jemand voraus, dass heute Abend im Westen die Sonne untergehen wird oder dass am Montagmorgen viele Autos in die Stadt fahren werden, so ist definitiv mit einer sehr hohen Trefferquote zu rechnen. Andererseits wird sich davon aber niemand verblüffen lassen, weil diese Aussagen auf Erfahrungswerten gründen, welche jedermann zur Verfügung stehen. Solche Prognosen möchte ich **Trivialprognosen** nennen. Trivialprognosen sind immer relativ. Was für ein Individuum der westlichen Kultur selbstverständlich ist, könnte durchaus einen Urwaldbewohner verblüffen. Für diesen wäre bei seinem ersten Aufenthalt in einer Großstadt ein Verkehrsstau am Montagmorgen mitunter unvorhersehbar.

Trivialprognosen liegen immer dann vor, wenn sie aus Fakten hergeleitet werden, welche offensichtlich sind. Sie sind insofern abhängig vom Erkenntnisstand des Einzelnen. Die exakte Berechnung der Fallgeschwindigkeit eines Apfels ist in Physikerkreisen eine Trivialprognose. Für weniger gebildete Menschen mag dies hingegen schon einem Stück Zauberei gleichkommen. Vieles, was für uns heute eine Trivialprognose ist, war für frühere Generationen und Kulturen bereits eine mantische Meisterleistung. Die Vorhersage einer Sonnenfinsternis etwa konnte den Menschen vergangener Jahrtausende große Ehrfurcht einflößen und somit die Macht der Herrschenden sichern. Heute genügt ein Knopfdruck am Computer und jeder kann ein solches Ereignis exakt vorhersagen.

Die **naturgesetzliche Prognostik** bezeichnet all jene Voraussagen, welche aufgrund von physikalischen oder chemischen Gesetzmäßigkeiten getroffen werden. Diese funktionieren, wenn auch nicht immer und überall, so zumindest doch in unserem Zeitalter unter den auf der Erde herrschenden Rahmenbedingungen. Auch über solche Prognosen wundern wir uns nicht mehr, haben wir uns doch schon längst an die zuverlässigen Leistungen der Naturwissenschaften gewöhnt. Wie aus oben genannten Beispielen zudem ersichtlich ist, verlaufen die Grenzen hin zur Trivialprognostik fließend. Je mehr Menschen mit einem Naturgesetz vertraut sind und dieses über Techniken nutzen können, desto trivialer wird die naturgesetzliche Prognose.

Die naturgesetzliche Prognostik wird hier nur insofern Erwähnung finden, als sie mit ihren Methoden, Formeln und Kurven den Bereich der Sozial- und Gesellschaftsprognostik inspiriert hat. Wenn man schon die Bahnen von Planeten exakt vorherberechnen kann, warum sollte man dann nicht auch die Bahnen und Wege der Menschen in berechenbare Hebel zerlegen können? Unter dieser Annahme wurde seit dem späten 18. Jahrhundert die moderne Sozialprognostik erbaut. Und trotz multifaktorieller Formelgebäude und kybernetischer Weltmodelle ist sie diesem Ziel heute ferner denn je.
So sind auch die Grenzen hin zur **pseudonaturgesetzlichen Prognostik** fließend. Darunter verstehe ich all jene Bereiche, welche sich zwar anschicken, mit Hilfe von ausgefeilten naturwissenschaftlichen Methoden Vorhersagen zu treffen, doch dabei nur eine geringe Trefferquote erzielen. Langfristige Wetterprognosen oder Erdbebenprognosen wären Paradebeispiele dafür. Natürlich ist bei dieser Art der Prognostik immer die Möglichkeit offen, dass irgendwann Formeln gefunden werden, welche ihre Exaktheit erhöhen und sie dadurch in den Rang der naturgesetzlichen Prognostik aufsteigen lassen. Dies ist das Endziel sämtlicher Ansätze und Bestrebungen zur Prognostik, so absurd und abwegig diese teilweise auch scheinen mögen. Es versteht sich dabei von selbst, dass die Rede von „naturwissenschaftlichen Methoden" relativ bleiben muss. Was darunter verstanden werden darf, entscheidet der Zeitgeist, entscheiden die herrschenden Paradigmen.[2]

All diese Arten der Prognostik wird dieses Buch lediglich streifen. Im Zentrum der Darstellung steht das weite Feld der **Sozial- und Gesellschaftsprognostik**, die Vorhersage der Zukunft des Menschen, der kommenden Geschicke von Kollektiven und Individuen. Sie reicht von magisch-archaischen Divinationspraktiken bis hin zu den volkswirtschaftlichen Prognosen und der Zukunftsforschung unserer Zeit.

Wissenschaft und Aberglaube

Auch die Begriffe „Aberglaube und Wissenschaft" beziehungsweise „Magie und Moderne" bedürfen einer näheren Erklärung, legen sie doch in gewisser Weise ein Gegensatzpaar nahe, zwei getrennte Sphären, zwei verschiedene Welten. Dass eine solche Trennung jedoch immer eine künstliche sein muss und die Grenzen zwischen beiden Bereichen bei näherer Betrachtung fließend und äußerst relativ sind, habe ich bereits im Buch „Über die magischen Praktiken des Managements“[3] anhand einiger Beispiele gezeigt. Die landläufige Meinung, dass Magie nichts anderes wäre als eine primitive Vorstufe der Wissenschaft ist nicht haltbar. Häufig besteht der Unterschied zwischen magischen und modernen Denksystemen nur darin, dass sie dieselben Sachverhalte in verschiedene Sprachen, in verschiedene Begrifflichkeiten kleiden. Wer heute an Katatonie leidet, der war früher vom Dämonen Mehazael besessen. Wer heute zu Depressionen neigt war einst ein Kind Saturns. Der Fortschritt ist oft nichts anderes als ein Wandel der Masken, der Worthüllen und Modellfassaden.

Magie ist oft nichts anderes, als die Wissenschaft der Vergangenheit oder anderer Kulturen, deren Sprache wir nicht verstehen.

Verschiedene Zeitgeister haben unterschiedliche Auffassungen darüber, was als Wissenschaft und was als Aberglaube zu bezeichnen ist. Vieles von dem, was einst als wissenschaftlich anerkannt war, was anderswo etabliert ist, scheint aus unserer Sicht abergläubisch und irrational. Gleich wird es künftigen Generationen, wird es anderen Kulturkreisen mit vielen unserer Denkgötzen gehen, welchen wir in den Marmorhallen unserer Universitäten huldigen. Was Aberglaube und was Wissenschaft ist bleibt somit relativ. Es täte derart vagen und großräumigen Begriffen nicht wohl, sie in die eiserne Jungfrau eindeutiger Definitionen zu sperren.
Deshalb wird die Auswahl der hier vorgestellten Prognosemodelle nicht am Horizont unserer okzidentalen Moderne haltmachen, sondern weit darüber hinausgehen in Raum und Zeit, soweit Schrift und Überlieferung dies ermöglichen. Denn nicht nur der Wahlforscher in New York, der Volkswirtschaftler in London oder der Börsenanalyst in Frankfurt haben etwas zum Thema Prognostik zu sagen. Auch die Pythia von Delphi, der Astrologe in Babylon oder der Priester in Teotihuacán haben sich eingehend Gedanken zu diesem Thema gemacht, Techniken entwickelt und erprobt, komplexe Berechnungen und Übungen angestellt, um sich ein Fernrohr in die Zukunft zu bauen, ein Schaufenster in den Fluss der Zeit zu schlagen. Und nicht selten wird sich Modernes in den magischen Methoden finden und Magisches in den Modellen unserer Zeit.

Ursprung der Prognostik

Wann der Mensch begonnen hat, die Zukunft vorhersehen zu wollen, liegt im Dunkel der Geschichte verborgen. Man kann jedoch davon ausgehen, dass dieser Drang schon sehr früh in ihm erwacht ist. Ob die Verwendung von Steinwerkzeug oder Feuer bereits ausreicht, um dem Homo Sapiens einen „Zukunftssinn" zu attestieren, sei dahingestellt. Man kann davon ausgehen, dass das Zukunftsdenken des Menschen spätestens mit dem Aufkommen der Religiosität ausgeprägte Formen angenommen hat. Bereits vor 100.000 Jahren haben unsere Vorfahren begonnen, ihre Toten zu bestatten. In der Qafzeh-Höhle nahe Nazareth fand man das bislang älteste Zeugnis davon.[4] Auch der Neandertaler, ein naher Verwandter des Menschen, begann etwa zur selben Zeit, die Verstorbenen zu beerdigen.[5] Ab diesem Zeitpunkt liegt die Vermutung nahe, dass der Mensch sich Gedanken über das Jenseits gemacht hat, dass sein Bewusstsein von einem Danach erwacht war. Er hatte das vegetative Dahintreiben im Moment, den unmittelbaren Trieb der Gegenwart überwunden und war in der Lage, zu reflektieren und zu abstrahieren, sich Gedanken darüber zu machen, was jenseits der Gegenwart wohl liegen mag, in anderen Welten, in anderen Zeiten. Seither scheinen erste Rituale und Praktiken zur Erkundung der Zukunft zumindest möglich.
Eine weitere Stufe in der geistigen Auseinandersetzung mit der Welt wurde vor etwa 45.000 Jahren erreicht mit dem Aufkommen künstlerischer Ausdrucksformen. Die bislang ältesten bekannten Felsritzungen fand man in Australien.[6] Höhlenzeichnungen und Skulpturen aus den folgenden Jahrtausenden lassen bereits auf ein reichhaltiges mystisches Weltbild schließen. Es ist sehr wahrscheinlich, dass schon damals Formen von Schamanismus verbreitet waren. Zumindest die visionäre Prognostik, die Zukunftsvorausschau mittels Traum und Trance, mittels Beschwörung von Geistern und Toten, dürfte seine Ursprünge spätestens in dieser Zeit haben.

Somit kann man die ersten archaischen Wurzeln der Prognostik zwischen 100.000 und 40.000 vor unserer Zeit ansetzen. Natürlich ist es durchaus möglich, dass Hominiden bereits viel früher primitive Orakel verwendet haben. Vorstellbar wären etwa ein Ja-Nein-Orakel wie das Auszählen von Blumenblüten oder ein Richtungsorakel wie das Drehen eines Stockes am Boden. Derartige einfache Entscheidungshilfen könnten bereits sehr früh verwendet worden sein, womöglich auch nur in spielerischer Art und Weise. Dennoch, ein abstraktes Zukunftsbewusstsein dürfte wohl erst durch die Entwicklung der menschlichen Sprache möglich geworden sein. Seit wann diese existiert wird wahrscheinlich niemals datiert werden können, nicht einmal annäherungsweise. Und ebenso bleibt eine ungefähre Datierung der ersten Prognosepraktiken in jedem Falle spekulativ.

Die folgende Darstellung der Prognostik muss sich deshalb auf jene Epochen und Kulturen beschränken, in denen Schrift gebräuchlich war. Erste Dokumente sind etwa seit dem 4. Jahrtausend v. Chr. überliefert. Die ältesten Tafeln fand man in der sumerischen Stadt Uruk in Mesopotamien. Ihr Alter wird auf etwa 5.000 Jahre geschätzt. Die ägyptischen Hieroglyphen sind nur unwesentlich jünger. In China entstanden erste Inschriften um 1400 v. Chr. Etwa 600 v. Chr. erfanden die Zapoteken die erste Schrift in Mittelamerika.[7] Dies ist der ungefähre Zeitrahmen, in welchem wir für die verschiedenen Regionen der Welt auf Überlieferungen zurückgreifen können.
Rückschlüsse über die Zeit davor lassen sich nur indirekt ziehen, beispielsweise durch anthropologische Studien an indigenen Völkern (Ureinwohner, Naturvölker). Dass es sich bei der Zukunftsvorhersage um das „zweitälteste Gewerbe der Menschheitsgeschichte" handelt, wie in einem Buch über das Geschäft mit Prognosen[8] gemutmaßt wird, ist jedenfalls nicht unwahrscheinlich.

Es scheint als ob die Zukunftsschau ein Grundbedürfnis des Menschen ist. Nahezu alle Kulturen dieser Erde haben prognostische Praktiken ausgebildet. Bei manchen Völkern standen Orakelkulte derart im Zentrum, dass sämtliche kollektive Tätigkeiten danach ausgerichtet waren. Etwa in China zur Zeit der Shang-Dynastie (1650 – 1027 v. Chr.) wurden alle kaiserlichen Entscheidungen nach dem Knochenorakel getroffen. Bezeichnenderweise sind auch die frühesten Belege der chinesischen Schrift in Orakelknochen eingeritzte Fragen und Antworten.[9] Bei den Maya-Indianern waren Alltag und öffentliches Leben von einem komplexen Prognosekalender geregelt. Die kommunistische Planwirtschaft funktionierte streng nach den Grundlagen der marxistisch-leninistischen Gesellschaftsprognostik.[10] Und selbst heute werden viele gewichtige Entscheidungen in Politik oder Management aufgrund von Konjunkturprognosen und Market Forecasts getroffen.

Arten der Prognostik

Der Mensch hat sich in verschiedensten Zeiten und Orten eine bunte Vielfalt an Methoden einfallen lassen, um mehr über die Zukunft in Erfahrung zu bringen. So unterschiedlich all diese Herangehensweisen auch sein mögen in ihrer individuellen Ausprägung, lassen sich dennoch eine Reihe von Gemeinsamkeiten feststellen. In der Antike war eine Zweiteilung weit verbreitet. Bei Cicero findet sich die auf Platon zurückgehende Unterscheidung in eine natürliche und eine künstliche Weissagung.[11] Unter der **natürlichen Weissagung** verstand er direkte Eingebung von Göttern und höheren Geistern. Es sind dies all jene Divinationen, welche den Menschen in Träumen, Visionen oder Trancezuständen ereilen. Die **künstliche Weissagung** hingegen erfolgt mittels Techniken und Methoden, die der Mensch bewusst entwickelt, um den Göttern Informationen über die Zukunft abzuringen. Auch die Beobachtung und Deutung von Zeichen gehört dazu. Diese Art war für Cicero und die Weisen der Antike die wirkliche, die hohe Kunst der Weissagung. Darunter zählten unter anderem Opferschau, Vogelschau, Wahrsagung aus Blitzen, Sterndeutung und vieles mehr.

Seither sind diese zwei Kategorien in vielfältigen Abwandlungen immer wieder herangezogen worden, bis in unsere Zeit hinein:[12]

intuitiv – analytisch
divinatorisch - empirisch
subjektiv – objektiv
endogen – exogen
Eingebung - Erfahrung

Diese Zweiteilung ist die einfachste Art der Gruppierung von Prognosemethoden. Sie mag auch heute noch ihren Wert haben, vor allem wenn man jene antiken Divinationspraktiken mit einbezieht, welche bis in unsere Tage als Esoterik fortbestehen. Nach Analyse von mehr als tausend Vorhersagemethoden verschiedenster Epochen und Kulturkreise habe ich eine differenziertere Kategorisierung entwickelt. Diese geht nicht von der Herangehensweise aus wie bei Cicero, sondern basiert vielmehr auf der Erkenntnisquelle der jeweiligen Methode. Dementsprechend unterscheide ich zwischen Prognosemethoden, die auf Intuition und Inspiration gründen (Visionäre Prognostik), solche, die Zeichen und Signaturen deuten (Zeichendeutende Prognostik) und schließlich solche, die im historischen Zeitverlauf gewisse Muster zu erkennen glauben (Zeitendeutende Prognostik).

Die **visionäre Prognostik** ist dabei die unmittelbarste Form der Prognostik. Es gibt kein festes Arsenal von Werkzeugen oder Regeln, kaum standardisierte Verfahrensweisen. Medium ist der Wahrsager direkt. Die Zukunft wird von ihm nicht berechnet, sondern erschaut. Er nimmt die Botschaft von höheren Geistern und Göttern in Empfang, ist somit weniger Prognostiker, als vielmehr Prophet. In Traum, Trance, Ekstase oder Visionen erschaut er das Kommende.
Aber auch moderne Methoden, welche vornehmlich auf Intuition und Kreativität gründen, fallen hierunter, beispielsweise die Delphi-Methode oder die Szenario-Technik, Utopien und Science Fiction. Die Erkenntnisquelle der visionären Prognostik ist die Eingebung.

Die **zeichendeutende Prognostik** hingegen versucht, die Zukunft aus den Signaturen der Erscheinungswelt zu lesen. Über Analogieketten schließt man von Form und Verhalten eines Systems auf die Geschehnisse in einem Parallelsystem. Der Zeichendeuter liest die kommenden Geschicke aus der Gestalt von Knochen und Eingeweiden, aus geworfenen Steinen oder gezogenen Karten. Von den Bahnen der Vögel schließt er auf die Bahnen der Menschen. Aus den Formen des Körpers erkennt er sein Schicksal.
Die zeichendeutende Prognostik ist der Versuch, im Bauplan der Welt zu lesen. Dabei werden sämtliche Dinge und Vorgänge in der Natur als Ziffernblatt betrachtet, von welchem man die kommenden Geschicke ablesen kann...sofern man zu den Eingeweihten gehört und es versteht, das Buch der Natur richtig zu lesen. Während die visionäre Prognostik auf dem Empfang einer Eingebung beruht, erfordert die zeichendeutende Prognostik langjährige Studien im Buch der Natur. Dies betrifft sowohl all die magischen Methoden der Erscheinungsdeutung, als auch die modernen Ausprägungen. Beispielsweise das Lesen im Gen-Code, in der Körpersprache oder in Bioindikatoren sind aktuelle Versuche, materielle Erscheinungsformen als Informationsträger des Schicksals zu betrachten.

Einen anderen Ansatz wählt die **zeitendeutende Prognostik.** Für diese sind die materiellen Erscheinungsformen kaum von ursächlicher Bedeutung. Diese sind nur Kulisse eines Programms, welches in der Zeit gespeichert ist und alle Vorgänge in der Welt steuert. Die Erkenntnisquelle der Zukunftsschau ist deshalb auch die Zeit selbst. Der Kalender zeigt nicht nur ein neutrales Datum, sondern auch, was an diesem Tag geschehen wird. Dabei werden verschiedene Konzepte vom Rhythmus der Zeit, von der Bauweise des Weltenuhrwerks, zugrunde gelegt.
Einerseits gibt es die linearen Zeitmodelle. Hierzu zählen die antiken Modelle der Weltzeitalter ebenso wie soziologisch-philosophische Stufenleitern der Gesellschaft, die bis ins 19. Jahrhundert gebräuchlich waren. Schließlich fallen auch jene zeitgenössischen Ansätze hierunter, welche die Entwicklungstendenzen der Vergangenheit in die Zukunft extrapolieren. Dem gegenüber stehen die zyklischen Zeitmodelle. In Analogie zu Lebewesen sind hier Kulturen, Epochen und Zeitgeistströme periodischen Kreisläufen von Aufstieg, Höhepunkt und Fall unterworfen. Diesen Ansatz finden wir bei den Kalendern der Maya und Azteken ebenso wie in der Astrologie oder in den geschichtsphilosophischen Kulturkreislehren von Vico, Spengler, Frobenius oder Toynbee. Auch heute noch wird dieses Muster vertreten in den Theorien der Konjunkturzyklen oder des Produktlebenszyklus.

Folgend sind die drei Hauptarten der Prognostik noch einmal zusammengefasst:

Prognostik	**Erkenntnisquelle**	**Medium**
Visionäre	Eingebung	Mensch
Zeichendeutende	materielle Erscheinungen	Natur
Zeitendeutende	Morphologie des Zeitverlaufs	Zeit

Diese Einteilung nach der Unmittelbarkeit der Erkenntnisquelle dürfte auch grob die Entwicklungsgeschichte der Prognostik nachzeichnen. Die visionären Methoden sind wahrscheinlich die ältesten, denn sie bedürfen weder ausgefeilter Techniken, noch komplexer Deutungsregeln. Ihr Ursprung dürfte bereits im frühesten Schamanismus liegen. Die zeichendeutende Prognostik ist vermutlich etwas jünger. Sie erforderten bereits bewusste Beobachtungen der Natur und Theorien über die Bedeutung

der Zeichen, oftmals auch die Ausbildung eigener Werkzeuge und Hilfsmittel.
Die zeitendeutenden Ansätze dürften in der Entwicklungsgeschichte die jüngste Art der Prognostik sein. Sie sind bereits losgelöst von der Anschauung der Gegenwart und werden in einem abstrakten Raum konstruiert. Sie erfordern generationenlange Beobachtungen und Überlieferungen, komplexe Theorien über die Gestalt der Zeit. Und sie setzen ein ausgeprägtes Zeitbewusstsein voraus. Dieses hat sich erst aus der Beobachtung von Zeichen herausentwickelt. Die ersten Kalender basierten auf dem Lauf des Mondes (Monat). Später wurde der Lauf der Sonne zugrunde gelegt (Jahr). Dabei wurden die Himmelskörper zuerst rein als Zeichen angesehen. Erst durch lange Beobachtungen wurde dem frühen Menschen bewusst, dass die Abfolge dieser Himmelszeichen gewissen Zeitrhythmen unterliegt, einer Periodizität folgt. So führte die Beobachtung von Zeichen zur Konstruktion der Zeitmessung.

Visionäre Prognostik

Im Zentrum dieses Buchs steht die visionäre Prognostik, die erste und wohl urtümlichste Art der Zukunftsschau. Ihre Erkenntnisquelle ist die Eingebung. Ihr Medium ist der Mensch selbst. Vorahnungen, Prophetie, Visionen und Erscheinungen, Besessenheit, Begeisterung oder Hellsehen in Traum, Trance und Ekstase sind ihre traditionellen Entsprechungen. In der magischen Prognostik ist es zumeist ein Gott, Geist oder höheres Wesen, welches die Kunde von der Zukunft überbringt. Der Seher ist dabei nur Sprachrohr, gleich einem Gefäß, welches die höheren Welten in sich aufnimmt und durch seinen Mund hindurchfließen lässt.
Auch die moderne Parapsychologie geht davon aus, dass es prinzipiell möglich ist, kommende Geschicke in Visionen zu erschauen. Religiöse Erklärungen werden dabei jedoch meist durch naturwissenschaftsähnliche Ansätze ersetzt. So gibt es beispielsweise Theorien von Bewusstseinsfeldern, welche jenseits von Raum und Zeit liegen und durch veränderte Bewusstseinszustände angezapft werden können, gleich einem Radio, dessen Frequenz man verändert. Der Seher ist hier ein Mensch mit außergewöhnlichen Wahrnehmungsfähigkeiten. Sein Sinnesspektrum übersteigt die herkömmlichen Möglichkeiten, ist somit über- oder außersinnlich.

Im Gegensatz dazu geht die visionäre Prognostik der Moderne nicht von einer determinierten Zukunft aus, welche erschaut werden kann, sondern sieht Zukunft als offen und vom Menschen gestaltbar. Es geht ihr nicht mehr darum, eine richtige Prognose aufzustellen, sondern um das Entwerfen von Szenarien und Möglichkeiten. Und man versucht in der Folge, auf die wünschenswerten Szenarien hinzuarbeiten und die unerwünschten zu vermeiden. Die Vision ist hier in erster Linie Leitbanner der Planung.

Allen visionären Prognosemethoden ist gemein, dass sie sich kaum ausgefeilter Techniken und Werkzeuge bedienen, wie dies bei den zeichen- und zeitendeutenden Varianten üblich ist. Der Mensch und seine Eingebung stehen im Zentrum. Zwar werden auch hier zu einem gewissen Grad methodische Herangehensweisen verwendet, doch bleibt das Wesentliche immer die Intuition und Inspiration des Visionärs. Nicht die Werkzeuge selbst zeigen die Zukunft an, sondern sie sind nur Hilfsmittel, um psychische Prozesse im Medium anzuregen, um es in meditative Versenkung oder Trance zu versetzen. Sie helfen dabei, den menschlichen Geist gezielt in einen Ausnahmezustand zu bringen, das Bewusstsein dem Alltagsbewusstsein zu entheben. Dies geschieht beispielsweise durch repetitive Gebete, Trommeln und Gesänge, Entzug von Nahrung oder Schlaf, psychogene Rauschmittel und ähnliches. Die Stimme des Ichs soll dadurch ausgeschaltet, der Geist leer gemacht werden, um in ihm den höheren Geist aufzunehmen. Am extremsten wird dieser Vorgang sichtbar, wenn die Vision durch Begeisterung oder Besessenheit erfolgt. Wir begeben uns nun ins tibetische Exil nach Dharamsala, um Zeugen einer derartigen Praktik zu werden.

01. Besessenheit und Trance

Das Tibetische Staatsorakel Nechung

Jedes Jahr am 25. Februar besucht die tibetische Regierung das Kloster Nechung, um dort das Staatsorakel zu befragen. Der Orakelgott Dorje Drakden bedient sich eines Priesters als Medium, welcher Kuten („physische Grundlage") genannt wird. Der Kuten wird von Dorje Drakden selbst auserwählt, indem er ihm entsprechende Träume sendet und schließlich von seinem Körper Besitz ergreift. Der seit 1987 amtierende Kuten Thubten Ngodup (*1957) beschreibt dies folgendermaßen:

> „Sobald ich mit dem Gefäß in die innere Kapelle des Dharma-Beschützers trat, spürte ich jäh einen elektrischen Stromfluss in mir. Dann trübte sich plötzlich meine Sehkraft, und mein Körper begann wild zu zittern. Ich verlor die Kontrolle. (...) Alles ging so rasch, dass ich mich an nichts mehr erinnern kann."[13]

Es gibt immer nur einen Nechung-Kuten. Dieser dient dem Orakelgott bis zu seinem Tod. Erst dann wird ein neuer Kuten gesucht. Manchmal vergehen Jahre, bis ein Nachfolger gefunden wird. Zeigen sich schließlich bei einem Mönch die typischen Besessenheitsphänomene, so wird dies vom Dalai Lama eingehend geprüft. Sind alle Zeichen stimmig, so wird der neue Kuten ernannt.

Orakelbefragungen werden mehrmals im Jahr abgehalten, bei dringenden Anfragen der Regierung, hochgestellter Lamas oder Klöster. Die Neujahrszeremonie nimmt hierbei traditionell die wichtigste Stellung ein und soll der Regierung Entscheidungshilfe für das kommende Jahr geben. Bei der Zeremonie kleidet sich der Kuten in eine reich verzierte Robe aus goldenem Seidenbrokat. Auf seiner Brust blitzt ein runder Schild mit dem Mantra von Dorje Drakden. Zusätzlich wird ihm eine schwere Rüstung mit vier Fahnen und drei Siegesbannern angehängt. Die Ausrüstung wiegt fast vierzig Kilogramm, sodass der Kuten im Normalzustand darin kaum gehen kann. Dann geschieht etwas Außergewöhnliches. Der 14. Dalai Lama (*1935) schreibt in seiner Autobiografie:

> „Die Zeremonie beginnt mit Anrufungen und Gebeten, die von Mönchen rezitiert werden. Dazu erklingen lange, tiefe Töne von Hörnern, Becken und

Trommeln. Nach einer kurzen Zeit fällt der Kuten in einen Trancezustand. (...) Nun setzt man ihm einen großen, schweren Helm auf den Kopf. Dieser wiegt weitere fünfzehn Kilogramm; in vergangenen Zeiten wog er sogar über vierzig Kilogramm.
Jetzt beginnt sich das Gesicht des Kuten zu verändern. Es nimmt einen wilden, sonderbaren Ausdruck an, mit hervorquellenden Augen und aufgeblähten Wangen. Sein Atem wird kurz und flach, und er beginnt, laut zu zischen. Dann hält sein Atem kurz an. Genau in diesem Augenblick wird der Helm mit einem Knoten festgebunden, und zwar so fest, dass der Kuten zweifellos erwürgt werden würde, ginge nicht etwas sehr Außergewöhnliches vor sich. Er ist nun vollkommen besessen, und die sterbliche Hülle des Mediums dehnt sich sichtbar aus.
Dann springt der Kuten jäh auf, ergreift ein rituelles Schwert und beginnt einen langsamen, würdevollen, aber irgendwie bedrohlich wirkenden Tanz. Er kommt zu mir herüber und macht entweder eine Niederwerfung oder verbeugt sich von der Hüfte an, bis sein Helm den Boden berührt, bevor er dann wieder aufspringt, als würde seine ganze Aufmachung nichts wiegen. In seiner irdischen Zerbrechlichkeit kann der Kuten die vulkanische Energie der Gottheit kaum bändigen, und er bewegt sich, als ob sein Körper aus Gummi wäre und er eine unglaublich starke Feder in sich hätte."[14]

Dann beginnt die Befragung durch den Dalai Lama und die Regierungsmitglieder. Früher waren Nechungs Antworten sehr poetisch und schwer verständlich. Doch seit einigen Jahrzehnten bedient sich das Orakel einer eindeutigeren Sprache. Sobald er seine Aussagen beendet hat, bricht er als lebloser, starrer Körper zusammen. Der Knoten, mit welchem der Helm auf seinem Kopf befestigt ist, muss dann sehr schnell geöffnet werden, da der Kuten sonst erdrosselt würde.[15] Nach der Befragung kann er sich an nichts mehr erinnern:

„Kurz vor der Trance sehe und spüre ich, was um mich herum vorgeht. Nach und nach lösen sich aber meine Sinne auf, und ich versinke völlig in eine Art Schlafzustand und kann mich nicht richtig an das erinnern, was geschehen und gesprochen worden ist. (...) Es baut sich eine Distanz auf zu meiner eigenen Identität und zur Umgebung. Es lässt sich mit einem Traum vergleichen, an den man sich am nächsten Morgen nicht mehr erinnert."[16]

Ein früherer Kuten, Lobsang Jigme, hat die Besessenheit als sehr unangenehm beschrieben. Er empfand nach dem Ritual einen starken Druckschmerz am ganzen Körper, so als ob jemand die Hand ganz fest drückte. Das Kommen des Orakelgeistes schilderte er folgendermaßen:

„Es ist zumeist eine Art Kribbeln. Abgesehen von den Schmerzen habe ich keine Angst. Die Schmerzen sind nicht auszuhalten. (...) Nachdem man die Gewänder angezogen hat, fühlt man wegen der Krankheit überhaupt nichts. Man hat gar keine Schwebeerlebnisse. Und noch etwas: Man braucht ja Selbstkontrolle. Aber diese Selbstkontrolle geht automatisch völlig verloren. Es gibt sie nicht mehr. (...) Man merkt gar nicht, wie der Tschödschong kommt. Unmittelbar vorher habe ich Schmerzen, und dann bin ich wie tot. (...) Es ist wie in einer Narkose. Wenn der Helm aufgesetzt ist, fühle ich mich wie betrunken."[17]

Das Nechung-Orakel hat in Tibet eine lange Tradition. Seine Ursprünge führen in das 8. Jahrhundert zurück. Der Fünfte Dalai Lama (1642 – 1682) verlieh ihm schließlich offiziellen Status und ernannte die Orakelgottheit zur Schutzgottheit der Regierung. Seither sind über drei Jahrhunderte vergangen, in denen das Orakel in den politischen Entscheidungsprozessen Tibets bis heute eine wichtige Rolle spielt. Der Dalai Lama schreibt:

„Das mag für westliche Leser des 20. Jahrhunderts sonderbar klingen. (...) Ich halte aber aus dem einfachen Grund daran fest, weil ich im Rückblick auf zahlreiche Befragungen feststellen konnte, dass das Orakel noch immer Recht hatte. Das heißt aber nicht, dass ich mich allein auf den Rat des Orakels verlasse. (...) Ich befrage es ebenso, wie ich auch mein Kabinett und mein Gewissen befrage."[18]

Als Beispiel erwähnt der Dalai Lama die Vorhersage der chinesischen Invasion in Tibet:

„Dem Nechung-Orakel wurde eine Frage über China gestellt. Statt direkt zu antworten, drehte sich der Kuten nach Osten und begann, sich heftig nach vorne zu beugen. Es war erschreckend, ihm zuzuschauen, da klar war, dass diese Bewegung und der schwere Helm, den er auf seinen Kopf trug, ihm leicht das Genick brechen konnten. Er wiederholte diese Bewegung mindestens fünfzehn Mal, so dass kein Zweifel mehr darüber bestand, wo die Gefahr lag."[19]

Auch die Fluchtroute aus Lhasa wurde präzise vom Orakelgeist vorhergesagt. Nechung ist somit eines jener Orakel, welche großen politischen Einfluss erlangt haben, indem sie den weltlichen Führern die Stimme der Götter kundtun. Dies gilt auch für das wohl bekannteste Orakel der Antike, das Orakel von Delphi.

Das Orakel von Delphi

Der Legende nach ließ der Göttervater Zeus einst zwei Adler von den Rändern der Erde her aufeinander zufliegen. Dort wo sie sich trafen, zwischen den Hängen des Parnass-Gebirges, wurde als Nabel der Welt Delphi errichtet. In mykenischer Zeit (bis etwa 1100 v. Chr.) unterstand das Orakel der Erdmutter-Göttin Gaia. Später wurde es vom eingewanderten Gott Apollon erobert. Apollon war der griechische Gott alles Lichten und Hellen, der Reinheit und des Maßes, der Wahrsagung und der Künste. Er trug aber auch den Beinamen „Loxias", der Hinterlistige, Vieldeutige.
Im 8. Jahrhundert v. Chr. begann Delphi sich zum Pilgerort zu entwickeln und war alsbald in der gesamten antiken Welt berühmt. Seine Blütezeit währte über 1.000 Jahre bis ins 2. Jahrhundert n. Chr. Nach einem letzten Aufschwung unter dem römischen Kaiser Hadrian versank Delphi schließlich in der Bedeutungslosigkeit, bis der Orakelkult schließlich im Zuge der Heidenverfolgungen von Kaiser Theodosius I. (Regierungszeit 379 – 395) endgültig verboten wurde. Damit ist Delphi vermutlich das am längsten durchgehend praktizierende Orakel der Menschheitsgeschichte. Erst um 600 n. Chr. bereitete das Eindringen der Slawen der bereits maroden Stadt ihr endgültiges Ende und begrub sie in Vergessenheit.[20]

Viele Legenden ranken sich um das Orakel von Delphi. Doch was dort wirklich geschah liegt zum großen Teil im Dunklen. Seit dem 19. Jahrhundert wurde eine Reihe von Ausgrabungen durchgeführt, doch konnten diese bislang kaum neue Erkenntnisse über den Orakelkult bringen. So ist man auf schriftliche Überlieferungen angewiesen, welche sich über den genauen Ablauf der Divination großteils ausschweigen.
Während das tibetische Nechung-Orakel auch öffentliche Zeremonien abhält und die Orakel-Priester bereitwillig Auskunft über die Hintergründe des Rituals geben, wurde Delphi mit einer Aura des Geheimnisvollen umhüllt. So werden viele antike Berichte heute als Spekulation und Sagenbildung angesehen, insbesondere jene Orakelsprüche, die Delphi so bekannt gemacht haben. Lediglich die Schriften von Plutarch (etwa 45 – 125 n. Chr.) gelten als authentische Erfahrungsberichte, da er lange Jahre im Apollon-Tempel von Delphi das Priesteramt innehatte. Allerdings stammen seine Schilderungen bereits aus der Spätphase des Orakelkults und entsprechen deshalb wahrscheinlich nicht mehr ganz den Praktiken, welche Delphi berühmt gemacht haben.

Über den Ursprung des Orakels hat Diodorus Siculus, ein Geschichtsschreiber aus dem 1. Jahrhundert v. Chr., folgendes niedergeschrieben:

> „In alten Überlieferungen heißt es, dass dieses Orakel von Ziegen ausfindig gemacht wurde. (...) An der Stelle des Adyton (Allerheiligstes) des Tempels befindet sich eine tiefe Öffnung im Boden. Einige Ziegen kamen in diese Gegend, als Delphi noch nicht existierte. Als sie sich der Öffnung näherten und sich vorbeugten, beobachtete man, dass sie von einem Schwindelgefühl erfasst wurden, eigenartig umhertaumelten und ungewöhnliche Laute ausstießen."[21]

Der Hirte kam näher und wurde ebenfalls von einem Schwindelgefühl befallen. Göttliche Inspiration erfasste ihn, und plötzlich war er durch die aus der Öffnung im Boden ausströmenden Dämpfe in der Lage, die Zukunft vorherzusagen. Die Kunde von diesem Wunder verbreitete sich schnell. Immer mehr Neugierige kamen, um, durch die Dämpfe berauscht, einander gegenseitig die Zukunft vorauszusagen. Nachdem jedoch in dem Durcheinander jemand in den Abgrund gestürzt war, wurde die Bodenöffnung für die Allgemeinheit gesperrt. Stattdessen wurde eine Prophetin ernannt, die fortan allein für die Verkündung der Orakel zuständig war. Um die Öffnung herum wurde eine Art Apparat mit drei Stützen, der Dreifuß gebaut. So konnte die Prophetin sich gefahrlos darüber beugen, um die Inspiration zu empfangen. Schließlich wurde um die Öffnung herum der Tempel des Apollon gebaut, welcher alsbald zur bekanntesten Pilgerstätte der Antike wurde.[22]

Die Prophetin wurde „Pythia" genannt. Ursprünglich gab es nur eine Pythia, welche einmal im Jahr, zum Geburtstag Apollons, eine Audienz gab. Später wurde das Orakel einmal im Monat abgehalten.[23] Wichtige Klienten empfing Delphi aber auch außerhalb der Öffnungszeiten, sofern die Zeichen dafür günstig standen und die Opfergaben von den Göttern gnädig aufgenommen wurden. Da Befragungen nur so selten durchgeführt werden konnten, war der Andrang an den offenen Tagen entsprechend groß. In der Hochzeit Delphis, zwischen dem 6. und 3. Jahrhundert v. Chr., mussten deshalb eine zweite Pythia und eine Hilfspythia ernannt werden, um den Ansturm zu bewältigen.[24]
Die Pythia stammte meist aus dem einfachen Volk, da, so dachte man, ein schlichtes Gemüt die Stimme Apollons am wenigsten verfälschen würde. Sie musste strenge Reinheitsvorschriften einhalten, da ihr Körper wäh-

rend der Trance Apollons Geist beherbergte. Antiken Berichten zufolge saß die Pythia während der Zeremonie auf dem Dreifuß. Sie kaute dabei Lorbeerblätter und trank Wasser aus der heiligen Kassotis-Quelle.[25] Durch die Dämpfe aus dem Boden wurde sie in „Mania" versetzt und vom Geist Apollons ergriffen.[26]

Wie die Befragung genau ablief ist ungewiss. Fest steht, dass die Pythia bei der Zeremonie vom Publikum durch einen Vorhang getrennt war und die Antworten spontan erfolgten. Ob diese Antworten nur aus dunklen, ekstatischen Wortfetzen bestanden und daher von den Delphi-Priestern erst interpretiert und sprachlich aufbereitet werden mussten, oder ob die Verse bereits von der Pythia ausformuliert wurden, ist umstritten.

Die Pythia von Delphi auf dem Dreifuß (Attische Trinkschale um 440 v. Chr.)

Kritiker haben jedenfalls oft gemutmaßt, dass die Pythia nur ein willenloses, von Rauschmitteln vernebeltes Werkzeug der Priester gewesen sei. Zweifelsohne ging die weltliche Macht des Orakels von ihnen aus. Es gab zwei Delphi-Priester, die auf Lebenszeit gewählt wurden. Da dieses Amt hohes Ansehen brachte, wurde es erkauft und brachte große finanzielle Verpflichtungen mit sich, was Versorgung und Erhalt des Heiligtums betraf. Die Priester hatten auch eine Torwächter-Funktion, indem sie die Vorbereitungsrituale zur Befragung leiteten und bestimmten, ob der Tag dafür günstig war. Dabei wurde ein Opfertier, zumeist eine Ziege, mit Wasser besprengt. Nur wenn sich diese am ganzen Körper schüttelte, durfte die Pythia befragt werden. Zur politischen Dimension Delphis werden wir noch im Prognostik-Band über „Die Macht der Vorhersage" kommen. Unter dem Gesichtspunkt der visionären Prognostik ist hingegen die Frage zentral, was es mit den mysteriösen Erddämpfen auf sich hatte.

In der Antike war es unbestritten, dass diese der Hauptquell der Orakelinspiration waren. Als jedoch die Ausgrabungen im Apollon-Tempel keine auffällige Felsspalte zu Tage förderten, wurde von den Forschern des 20. Jahrhunderts bezweifelt, dass solche Dämpfe jemals existiert hätten. Bestenfalls gestand man derartigen Berichten symbolischen Wert zu, indem man sie als Metapher für den göttlichen Geist betrachtete.[27] Erst im Jahre 2004 gelang dem Geologen Jelle de Boer (1934 – 2016) der Nachweis, dass es in Delphi durchaus derartige Felsspalten gegeben hat und aus diesen Gase ausgetreten sind. Er untersuchte Gesteinsproben in der Nähe des Heiligtums:

> „Wir haben Proben des Gesteins zerbröselt und analysiert, welche Gase in den kleinen Löchern eingeschlossen waren. Die Untersuchung ergab, dass zusammen mit dem Wasser Ethylen, Methan und Ethen an die Oberfläche gelangten."[28]

Ethylen hat narkotisierende Wirkung und verändert die Hirnaktivitäten. Demnach müsste sich die Pythia in einer tranceartigen Benommenheit befunden haben und nicht in ekstatischer Raserei, wie manchmal gemutmaßt worden ist. Eine kontemplative Versunkenheit würde auch besser zum geordneten Charakter Apollons passen. Womöglich wurde dieser Zustand durch zusätzliche Rauschmittel verstärkt, etwa durch den Rauch betäubender Kräuter. Bei falscher Dosierung kann Ethylen zu „Horrortrips" führen, und der Berauschte läuft panisch davon. Auch von diesem Phänomen haben Beobachter des Orakels immer wieder berichtet. Die Ethylen-These würde auch erklären, warum das Orakel in den Wintermonaten stets geschlossen wurde. Wenn es weniger Wasser gibt, dann gibt es auch weniger Gas und somit weniger Gelegenheit für die Pythia zum Wahrsagen. Zudem wurden mittlerweile auch in der Türkei Apollon-Heiligtümer gefunden, welche über Spalten mit aufsteigenden Gasen errichtet worden sind.[29]

Bereits in der Antike hatte es Klagen gegeben, dass die inspirierenden Dämpfe Apollons Delphi verlassen hätten. Möglicherweise gelangte durch geologische Veränderungen nicht mehr genügend Ethylen aus der Erdöffnung im Tempel. Ein langsamer Niedergang setzte bereits in den vorchristlichen Jahrhunderten ein. So spottete Cicero:

> „Warum werden denn auf diese Weise keine Orakel in Delphi mehr erteilt, nicht nur in unserer Zeit, sondern schon längst, so dass jetzt nichts mehr verachteter sein kann? Wenn sie an diesem Punkt angegriffen werden, so sagen sie, die Kraft des Ortes, aus dem jene Ausdünstung der Erde hervordrang, durch die begeistert die Pythia Orakel gab, sei durch die Länge der Zeit verschwunden. Man sollte glauben, sie sprächen von Wein oder Salzfischen, die durch das Alter verdunsten. (...) Welches Alter kann denn wohl eine göttliche Kraft aufzehren? (...) Wann aber ist diese Kraft verschwunden? Etwa seitdem die Menschen angefangen haben, weniger leichtgläubig zu sein? Demosthenes wenigstens, der vor ungefähr dreihundert Jahren lebte, sagte schon damals, dass die Pythia philippisiere."[30]

Delphi war also bereits in der antiken Welt umstritten und Ziel vieler Polemiken. So erzählt auch Plutarch (ca. 45 – 125) in seiner Schrift „De Pythiae Oraculis" von einem Gast in Delphi, der sich über die mindere Qualität der Orakelverse beschwerte, wo man Apollon als Gott der Musen doch eigentlich nur die besten Gedichte zutrauen dürfte.[31] Vor allem die Zweideutigkeit vieler Prophezeiungen gab schon damals Anlass zur Kritik, denn sie sorgte dafür, dass die Vorhersage in jedem Fall richtig sein musste. So erhielt Pyrrhos, der König von Epeiros, vor seinem Feldzug gegen die Römer (282 – 272 v. Chr.) den Orakelspruch: „Wahrlich, das Volk der Römer wird Aiakos' Enkel besiegen."[32] Wer im Nominativ und wer im Akkusativ steht bleibt dabei unklar, sodass Delphi in jedem Fall Recht behalten musste.

Dennoch festigten einige legendäre (doch historisch meist unbelegte) Prophezeiungen Delphis Ruhm für viele Jahrhunderte. Die wohl bekannteste erging an den Lyderkönig Kroisos (etwa 595 – 546 v. Chr.), der für seinen ungeheuren Reichtum berühmt war und im Sprachgebrauch bis heute als „Krösus" fortbesteht. Herodot, der Vater der griechischen Geschichtsschreibung, berichtet, dass Kroisos verschiedene Orakelstätten auf die Probe stellen wollte, um herauszufinden, welcher er vertrauen könne. Er schickte Boten aus mit der Frage, womit er sich zu einem bestimmten Zeitpunkt beschäftigen würde. Die Pythia antwortete:

„Ich kenne die Anzahl der Sandkörner und das Ausmaß des Meeres. Mich verstehen die Tauben, und ich verstehe die Stummen. Der angenehme Geruch der Schildkröte mit den harten Panzerschuppen durchdringt meine Sinne, gekocht im Kupfer mit dem Fleisch des Lammes. Das Kupfer unten bedeckt die Erde und Kupfer bedeckt sie.“[33]

Die Boten kehrten mit den Antworten zurück. Doch alle waren falsch. Nur Delphi hatte richtig gelegen, denn zum gegebenen Zeitpunkt hatte Kroisos aus einer spontanen Laune heraus eine Schildkröte und ein Lamm in Stücke geschnitten und sie zusammen in einem Kupfertopf mit einem Kupferdeckel kochen lassen. Dennoch hat die Pythia ihm am Ende kein Glück gebracht. Aufgrund des Orakelspruchs: „Mächtiges Reich wird zerstört, geht Kroisos über den Halys.“[34] griff er das Perserreich an und wurde vernichtend geschlagen. Das zerstörte, mächtige Reich war sein eigenes.[35]

Die Hilfsmittel der Trance

Trance, Besessenheit und Ekstase gehören zum Ur-Repertoire der Wahrsagung. Sie dürften bereits in Urzeiten von den allerersten Schamanen praktiziert worden sein, um die Stimmen von Göttern und Geistern in sich aufzunehmen. Die Orakel von Nechung und Delphi stehen exemplarisch für eine Vielzahl derartiger Praktiken. Es gibt kaum eine Kultur, in der Trance-Rituale nicht fester Bestandteil der Tradition gewesen wären. Noch heute kann man dies bei einem großen Teil der indigenen Völker beobachten.
Die Hilfsmittel der Trance sind zahlreich. Weite Verbreitung haben Beschwörungsgesänge und Gebete, Trommeln und Musikinstrumente, Tänze oder andere repetitive Bewegungsabläufe. Dazu kommt der gezielte Einsatz von nicht-alltäglichen Umständen. Wochenlanger Rückzug in die Einsamkeit, in extreme Hitze, Kälte oder Dunkelheit, Fasten, Schlafentzug oder tagelange Bewegungslosigkeit sollen den eigenen Geist frei von jeglicher weltlichen Fixierung machen und öffnen für die Stimme der höheren Mächte. Eine ähnliche Funktion hat das lange Betrachten von glitzernden Gegenständen wie Kristallen oder Spiegeln, Wasseroberflächen, Feuerlodern oder Rauchschwaden. Daneben gibt es eine Reihe von projektiven Hilfsmitteln der Trance, magisch aufgeladene Gegenstände, welche dem Medium als Projektionsfläche für seine Visionen dienen.

Ein Beispiel dafür sind magische Figuren und Puppen, welche vor allem in Afrika weit verbreitet sind. Dabei versetzt sich der Wahrsager in Trance und beschwört den Orakelgeist in die Figur hinein. Dann kann er seine Fragen stellen und hört den Geist in der Puppe die Antworten sprechen. In Afrika werden dazu meist kunstvoll geschnitzte Holzfiguren von menschenartiger Gestalt verwendet, wie etwa bei den Kafibele-Senufo an der Elfenbeinküste.[36] Auch die Schamanen einiger Eskimo-Stämme verwenden in ihren Séancen menschenähnliche Puppen, zumeist aus Holz oder Rinde. Beispielsweise bei den Ikogmiut am unteren Yukon (Alaska) befragt der Schamane solche Figuren nach dem zu erwartenden Erfolg bei Jagd und Fischfang.[37]
Keltische Schamanen verwendeten ihren Stab als Antenne für Visionen. Im „Senchus Mor", dem altirischen Gesetzbuch (laut Überlieferung kodifiziert durch König Lear 438 n. Chr., vermutlich aber wesentlich jünger), wird beschrieben, dass der Stab auf Körper oder Kopf jener Person gelegt wurde, deren Ahnen man befragen wollte. So erfuhr man die Namen ihres Vaters und ihrer Mutter und alles, was man ausfindig machen wollte.[38]
Ein weiteres Hilfsmittel, um in visionäre Ekstase zu gelangen, sind bewusstseinsverändernde Rauschmittel.

02. Visionen durch Rauschmittel

Nicht nur die Pythia von Delphi bediente sich bei ihren Weissagungen psychoaktiver Substanzen. Die Verwendung von Drogen zur Erlangung göttlicher Visionen war und ist rund um den Erdenball verbreitet. Wohl am ausgiebigsten bediente man sich in Mittel- und Südamerika der „Pflanzen der Götter". Vor allem Mexiko und Kolumbien verfügen über eine unglaubliche Fülle an bewusstseinsverändernden Pflanzen, wahrscheinlich über die psychoaktivste Vegetation der Welt.[39] Von den ersten Ethnologen wurden die schamanischen Drogen noch aus der Sicht des außenstehenden Beobachters beschrieben, die Rituale als psychiatrische Fälle abgetan. Ab der zweiten Hälfte des 20. Jahrhunderts wagte man sich aber zunehmend in die Rolle des beobachtenden Teilnehmers. Erst durch die Selbsterfahrung der Forscher mit den Rauschmitteln der Eingeborenen konnten die tiefgreifenden Einflüsse von Drogen auf Mythologie, Religion, Kunst und Kultur herausgearbeitet werden. So geht man heute davon aus, dass ein großer Teil der mesoamerikanischen Kunst unter dem Eindruck halluzinogener Erfahrungen entstanden ist.
Es würde zu weit führen, die Vielfalt der verwendeten Substanzen und ihrer Rituale in diesem Kapitel erschöpfend aufzurollen. Für diesen Zweck möchte ich auf die Publikationen von Ethnopharmakologen wie Christian Rätsch (*1957) oder Wolf-Dieter Storl (*1942)[40] verweisen. Wir wollen uns hier auf einen exemplarischen Überblick beschränken.

Schamanendrogen in Lateinamerika

Die Bandbreite verwendeter Rauschpflanzen ist sehr groß. Manche Mittel haben lediglich stimulierende Wirkung. Dies gilt insbesondere für die bedeutendste Schamanendroge Südamerikas, den Tabak. Er dient als Vehikel zur Kontaktaufnahme mit überirdischen Wesen. „Der ausgestoßene Rauch bildet gewissermaßen eine Himmelsleiter."[41] Zwar gibt es auch Belege für eine halluzinogene Wirkung des Tabaks im südamerikanischen Schamanismus, doch ist diese bislang nicht erklärbar. Auch Alkohol, die wohl weitverbreitetste Droge der Welt, ist nur in geringem Maße psychoaktiv, wird aber in vielen Kulturen rituell verwendet. Oft werden diesem halluzinogene Stoffe zugesetzt, wie beispielsweise bei Chicha oder

Cassava, einem bierartigen Getränk aus Mais, welches bei südamerikanischen Indianern weit verbreitet ist.[42]
Andere Pflanzen verändern das Bewusstsein, führen aber per se noch keine Halluzinationen herbei. Dies ist beispielsweise bei der Ayahuasca-Liane der Fall, aus welcher im Amazonas der Yajé-Trank hergestellt wird. Der Anthropologe Gerardo Reichel-Dolmatoff (1912 – 1994) schildert seine Erfahrung bei einem Ayahuasca-Ritual. Es begann mit einem Gefühl der Euphorie, gefolgt von Schläfrigkeit. Nach Erbrechen und Durchfall begann sich die leicht psychoaktive Wirkung zu entfalten:

> „Fast plötzlich – mit halbgeschlossenen Augen – erschienen mir spektakuläre Visionen in Farbe von einer Vielzahl miteinander verwobener Muster mit einer doppelseitigen Symmetrie, die langsam in schrägen Reihen vor meinem Gesichtsfeld vorbeizogen. Die Visionen hielten an, veränderten sich, für etwa zwanzig Minuten, währenddessen ich vollkommen bewusst blieb und meine Erfahrung genau beschreiben und auf Tonband sprechen konnte."[43]

Mochica-Schamanen beim Coca-Verzehr (Gefäßmalerei um 500 n. Chr.)

Ähnliches gilt für die kokainhaltigen Coca-Blätter, welche bereits von den Schamanen der Mochica-Kultur im heutigen Peru (1. – 7. Jahrhundert n. Chr.) ausgiebig verwendet wurden. Man geht mittlerweile davon aus, dass die Wurzeln des Coca-Gebrauchs über 3.000 Jahre in die Vergangenheit zurückreichen. Noch heute wird diese Pflanze zu rituellen und divinatorischen Zwecken verwendet, beispielsweise bei den Kogi in Kolumbien. Auch Coca hat keine halluzinogene Wirkung, sondern soll vielmehr das rituelle Fasten erleichtern und das Schlafbedürfnis unterdrücken. Die Visionen selbst kommen nicht von der Droge, sondern vom Nahrungs- und Schlafentzug.[44]

Auch die über hundert verschiedenen Pilzarten, welche die psychedelischen Wirkstoffe Psilocybin und Psilocin enthalten, oder meskalinhaltige Pflanzen wie der mittelamerikanische Peyotl-Kaktus führen in geringen und mittleren Dosen zu keinem Realitätsverlust, sondern nur zu einer erheblichen Intensivierung der Wahrnehmung. Der Schriftsteller Aldous Huxley (1894 – 1963) beschreibt seine Erfahrungen folgendermaßen:

> „Die Veränderung, die tatsächlich in dieser Welt vorging, war in keinem Sinn revolutionär. Eine halbe Stunde, nachdem ich das Meskalin eingenommen hatte, wurde ich mir eines langsamen Reigens goldener Lichter bewusst. Ein wenig später zeigten sich rote Flächen, und sie schwollen an und dehnten sich aus, wurden von hellen Energieknoten gespeist, die sich ständig veränderten und dabei stets neue, vibrierende Muster bildeten. (...) Aber weder erschienen Gesichter noch menschliche oder tierische Gestalten. (...) Die „andere" Welt, zu der mir das Meskalin Zutritt gewährte, war nicht die Welt der Visionen; sie existierte da draußen, war das was ich mit offenen Augen sehen konnte."[45]

Huxley schildert die Meskalin-Erfahrung als tiefes Eindringen in das Sein der Dinge, als ausgeprägtes Gefühl von Istigkeit, als Aufbrechen der Verkrustungen des zerebralen Reizfilters, welches eine unmittelbarere Wahrnehmung der Welt ermöglicht, ähnlich der sehr offenen Wahrnehmung eines kleinen Kindes.

Häufig werden auch stark halluzinogene Pflanzen zur Divination verwendet. Vor allem Vertreter der Nachtschattengewächse wie Engelstrompete oder Stechapfel können zu äußerst realistischen Halluzinationen führen. Die Einnahme der Engelstrompete kann sogar einen vollkommenen Realitätsverlust bewirken. Da die Grenze zwischen berauschender und hochgiftiger Dosis sehr schmal ist, kommt es bei Gebrauch auch immer wieder zu Todesfällen. Die Engelstrompete kommt ursprünglich aus Südamerika. Bereits in vorspanischer Zeit stellten die Priester des Sonnentempels von Sogamoza (Kolumbien) daraus den Tonga-Trank her und nutzten diesen zur Wahrsagung.
Noch heute wird die Engelstrompete bei den Kamsä in Kolumbien und einigen mexikanischen Indianerstämmen wie den Mixe und den Huaste-

ken zur Divination verwendet. In Ecuador wird der Saft der Engelstrompete getrunken, um prophetische Träume auszulösen. Diese werden dann für das weitere Leben als Leitbild interpretiert. Im Chocögebiet und im Darien (Panama) wurde der Samen mit Maisbier vermischt und dieser Trank Kindern eingeflößt, damit diese in einen hellsichtigen Zustand gelangen und dadurch Schätze lokalisieren konnten.[46]
Der Stechapfel (Datura) ist weltweit verbreitet und hat auch in den Hexenrezepten der Alten Welt eine lange Tradition. In den Dschungeln der mexikanischen Halbinsel Yucatán wird er zum Weissagen aus einem Bergkristall verwendet. Dabei werden entweder aus Daturablättern gedrehte Zigarren geraucht oder Daturasamen gegessen. Derart berauscht kann der Schamane im Kristall die Zukunft sehen oder Antworten auf sonstige Fragen geben.[47] Ein weiteres Halluzinogen der amerikanischen Tropen wird aus den Samen der Trichterwinde gewonnen.

> „Diese sind so stark, dass sie die Sinne der Eingeborenen betäuben und dass – so sagen sie – vor ihnen kleine schwarze Männer erscheinen, die ihnen erzählen, was sie von ihnen zu wissen verlangen. Andere sagen, dass ihnen Unser Herr erscheint, andere wiederum, es seien Engel."[48]

Die Azteken und Zapoteken glaubten, solcherart den Ort verlorener Gegenstände herausfinden zu können. Auch zur Divination wird „Tlitliltzin" bis heute verwendet.

Schamanendrogen in der Alten Welt

Auch in der Alten Welt waren bewusstseinserweiternde Substanzen weit verbreitet. Viel Wissen um die psychoaktiven Kräfte der Pflanzen ist jedoch im Zuge der Christianisierung verloren gegangen, weil das Herstellen von „Zaubertränken" als heidnisch galt und deshalb bekämpft wurde. Wer sich mit derartigen Dingen beschäftigte, geriet schnell in den Verdacht, mit dem Teufel im Bunde zu sein.
Eine der bekanntesten Orakelpflanzen ist der opiumhaltige Schlafmohn. Seine Verwendung ist in Europa bereits für das Neolithikum belegt. In den letzten vorchristlichen Jahrhunderten gelangte er bis nach China. Mohn gilt als Symbol für den prophetischen Traum schlechthin. Er wurde in der gesamten Alten Welt von Sehern und Orakeln zur Wahrsagung verwendet.[49] Ebenfalls eine lange Tradition hat Met oder Honigwein, wel-

cher wahrscheinlich bereits seit der Steinzeit gebraut wird und somit eines der ältesten alkoholhaltigen Getränke der Welt ist. Bei den Germanen wurden diesem oft psychoaktive Pflanzen zugesetzt wie Bilsenkraut, Tollkirsche, Sumpfporst oder diverse Pilze. Auch in Afrika und Indien wurde Met als Trank der Götter angesehen.[50] Ähnliches gilt für die beiden anderen Urväter der Alkoholika, Bier und Traubenwein.
Neben Opium und Alkohol war als Rauschmittel in der Alten Welt vor allem Hanf gebräuchlich. Er war seit prähistorischen Zeiten so gut wie allen Kulturen Europas und Asiens bekannt und verbreitete sich über Arabien und Ägypten auch bis weit nach Afrika hinein. Neben seinen Hauptfunktionen als Heil- und Genussmittel wurde er auch rituell und divinatorisch verwendet.

Während Opium, Alkohol und Hanf auch ausgiebig aus hedonistischen Gründen konsumiert werden, handelt es sich beim Fliegenpilz um ein vornehmlich kultisches Rauschmittel. Er dürfte seit der Steinzeit von Schamanen in ganz Eurasien verwendet worden sein, wahrscheinlich schon seit über 25.000 Jahren. Dies wird vermutet, weil bereits die ersten Paläoindianer, welche während der letzten Eiszeit über die Beringstraße von Asien nach Amerika eingewandert sind, den Fliegenpilz mit sich geführt haben.[51] Entgegen landläufiger Meinung ist er nur mittelmäßig giftig, enthält aber nach dem Trocknen das halluzinogene Alkaloid Muscimol. Dieses verändert die Raum- und Zeitvorstellung, die Sinneswahrnehmung, sowie Sprache und Denken.[52] Farben und Geräusche werden intensiver wahrgenommen. Echobilder vergangener Momente drängen sich auf. Manchmal kommt es zu Synästhesien, also zum Hören von Farben, Sehen von Klängen usw. Muscimol kann auch zu einem Zustand der Ekstase und zu außergewöhnlichen physischen Leistungen führen. So wird etwa der kampfeswütige Blutrausch der nordgermanischen Berserker-Krieger auf den Verzehr von Fliegenpilzen zurückgeführt.
Bei den Schamanen Sibiriens ist der Fliegenpilzkult noch heute weit verbreitet. Sie verspeisen die getrockneten Pilze, um in eine hellseherische Trance zu verfallen oder um mit Geistern oder verstorbenen Ahnen zu kommunizieren.[53] Dieser Brauch hat sich rudimentär auch im Hindukush gehalten und dürfte zu früheren Zeiten in ganz Eurasien verbreitet gewesen sein. Im präkolumbianischen Amerika war der Fliegenpilzkult vor allem im nordöstlichen Waldland Nordamerikas (Algonkin, Ojibway, Dorgrib), in Mittelamerika (Maya, Azteken, Purepecha) und im westlichen Pe-

ru (Mochica) gebräuchlich. Auch hier wurde der Pilz mit der Unterwelt in Verbindung gebracht und für nekromantische Riten verwendet. Die Tzeltalen in Mexiko rauchen noch heute die getrocknete Haut des Fliegenpilzes zusammen mit Bauerntabak, um Prophezeiungen abzugeben.[54]
All diese Beispiele geben nur einen kleinen Einblick in den divinatorischen Gebrauch von Rauschmitteln. Zweifelsohne haben psychoaktive Substanzen die visionäre Prognostik archaischer Kulturen maßgeblich beeinflusst.

03. Nekromantie

Die bisherigen Vertreter visionärer Prognostik versuchten, in Trance, Begeisterung oder Besessenheit Kontakt mit den Göttern und Geistern aufzunehmen. Doch nicht nur Götter und Geister werden befragt, um etwas über die Zukunft zu erfahren. Auch die Toten stehen seit jeher im Verdacht, mehr zu wissen über die kommenden Geschicke. Denn auch sie befinden sich im Jenseits und sind somit über Raum und Zeit erhaben. Was also liegt näher, als verstorbene Verwandte oder Bekannte über die nächste Dimension zu befragen? Berichte über nekromantische Praktiken gibt es schon seit den Frühzeiten der Schrift.

Anubis-Beschwörung im Alten Ägypten

Die Ägypter huldigten einem ausgeprägten Totenkult. In diesem Rahmen wurde Nekromantie bereits ausgiebig im Alten Königreich (ca. 2700 – 2200 v. Chr.) betrieben. Dabei wurden die Geister verstorbener Pharaonen über die Zukunft befragt. Da die ägyptischen Herrscher als Inkarnationen von Göttern angesehen wurden, stellt dies eine Zwischenform hin zur Götterbefragung dar. Im Neuen Reich haben vor allem die Orakel von Amenhotep I., Ahmose und Ramses II. große Bedeutung erlangt. So dominierte um 1200 v. Chr. die rituelle Befragung des Geistes von Amenhotep I. Religion und Rechtsprechung der Arbeiterstadt Deir el-Medineh, westlich von Theben.[55]
Erst in der Spätzeit Ägyptens wurden auch nicht-königliche Tote befragt. Im Demotischen Magischen Papyrus von London und Leiden (etwa 2./3. Jhdt. n. Chr.) findet sich eine Anleitung für ein Gefäß-Orakel. Dabei wird ein Gefäß mit Öl gefüllt und dann Anubis, der Gott der Unterwelt herbeibeschworen. Ein Knabe blickt auf die Oberfläche des Öls und soll so die Stimme der Götter, Geister und Toten empfangen und diese durch sich sprechen lassen. Das Orakel beginnt mit der Anrufung von Anubis:

> „Öffne mir die Erde! Öffne mir die Unterwelt! Öffne mir den dunklen Abgrund! Komm und bringe Licht und Räumlichkeit in dieses Gefäß, und öffne die Augen dieses Kindes dafür!" Man sagt zum Knaben: „Öffne Deine Augen!" Wenn er sie öffnet und das Licht sieht spricht man: „Wachse, oh Licht, komm hervor, oh Licht, erhebe Dich, oh Licht, Du der Du ohne bist, komm herein!" Sieht der Knabe kein Licht, so muss er die Augen wieder schließen und man fährt mit

> der Anrufung fort: „Oh Dunkelheit, entferne Dich von ihm! Oh Pshoi im dunklen Abgrund, bring' Licht zu mir! Oh Osiris, der Du im Nesheme-Boot bist, bring' Licht zu mir! Oh Du, in dessen Hand der Moment dieser Stunden liegt, bring' Licht zu mir! (...)" Dieser Zauberspruch wird sieben Mal wiederholt. Wenn das Licht gut ist und der Knabe sagt: "Anubis kommt herein!", dann begrüßt man den Totengott: „Heil, Anubis! Komm zu mir, Hoher, Mächtiger, Fürst der Mysterien der Unterwelt (...) Komm zu den Mündern meines Gefäßes und gib mir wahrhaftige Antwort auf alles, was ich wissen will!"

Daraufhin kommen Anubis und die Götter. Sie nehmen an einer Tafel mit Brot und Wein Platz und stärken sich. Dann sprechen sie durch den Knaben und geben aus seinem Mund Antwort auf die Fragen. Die bisherige Schilderung des Papyrus beschreibt eine klassische visionäre Prognostik durch Begeisterung. In Folge erfährt man darin aber auch, wie man im Rahmen dieses Anubis-Rituals die Toten beschwört:

> „Wenn Du einen Totengeist heraufbeschwören möchtest, so lege einen Sa-wr-Stein und einen Ilkh-Stein auf das Kohlebecken, dann wird der Geist erscheinen. Legst Du das Herz einer Hyäne oder eines Hasen darauf, exzellent! Wenn Du einen Ertrunkenen rufen möchtest, solltest Du einen Meeres-Karab-Stein auf das Kohlebecken legen. Wenn Du einen Ermordeten rufen möchtest, so lege Eselsdung und ein Amulett von Nephthys auf das Kohlebecken. Wenn Du einen Dieb rufen möchtest, so lege Krokuspulver mit Alaun auf das Kohlebecken. Wenn Du sie alle wieder wegschicken möchtest, so lege Affendung auf das Kohlebecken, und sie werden alle an ihren Platz zurückkehren."[56]

Nekromantie war ein einflussreicher Teil der ägyptischen Kultur. Auch bei den Persern, Babyloniern, Chaldäern und Griechen war die Totenbeschwörung weit verbreitet. Aus Babylonien ist der Brauch überliefert, den Totengeist anzurufen und in einen Totenschädel hineinzubannen. Nach Vollendung des Rituals konnte man dem Schädel Fragen stellen und dieser antwortete.[57] In Homers „Odyssee" führt Odysseus nach Anleitung der Zauberin Circe im Hades eine Nekromantie durch. Er will den Schatten des verstorbenen Propheten Tiresias beschwören, doch erweckt er dabei auch die anderen Geister der Unterwelt.[58]

König Saul und die Hexe von Endor

In der Frühzeit Israels dürfte es ebenfalls derartige Kulte gegeben haben. Später galt jedoch jegliche Wahrsagerei als Sakrileg. Nach Meinung der Juden bedienten sich ihrer nur gottlose Völker wie Babylonier oder Ägypter. Vor allem die Totenbeschwörung wurde als moralisch verwerflich angesehen. Im 5. Buch Mose, dem Deuteronomium, findet sich folgendes Verbot:

> „Es soll sich keiner unter euch finden, der seinen Sohn oder seine Tochter durch das Feuer gehen lässt, der durch Wahrsagerei wahrsagt, Orakel durchführt, beschwört und Hexerei betreibt, der magische Binden bindet, der Totenbeschwörer oder Wissende befragt und Bescheide von Toten einholt. Denn ein Abscheu für Jahwe sind alle, die dies tun."[59]

Dennoch erzählt das Alte Testament von einigen Juden, welche dieses Gebot in frevlerischer Weise verletzten. In einer der bekanntesten Geschichten wendet sich Saul, der erste König Israels (Regierungszeit etwa 1012 – 1004 v. Chr.) inkognito an die Hexe von Endor, um prophetischen Rat für seinen Krieg gegen die Philister zu erhalten. Sie beschwört für ihn den Geist des verstorbenen Propheten Samuel. Dieser ist äußerst ungehalten über die frevlerische Störung. Er wirft Saul vor, Gott verlassen zu haben und sagt ihm voraus, dass er deshalb sein Reich verlieren werde. Am nächsten Tag wird Saul von den Philistern vernichtend geschlagen und nimmt sich daraufhin das Leben.[60]

Totenbeschwörung bei Agrippa

Auch im Europa des Mittelalters war Nekromantie streng verboten. Zwar war man von ihrer Existenz und Wirksamkeit überzeugt, doch zählte man sie zur Schwarzen Magie. Agrippa von Nettesheim (1486 – 1535) beschrieb die Totenbeschwörung folgendermaßen:

> „Wir lesen bei Dichtern und anderen Erzählern derartiger Dinge, daß die Seelen Verstorbener nicht ohne Blut und Leichname gerufen werden können, daß aber durch die Dünste derselben die Schatten leicht herbeigelockt werden, wobei man noch überdies Eier, Milch, Honig, Öl, Wein, Wasser und Mehl hinzufügt, Dinge, welche den Seelen die Annahme eines Körpers erleichtern. (...) Man soll indes derartige Beschwörungen nur an denjenigen Örtern vornehmen können, wo solche Seelen hauptsächlich sich aufhalten, entweder weil etwas Verwandtes, wie ihr zurückgelassener Körper, sie anzieht, oder weil irgendeine Neigung ihres früheren Lebens sie an einen bestimmten Ort fesselt. (...) Andere sind schon an und für sich hinlänglich bekannt, wie Kirchhöfe, Richtplätze, neuere Schlachtfelder oder Örter, wo die Leichen Getöteter kein gehöriges Begräbnis gefunden haben. (...) Die Nekromantie führt all ihre Ope-

rationen vermittelst der Leichname, Gebeine und Glieder oder anderer Gegenstände Gemordeter aus, weil an diesen Dingen eine ihnen verwandte dämonische Kraft haftet."[61]

Die Hexe von Endor beschwört für König Saul den Geist des Propheten Samuel (aus der Bilderbibel des Julius Schnorr von Carolsfeld, 1850)

Ahnenkult in Afrika

Nekromantie ist auch heute noch verbreitet. Vor allem in Afrika herrscht in vielen Stämmen ein ausgeprägter Ahnenkult. Beispielsweise bei den Yoruba in Süd-Nigerien ist es Brauch, vor wichtigen Entscheidungen die Geister der Vorfahren zu befragen. Dazu wird ein kleines Loch in den Boden gegraben und das Blut eines Huhnes hineingeschüttet. Das Familienoberhaupt ruft dann die verstorbenen Ahnen herbei, erläutert ihnen die Situation und erkundigt sich nach ihrem Rat. Es gibt aber auch professionelle Totenbeschwörer, welche „Awon Abokusoro" (Sprecher mit

den Toten) genannt werden. James Johnson (ca. 1836 – 1917), einer der ersten schwarzen Bischöfe, behauptete in seinem Buch über „Yoruba Heathenism" (1899), dass sich ihre Prophezeiungen erstaunlich oft bewahrheiten würden.[62]
Bei den Ovimbundu im Zentrum Angolas war es noch in der ersten Hälfte des 20. Jahrhunderts üblich, dass sich der Häuptling an den Kopf seines Vorgängers wandte, um Rat zu suchen. Dieser wurde in einer Schachtel aufbewahrt und bei der Befragung von zwei Knaben an einer Stange gehalten. Manchmal wurden zu diesem Zweck auch Ahnenfiguren aus Holz vom Medizinmann befragt.[63] Die Kommunikation mit Ahnen oder Geistern durch Holzfiguren ist in Afrika auch heute noch weit verbreitet, etwa bei den Yaure, Baule, Guro und Senufo an der Elfenbeinküste, in den Regionen von Bwa, Bobo, Nuna und Tusya in Burkina Faso, im nigerianischen Mumuye oder bei den Punu in Gabun. Die Wahrsager versetzen sich in Trance und hören dann die Stimmen der Geister und Verstorbenen aus den Holzfiguren sprechen.[64]

Bei den Bulsa im Norden Ghanas ruft der Wahrsager (Baano) mit einer Kürbisrassel und einer Art Sprechgesang den Jadok-Geist herbei. Dieser ist Medium der Ahnen und wird immer dann konsultiert, wenn jemandem Ungemach widerfahren ist oder wichtige Entscheidungen bevorstehen. Sobald Jadok vom Wahrsager und dessen Stock Besitz ergriffen hat, nimmt der Klient das untere Ende des Stockes. Dann beginnt der Stock sich zu bewegen und zeigt dabei auf verschiedene Gegenstände, die am Boden liegen. Beispielsweise ein kleines Töpfchen symbolisiert Schwangerschaft, eine Hacke Erfolg beim Ackerbau oder die Klaue eines Vogels Krankheit. Jeder Wahrsager hat sein eigenes Arsenal von Gegenständen und Symbolbedeutungen. Manchmal zeigt der Stock auch auf Körperteile des Klienten. Berührt er die Augen des Befragers, so soll er „seine Augen offen halten." Der Nabel bedeutet Geschwister. Die Nase zeigt an, dass er „einen langen Atem", also ein langes Leben haben wird und so weiter. Zumeist läuft es darauf hinaus, dass man den Ahnen Tieropfer bringen muss, um das angezeigte Unheil abzuwenden oder das angezeigte Wohlergehen sicherzustellen.[65] Hier sind die Grenzen zwischen visionärer Ahnenbefragung und zeichendeutender Prognostik bereits fließend, da auch Elemente der Zeichenkultivierung Teil des Rituals sind.[66]

Spiritismus und Animismus in der Moderne

Auch in der westlichen Welt erfreut sich die Totenbeschwörung einer gewissen Popularität. Mitte des 19. Jahrhunderts kam der Spiritismus auf. Dieser geht davon aus, dass man durch Medien und andere Praktiken mit den Toten in Verbindung treten kann. Einer der Urväter der akademischen Parapsychologie, Professor Wilhelm Tenhaeff (1894 – 1981), schätzte in den 1970er Jahren die Zahl der überzeugten Spiritisten weltweit auf etwa 100 Millionen. Als Zentren nannte er England, Nordamerika und vor allem Brasilien, „wo der Spiritismus feste Positionen im öffentlichen Leben erreicht hat."[67]
Vieles am Spiritismus ist seit jeher Betrug und Geschäftemacherei. Im Herbst 2005 widmete das Metropolitan Museum in New York diesem Thema eine eigene Ausstellung. „The Perfect Medium: Photography and the Occult" zeigte eine Sammlung von alten Fotografien, die angebliche Materialisationen von Geistern Verstorbener dokumentieren sollten. Die meisten dieser Bilder wurden mit der damals noch recht unbekannten Technik der Doppelbelichtung oder anderen mehr oder weniger geschickten Manipulationen angefertigt. Aus heutiger Sicht wirken diese Bilder oft unfreiwillig komisch. Ein gern gesehener Gast auf den Fotos war übrigens der Geist von Sir Arthur Conan Doyle (1859 – 1930), dem Erfinder des Detektiven Sherlock Holmes. Dieser war Zeit seines Lebens ein überzeugter Anhänger des Spiritismus.[68]
Im 20. Jahrhundert wurden im Rahmen der aufkommenden Parapsychologie ausgiebige Untersuchungen von Medien durchgeführt. Ziel war die wissenschaftliche Überprüfung spiritistischer Praktiken. Viele Taschenspielertricks und Täuschungen konnten dadurch aufgedeckt, bekannte Medien des Betrugs überführt werden. Dennoch blieb eine Reihe von Fällen, welche derart überzeugend waren, dass man sie nur durch Hellsichtigkeit oder „Außersinnliche Wahrnehmung" erklären konnte. Tenhaeff beschreibt einige solcher Fälle:

Äußerst verblüffend waren die zahlreichen Sitzungen mit dem englischen Medium Gladys Leonard (1882 – 1968). Durch sie sprach der Geist von „Feda", einem Hindu-Mädchen, mit welchem einst der Ururgroßvater von Leonard verheiratet gewesen war. In Trance nahm sie mit „Feda" Kontakt auf und machte präzise Aussagen über Verstorbene, welche sich bei Überprüfung zumeist als richtig erwiesen. So sagte sie bei einer Seance

mit einer Mrs. Beadon am 30. November 1918: „Hier ist ein Geist, 35 Jahre alt, von mittlerer Größe, vor etwa zehn Tagen an Grippe gestorben." Gefragt nach dem Namen des Geistes zeichnete sie mit ihrem Finger ein S in die Luft und sprach den Buchstaben P. Als Mrs. Beadon sagte, dass sie den Geist nicht kenne, meinte „Feda", sie solle Kitty Stevenson fragen. Kitty Stevenson war tatsächlich der Name einer Freundin von Mrs. Beadon. Ein paar Tage später stellte sich heraus, dass deren Freundin Sylvia Parkinson (S.P.) kurz vor der Seance an der Grippe verstorben war. Diese Mrs. Parkinson war, so wie „Feda" es beschrieben hatte, 35 Jahre alt und mittelgroß gewesen.[69]
Als einmalige Anekdote betrachtet kann man diesen Bericht natürlich dem Zufall zuschreiben. Doch gibt es hunderte dokumentierte Seancen von Mrs. Leonard mit ähnlich genauen Treffern. Über fünfzig Jahre lang gab sie zahllosen Menschen die Gelegenheit, sich von ihren Fähigkeiten zu überzeugen. Zudem stellte sie ihr Können auch bei anderen Testanordnungen unter Beweis. Bei den Büchertests beschrieb Mrs. Leonard genau Aufenthaltsort und Aussehen von Büchern, die sich im Besitz von Seancebesuchern oder deren Verwandten befanden. Sie verwies darin auf Seitenzahlen, welche für die Probleme der Fragenden Hinweise geben würden und machte auch Angaben darüber, welche Wörter und Inhalte sich auf der entsprechenden Seite befinden.[70]

Bei den Zeitungstests sagte Mrs. Leonard mit Hilfe ihres Geistes „Feda" Schlagzeilen und Inhalte von Zeitungen des nächsten Tages voraus. Dabei handelte es sich um Angaben wie: „In der Times von morgen werden sie in der zweiten Spalte der ersten Seite, ungefähr in der Mitte, den Namen Ihres Vaters sowie Ihren eigenen finden. Zuerst kommt ihr Name."[71] Die Überprüfung am nächsten Tag ergab, dass sich an angegebener Stelle eine Trauungsanzeige mit dem Namen Charles John Workman befand. Der Pfarrer, welche diese Tests durchführte, hieß tatsächlich Charles und sein Vater John. Auch derartige Beispiele könnte man, als Einzelfall betrachtet, dem Zufall zuschreiben. Die Auswertung mehrerer solcher Tests ergab jedoch, dass von 104 Angaben 73 definitiv richtig waren. 12 Angaben waren zweifelhaft und 19 falsch. Daraufhin wurde auch untersucht, inwieweit die Angaben auf andere willkürlich gewählte Ausgaben der Times zutreffen würden. Dies ergab nur 18 Treffer, 10 zweifelhafte Ergebnisse und 76 völlige Fehlschläge, wobei sich die Treffer allesamt auf relativ häufig vorkommende Namen bezogen. Die Prognosen wurden stets unter Zeugen schriftlich festgehalten, sodass hier eine subjektive Verzerrung im Nachhinein ausgeschlossen werden kann.

Ein weiteres Beispiel für die Beschwörung von Toten berichtet Tenhaeff aus seinem eigenen Leben. Er erzählt von einem Geschäftsmann, genannt Herr N.R., der durch Zufall entdeckt hatte, dass er ein „spiritistisches Medium" ist. Tenhaeff ließ von diesem eine Seance durchführen, im Laufe derer sich ein alter Freund meldete, welcher fünf Jahre zuvor durch einen verhängnisvollen Unfall aus dem Leben geschieden war:[72]

Worte des Herrn N.R.	*Kommentar*
Der Name des Anrufers ist Cornelius. Er stammt aus einer großen Hafenstadt, die unweit des Meeres liegt. Er hatte irgendetwas mit Gesetzbüchern zu tun, aber auch mit dem Theater. Auch mit einem Silvesterabend gibt es da irgendeinen Zusammenhang.	Dr. C.P.v.R. wurde in Rotterdam geboren. Er studierte Rechtswissenschaft und war einige Jahre Rechtsanwalt in Rotterdam. Dann widmete er sich der Journalistik. Er hat auch ein paar Bühnenstücke geschrieben. Am 31. Dezember 1934 ist er gestorben
Der Anrufer fragt, ob sie noch wissen, was in 18 Tagen (also am 21. April) sein wird.	Der 21. April war der Geburtstag Dr.v.R.s
Jetzt höre ich sagen: „Jan, Jan, Jan, Johannes."	Frau v.R.s Vater hieß Johannes, wurde aber Jan genannt.
Es gab jemanden, der Mieg, Mieg, Michiel hieß und dreizehn Kinder hatte.	Frau v.R.s Urgroßvater hieß Michiel und hatte tatsächlich dreizehn Kinder
Jetzt höre ich wieder: 15. April. Elly, Elly, Eleonora. Man nennt sie nie so.	15. April, der Geburtstag der Tochter Eleonora. Sie wird Elly genannt.
Sie wissen noch gut, wie Ihr Sohn zu seinem sonderbaren Namen kam. Es wurde danach gestochen.	Sehr richtig. Nach der Geburt ihres Sohnes haben Herr und Frau v.R. mit einer Nadel nach irgendeinem Namen (Cajus) gestochen.
Was haben Sie (*hier wandte sich Herr N.R. an mich*) mit Arnheim zu tun? Er und sie hatten etwas mit Arnheim zu tun.	Der letzte Artikel, den Dr. v.R. schrieb und der kurz vor seinem Tod in einer Arnheimer Zeitung erschienen ist, war eine Besprechung eines meiner Bücher.

Während sich bei den Seancen von Mrs. Leonard viele Aussagen finden, welche das Medium und die Fragenden unmöglich gewusst haben können, ergaben die Seancen mit Herrn N.R. vornehmlich Informationen, welche den anwesenden Fragenden bekannt waren. Tenhaeff ist deshalb geneigt, letzteren Fall durch die animistische These zu erklären. Der parapsychologische **Animismus** lehnt das Konzept einer unabhängig vom Körper existierenden Seele grundsätzlich ab. Stattdessen erklärt er paranormale Phänomene, welche ein Fortleben nach dem Tod suggerieren, ausschließlich durch das Wirken lebender Personen. Im Fall von Herrn N.R. geht Tenhaeff davon aus, dass dieser die Informationen durch telepathischen Kontakt mit den Hinterbliebenen des Toten erfahren hat. Dafür spricht auch, dass der Tote zu Lebzeiten keinerlei Interesse an Geburtstagsdaten gezeigt hatte und insofern die Äußerungen nicht sonderlich typisch für ihn waren.
Der Fall von Mrs. Leonard hingegen scheint Tenhaeff nicht allein animistisch erklärbar. Hier zieht er die These des parapsychologischen **Spiritismus** in Betracht, wonach es tatsächlich eine Seele gibt, welche unabhängig von Raum und Zeit existiert und nach dem Tod des Körpers in einer jenseitigen Dimension fortbesteht.[73] Dies gilt insbesondere für die Fälle, in denen die Toten korrekte Aussagen über Ereignisse in der Zukunft machen. Dabei müssen die Geister nicht immer durch ein hellsichtig begabtes Medium in nekromantischer Absicht gerufen werden, sondern sie können sich auch spontan offenbaren, wie folgender Fall zeigt.

Anfang März 1977 kam der beste Freund des jungen Amerikaners Mr. Fried bei einem Unfall ums Leben. Kurz darauf erschien ihm dieser im Traum und hielt ihm eine Zeitung entgegen. Fried konnte Titel, Datum und eine Schlagzeile lesen, in der von einem Zusammenstoß zweier Jumbo-Jets über Teneriffa und 583 Toten die Rede war. Zu dieser Zeit studierte Fried an der Duke University in North Carolina, wo gerade ein Forschungsprogramm über Träume durchgeführt wurde. Der Traum war für ihn derart beunruhigend, dass er dem Präsidenten der Universität einen ausführlichen Bericht darüber abgab. Zehn Tage später, zum geträumten Datum, erschien tatsächlich jene Zeitung mit genau demselben Titelblatt und berichtete von der Flugzeug-Katastrophe, die sich in derselben Weise zugetragen hatte, wie in Frieds Traumbericht protokolliert worden war.[74]

Totenbeschwörung 2.0

Afrikanische Totenbeschwörungsrituale, nachts über den Friedhof schleichende Renaissancegelehrte oder viktorianische Spiritistenzirkel bei der Seance, das Konzept der Nekromantie wirkt heute für viele bizarr oder unfreiwillig komisch. Doch auch im 21. Jahrhundert ist der Kontakt mit dem Jenseits populär. Der moderne Nekromant kommt freilich nicht mehr in wallendem Gewand und mit düster-entrücktem Blick daher. Vielmehr hat er seine Zeitgeistmaske gekonnt renoviert und an die herrschende Mode angepasst.[75] Er steht lässig in Jeans und Turnschuhen auf der Bühne, tätowierte Arme, Dreitagebart, gegeltes Haar. Er nennt sich „Spirit Rebel" und macht sich gerne lustig über die gängigen Esoterik-Klischees.

Ein solcher moderner Nekromant ist das Schweizer Medium Pascal Voggenhuber (*1980). Er hat es in den 2010er Jahren zu großer Popularität im deutschen Sprachraum gebracht. Neben zahlreichen Fernsehauftritten hat er auch eine Reihe von Büchern über seine Arbeit als Medium geschrieben und wurde damit sogar zum „Spiegel Bestsellerautor".[76] In ausverkauften Hallen nimmt er Verbindung mit den Verstorbenen des Publikums auf: „Ich habe einen Ehemann da, der gestorben ist." Nach Schilderungen aus dem Leben des Betroffenen läuft es meist darauf hinaus, dass es dem Toten jetzt gut geht und er möchte, dass die Hinterbliebenen ihr Leben weiterleben. Dieses Motto hat Voggenhuber mit „Enjoy this Life®" auch zur Marke gemacht, unter der er unter anderem Intensivseminare und eine Ausbildung zum spirituellen Coach anbietet. Seit 2019 gibt es zudem die „Elite School®" für „Spirit Messenger", an der man sich von Voggenhuber zum „Aura und Medialen Berater" ausbilden lassen kann.[77] Und so hat das Primodell der Nekromantie auch in den 2020er Jahren eine gefällige Zeitgeistmaske gefunden[78] und begeistert über Facebook, Youtube und Instagram die Massen. Denn einst wie heute ist die Sehnsucht groß, geliebte Menschen, die von uns gegangen sind, noch einmal wiederzusehen.

04. Prophetische Träume

Der Traum gilt seit jeher als Königsweg zu überirdischen Sphären. Während die Erfahrung von Trance und Ekstase nur wenigen Menschen vorbehalten ist, zählt der Traum zu unseren Grunderfahrungen. So ist es kaum verwunderlich, dass der überwiegende Teil visionärer Erscheinungen im Traum erfolgt. Eine Auswertung der größten parapsychologischen Archive ergab, dass fast die Hälfte aller paranormal empfangenen Informationen im Traum übermittelt wird.[79]

Traumdeutung in Babylonien und Ägypten

Auch in literarischen oder sagenhaften Schilderungen von prognostischen Visionen nimmt der Traum die erste Stelle ein. Bereits eines der ältesten lyrischen Werke der Weltgeschichte, das babylonische Gilgamesh-Epos, welches seit etwa 2000 v. Chr. schriftlich überliefert ist, beschreibt, wie der tyrannische König Gilgamesh seinen Kampf gegen das von Göttern geschaffene Wesen Enkidu vorausträumt. Seine Mutter interpretiert diesen Traum dahingehend, dass dieser Kampf mit einer unzertrennlichen Freundschaft enden würde, was dann auch geschah.[80] Aus Babylonien sind zudem zahlreiche Schriften mit Traumdeutungsregeln bekannt, welche im Lauf der Jahrhunderte nur wenige Veränderungen erfahren haben. Man geht deshalb von einer großen Verbreitung der Traumorakel in Mesopotamien aus.[81] Solche Deutungsregeln für Omina des Traumgotts Ziqiqu lauteten etwa:

> „Wenn er im Traum in einen Tempel geht: gute Neuigkeiten. Wenn er ein Feld pflanzen geht: er wird frei von Bedrängnis sein. Wenn er zu einem Schafspferch geht: er wird Häuptling werden. Wenn er Fleisch von einem Hund isst: Rebellion, Nichterlangung seiner Wünsche. Wenn er Fleisch von einem Menschen isst: er wird großen Reichtum erlangen. Wenn er das Fleisch seiner Hand isst: seine Tochter wird sterben. Wenn er den Penis eines Freundes isst: er wird einen Sohn haben."[82]

Auch im Alten Ägypten war die Traumdeutung eine der wichtigsten Quellen der Zukunftsschau. Dabei wurde unterschieden in Offenbarungsträume, welche die Zukunft unmittelbar wiedergaben, und Träume, welche der Auslegung bedurften. Die ältesten Traumbücher der Ägypter sind

Papyri aus der Zeit um 2000 v. Chr. Darin befinden sich Symbolauslegungen wie: „Wein trinken: In Rechtschaffenheit leben." oder „Blut trinken: Kampf ist zu erwarten."[83] Von einem typischen Offenbarungstraum berichtet eine Inschrift auf den Pranken der Sphinx. Als Thutmosis IV. (um 1400 v. Chr.) noch Kommandant der Wagenkämpfer war legte er sich, von einer Löwenjagd erschöpft, in der Schatten der Sphinx. Dort erschien ihm im Traum der Sonnengott Ra und prophezeite ihm die Königskrone. Als er tatsächlich Pharao wurde befreite er zum Dank die großteils verschüttete Sphinx vom Sand und ließ eine Gedenktafel errichten.[84]
Die wohl bekannteste ägyptische Traumdeutung findet sich jedoch nicht in alten Papyri, sondern im Alten Testament. Das 1. Buch Mose erzählt die Geschichte von Josef, der bereits in seiner Kindheit die Gabe entdeckt, aus Träumen die Zukunft vorherzusagen. Er wird von seinen eifersüchtigen Brüdern als Sklave nach Ägypten verkauft und erregt dort mit seiner Gabe die Aufmerksamkeit des Pharaos.

> „Der Pharao sprach zu Josef: Mir träumte, ich stand am Ufer des Nils und sah aus dem Wasser steigen sieben schöne, fette Kühe; die gingen auf der Weide im Grase. Und nach ihnen sah ich andere sieben dürre, sehr hässliche und magere Kühe heraussteigen. Ich hab in ganz Ägyptenland nicht so hässliche gesehen. Und die sieben mageren und hässlichen Kühe fraßen die sieben ersten, fetten Kühe auf. Und als sie die hineingefressen hatten, merkte man's ihnen nicht an, dass sie die gefressen hatten, und waren hässlich wie zuvor. Da wachte ich auf.
>
> Und ich sah abermals in meinem Traum sieben Ähren auf einem Halm wachsen, voll und dick. Danach gingen auf sieben dürre Ähren, dünn und versengt von dem Ostwind. Und die sieben dünnen Ähren verschlangen die sieben dicken Ähren. Und ich habe es den Wahrsagern gesagt, aber die können's mir nicht deuten.
>
> Josef antwortete dem Pharao: Beide Träume des Pharao bedeuten das gleiche. Gott verkündet dem Pharao, was er vorhat. (..) Siehe, sieben reiche Jahre werden kommen in ganz Ägyptenland. Und nach ihnen werden sieben Jahre des Hungers kommen, so dass man vergessen wird alle Fülle in Ägyptenland. Und der Hunger wird das Land verzehren, dass man nichts wissen wird von der Fülle im Lande vor der Hungersnot, die danach kommt; denn sie wird sehr schwer sein."[85]

Als die sieben fetten Jahre kamen, war man vorbereitet und legte große Getreidevorräte an, durch welche man die darauf folgenden sieben ma-

geren Jahre meistern konnte. So wird diese Geschichte gerne als ein erster Vorläufer antizyklischer Finanzpolitik zitiert.
Die Bibel enthält noch viele weitere Beispiele visionärer Prognostik durch Träume. Insofern wird angenommen, dass die Traumdeutung auch im Alten Israel verbreitet war und nicht in demselben Maße unter das Magieverbot fiel wie andere mantische Praktiken. Denn im Gegensatz zu Beschwörungen oder der Deutung von Zeichen beruhen prophetische Träume nicht auf der Initiative des Menschen, sondern werden von Gott gesandt. Auch der Prophet Daniel erhielt für seine Gottestreue das Charisma, Träume und Visionen zu deuten. Das Buch Daniel beschreibt, wie in der Zeit des babylonischen Exils König Nebukadnezar II. (Regierungszeit 604 – 562 v. Chr.) einen beunruhigenden Traum hatte und von den Weisen Babylons verlangte, ihm Inhalt und Bedeutung dieses Traumes anzugeben. Doch keiner von ihnen vermochte zu sagen, was der König geträumt hatte. So ließ er sie alle umbringen. Nur dem Propheten Daniel offenbarte Gott diesen Traum in einem Nachtgesicht. So sprach er zum König:

> „Du, oh König, sahst ein großes Bild. Dieses Bild war gewaltig und sein Glanz außergewöhnlich. Es stand vor Dir, und sein Aussehen war schrecklich. Dieses Bild, sein Haupt war von feinem Golde; seine Brust und seine Arme von Silber; sein Bauch und seine Lenden von Erz; seine Schenkel von Eisen; seine Füße teils von Eisen und teils von Ton. Du schautest, bis ein Stein sich losriss ohne Hände, und das Bild an seine Füße von Eisen und Ton schlug und sie zermalmte. Da wurden zugleich das Eisen, der Ton, das Erz, das Silber und das Gold zermalmt, und sie wurden wie Spreu der Sommertennen. Und der Wind führte sie hinweg, und es wurde keine Stätte für sie gefunden. Und der Stein, der das Bild geschlagen hatte, wurde zu einem großen Berge und füllte die ganze Erde."[86]

Daniel deutete das Haupt aus Gold als das mächtige Reich Nebukadnezars. Diesem würde ein niedrigeres Reich folgen und ein drittes aus Erz, welches die ganze Erde beherrschen werde. Das vierte Reich würde stark wie Eisen sein. Die Füße, teils aus Eisen und teils aus Ton, deutete er als geteiltes Reich, welches schließlich vom Reich Gottes, dem Stein, zermalmt werden würde. Erst dieses würde ewig sein und wie ein Berg die ganze Erde füllen.[87]

Oneiromantie bei den Griechen und Römern

Die alten Griechen glaubten ebenfalls an die prophetische Macht der Träume. So erschien dem Philosophen Sokrates (469 – 399 v. Chr.) während seiner Gefangenschaft im Traum eine weißgekleidete Frau und offenbarte ihm, dass er in drei Tagen sterben werde. An jenem angegebenen Tag wurde ihm der Schierlingsbecher gereicht, und Sokrates nahm seinen letzten Trunk zu sich.[88] Als im Tempel des Herakles eine schwere, goldene Schale entwendet worden war, erschien dem Dichter Sophokles (497 – 406 v. Chr.) der Gott selbst im Traum und nannte ihm den Namen des Täters. Die ersten beiden Male schenkte er seinen nächtlichen Visionen keine Beachtung. Als der Traum sich jedoch ein drittes Mal wiederholte, begab er sich schließlich zum Gerichtshof von Athen und zeigte die Sache an. Man ließ den Menschen, dessen Name im Traum genannt worden war, ergreifen. Nach eingehender Untersuchung gestand dieser schließlich die Tat und brachte die Schale zurück.[89]
Eingehende Gedanken über das Wesen der Träume finden sich in den Schriften Platons (428 – 348 v. Chr.). Er unterschied die falschen, unzuverlässigen Träume, welche ihre Wurzeln in der niederen Natur des Menschen haben, von den wahren, divinatorischen Träumen, welche von den Göttern gesendet werden. Im ersten Fall wird die rationale Seele im Schlummer von den primitiven Regungen der Triebe übermannt, und Träume von Ausschweifungen, Gewalt, Mord usw. erheben sich. Im zweiten Fall ist die rationale Seele stark genug, um ihre niedrigen Anteile auch im Schlaf zu kontrollieren. Dadurch kann sie im Traum die Wahrheit erblicken und in die Zukunft sehen.[90]

Auch bei den Römern stand die Traumdeutung hoch im Kurs. Neben der hohen Kunst der Oneiromantie durch Priester und Traumexperten war im Volk auch eine niedere, religionsneutrale Tradition verbreitet. Auf Märkten boten die gerne als Gaukler und Possenreißer geschmähten Traumdeuter für ein paar Sesterzen ihre Dienste an.[91] In dieses Milieu gibt uns das Werk von Artemidorus Daldianus aus dem frühen zweiten Jahrhundert Einblick. Sein Traumbuch enthält viele sozialhistorisch äußerst interessante Fallbeschreibungen von Träumen des einfachen Volkes und deren Deutung. Auch Träume von Sklaven werden beschrieben. Das Thema der Freilassung spielt darin eine zentrale Rolle. So berichtet Artemidorus von einem Sklaven, der davon träumt, drei Genitalien zu haben. Er wurde nach einiger Zeit freigelassen und hatte in der Folge anstatt eines Namens drei.

> „Träumt ein Sklave, einen großen Kopf zu haben, so bedeutet dies, dass er nicht schnell freigelassen, bei einem mit kleinem Kopf hingegen, dass er rasch freigelassen wird."[92]

Dies begründet er damit, dass der „Kopf" des Sklaven im übertragenen Sinne sein Dominus, sein Herr ist. So bedeutet auch der Traum von der eigenen Enthauptung, dass der Sklave in Bälde freigelassen wird, beziehungsweise eine Trennung vom Herrn bevorsteht. Ein anderer Sklave sah sich im Traum Frösche in einem Teich mit der Faust knuffen. Er wurde später Vorsteher des Haushalts und herrschte über das Gesinde, „denn der Teich bedeutete den Haushalt, die Frösche die darin lebenden Menschen, und das Knuffen mit der Faust die Befehlsposition."[93]
Selbst Cicero, im Grunde ein großer Skeptiker der Wahrsagekunst, berichtet von einem prophetischen Traum, der ihn selbst während seiner Verbannung aus Rom ereilt hat. Darin erschien ihm der römische Staatsmann Gaius Marius und fragte ihn, warum er so traurig sei. Cicero antwortete, dass er aus seinem Vaterland mit Gewalt vertrieben worden war. Daraufhin ergriff Gaius Marius seine Rechte und hieß ihn, guten Mutes zu sein. Er führte ihn durch den nächststehenden Torbogen zu seinem Denkmal und sagte: „Dort wird Dir Heil zuteilwerden!" Als Cicero erwachte und seinem Freund Sallustius den Traum erzählte rief dieser aus, dass Ciceros schnelle und ruhmreiche Rückkehr nach Rom unmittelbar bevorstehe. Bald darauf wurde unter dem Denkmal des Gaius Marius der Senatsbeschluss gefasst, Ciceros Verbannung aufzuheben.[94]

Traumdeutung in Ostasien

Die Traumdeutung im Fernen Osten unterscheidet sich nicht grundsätzlich von jener der Mittelmeerkulturen. Hier wie dort werden die wahrsagerischen Träume zumeist den Göttern zugeschrieben. Auch die Traumbücher mit Deutungsregeln für verschiedene Traumsymbole erfreuen sich im Osten heute wie einst großer Beliebtheit. In Indien werden Träume unter anderem herangezogen, um Krankheiten zu prognostizieren. Wenn jemand träumt, dass er mit Teufeln tanzend im Wasser versinkt, so wird er an „unmada" (Wahnsinn) sterben. Wer träumt, auf Affen, Kamelen, Katzen, Eseln, Tigern, Schweinen oder Schakalen zu reiten, der wird früh sterben. Wer von Sonnen- oder Mondfinsternissen träumt, der wird Augenkrankheiten erleiden. Weitere unglücksverheißende Traum-Omina sind: das Landen von Vögeln auf dem Kopf, Lieder singen, rote Kleidung tragen, Anwachsen von Gliedmaßen, Hochzeit, Gold oder Eisen geschenkt bekommen oder das Verlieren beider Schuhe.[95]

In der Nationalbibliothek von Thailand sind viele Traumdeutungs-Bücher aufbewahrt. Sie dienten dem einfachen Volk als Ratgeber zur Interpretation der eigenen Träume. Nur für komplexere Fälle wurde manchmal der Rat eines Alten eingeholt. Die königlichen Träume wurden in der Regel von Hofastrologen gedeutet. Folgend eine kleine Zusammenstellung von Deutungsregeln aus verschiedenen thailändischen Traumbüchern:[96]

einen Mönch sehen	glücklich und guter Dinge, aber nicht reich
einen Ochsen oder Büffel sehen	müde in Körper in Geist
Honig essen	groß und erfolgreich werden
Brechen eines Vorderzahns	ein Verwandter wird sterben
eine Katze sehen	Geld ausgeben, um anderen zu helfen
Früchte essen	Neuigkeiten von einem fernen Freund
Schuhe sehen oder anziehen	weite Reise steht bevor
Haare oder Nägel schneiden	Geldverlust steht bevor
Rot tragen	Feinde werden sich verschwören

Bei diesen Beispielen korrespondieren Symbol und Deutung in dem Sinne, als dass positive Symbole positive Ereignisse ankündigen und negative Symbole vor Unglück warnen. Es gab aber auch umgedrehte Omina, bei denen Alpträume erfreuliche Dinge prophezeien. Einige Beispiele dafür sind:

umgebracht werden	Reichtum erlangen und Feinde besiegen
Tot sein und weggetragen werden	Langlebigkeit; wenn krank Genesung
Sterbende oder Leichen sehen	mit schlechten Gewohnheiten brechen
weinen	Ende aller Probleme

Derartige Umdrehungen von Omina wurden vor allem dann gerne verwendet, wenn die Alpträume Adelige ereilten. Im thailändischen Epos „Khun Chang Khun Phan" träumt Lady Wan Tong, dass das Moskitonetz ihres Bettes Feuer fängt. Ihr Bettgenosse wird von den Flammen aufgefressen. Doch sie selbst kann sich mit schweren Verbrennungen retten.

Khun Phan deutet den brennenden Vorhang als Zeichen dafür, dass das Böse vernichtet werden würde und der Sieg über einen Feind unmittelbar bevorstünde. Der Nachtmahr wird hier zum guten Omen umgedeutet.[97]
Bei den Puyuma, einem Stamm in Taiwan, wird „Kiatia", wie man die Traumdeutung nennt, vor allem von Schamanen und Bambus-Wahrsagern praktiziert. Auch diese kennen viele Traumdeutungsregeln, die umgedrehte Omina enthalten:[98]

Exkremente	Glück steht an
nackt herumgehen	gute Gesundheit und Vitalität
neue Kleider bekommen	Krankheit droht
Singen	Sorgen stehen an
als Mann eine Frau umarmen	erfolglose Jagd steht an

Aus China ist der Brauch bekannt, für Träume zu beten (qimeng). Menschen, die sich in einer schwierigen Situation befinden, suchen dazu einen Tempel auf. Dort zünden sie Kerzen und Weihrauch an und bitten die angebetete Gottheit um einen Traum, welcher ihr Anliegen erhellt. Oft legen sie sich nach langem Gebet vor das Götzenbild und schlafen ein, um im unmittelbaren Angesicht der Gottheit den Traum zu erlangen. Danach ist es üblich, mit Hilfe von Wahrsageklötzen zu verifizieren, ob der Traum tatsächlich gottgesandt war oder lediglich der wilden Phantasie entsprungen ist.[99]
Auch in China unterscheidet man Offenbarungsträume, welche direkt Information über die Zukunft geben, und Träume, die man erst symbolisch entschlüsseln muss. Dazu gesellt sich jedoch noch eine chinesische Eigenart, die Wortanalyse. Bei dieser werden nicht die Traumsymbole selbst, sondern deren chinesische Schriftzeichen analysiert. Dabei kann eine gänzlich andere Bedeutung zutage treten, als der Traum ursprünglich suggeriert hat. So wird von einem hohen Beamten des Kaisers Kangxi (1654 – 1722) berichtet, der wissen wollte, ob er jemals Söhne haben würde. Er begab sich dazu in den Guandi-Tempel außerhalb Pekings. Dort träumte er, dass ihm Guandi einen Bambusstab ohne Blätter und Zweige überreichte. Er war sehr traurig, denn er deutete dies als Omen, dass er niemals einen Nachfolger haben werde. Doch ein Traumdeuter klärte ihn auf. Der Bambus (zhu) würde für zwei Söhne stehen, denn das Schriftzeichen für „zhu" musste nach den Regeln der Wortanalyse zweigeteilt werden. Dadurch erhielt man zweimal das Zeichen „ge", was in diesem speziellen Fall für die zwei Söhne stehen würde.[100]

Man sieht, dass Traumdeutung bei den Chinesen keine einfache Sache war. Wie kaum ein anderes Volk verstanden sie es, daraus eine komplexe Wissenschaft zu machen. So musste bei der Traumentschlüsselung auch der Charakter des Träumers und sein gesamter Kontext berücksichtigt werden. Und selbst für ein und denselben Menschen konnte ein Symbol zu verschiedenen Zeiten verschiedene Bedeutungen haben. Eine bekannte Anekdote erzählt von Zhou Xuan, einem berühmten Traumspezialisten aus der Zeit der Drei Königreiche (220 – 280 n. Chr.). In dieser träumt ein Mann drei Mal von Strohhunden, und jedes Mal gibt Xuan ihm eine vollkommen andere Deutung. Als er darauf angesprochen wird erklärt er:

> „Strohhunde sind Opfer an die Götter. Insofern bedeutete Dein erster Traum, dass Du Essen und Trinken bekommen würdest. Wenn die Opferung vorüber ist, dann werden Strohhunde unter einem Rad zermalmt. Folglich prophezeite Dein zweiter Traum Deinen Sturz vom Wagen und Deine gebrochenen Füße. Wenn die Strohhunde zermalmt sind, so werden sie als Brennholz weggebracht. Darum warnte Dich Dein letzter Traum vor Feuer."[101]

Auch die umgedrehten Omina, also das positive Deuten von negativen Symbolen und umgekehrt, war in China sehr gebräuchlich. Dabei kommt verkomplizierend hinzu, dass diese Umdrehung nach keinem konsistenten Prinzip erfolgt. Dennoch kursiert auch in China bis heute eine große Anzahl von Traumdeutungsbüchern für den einfachen Hausgebrauch. Manche der darin enthaltenen Deutungen sind interkulturell leicht verständlich. Wer würde nicht mit einem Sonnenaufgang positive und mit einem zerstörerischen Sturm negative Geschicke assoziieren? Viele Symbole chinesischer Traumbücher sind jedoch nur aus der chinesischen Tradition heraus verständlich. Das Bild einer fliegenden Schwalbe, welche in die Brust eines Menschen eindringt, würde man wohl kaum mit einer edlen Geburt in Verbindung bringen, wenn man nicht die entsprechende Legende, den Traum der Jadevögel von Zhang Yues Mutter aus der Tang Dynastie, kennt.[102] Auch basieren viele Traumschlüssel auf den vielen Zweideutigkeiten der chinesischen Sprache. So beruhen die positiven Deutungen von Begräbnisträumen zum großen Teil auf der Ähnlichkeit zwischen dem Wort Sarg (guan) und dem Wort Dienststellung (guan). Ähnliches gilt für Schildkröte (gui) und ehrenvoll (gui), Hirsch (lu) und amtliche Vergütung (lu) oder Fisch (yu) und Überfluss (yu).[103]

Die Popularität der Traumdeutung ist bis heute ungebrochen. Davon zeugt die Fülle an Literatur über Traumsymbolik in Buchhandlungen und im Internet. Marktgerechte Titel wie „Ägyptisches Traumbuch", „Das chinesische Traumorakel" oder „Traumbuch der Perser" haben dabei oft außer dem Namen nicht mehr viel mit den suggerierten Traditionen gemein. Gerne werden auch „unverdorbene" Naturvölker bemüht, um die Macht der Träume zu demonstrieren. In den 1990er Jahren sorgte in der Traumforschung der Senoi-Stamm in Malaysien für Furore. Für die Senoi ist der Traum ebenso wichtig und real wie das Wachleben. Deshalb wird auch ein großer Teil des Tages mit dem gegenseitigen Erzählen und Interpretieren von Träumen zugebracht. Die Senoi beherrschen die Kunst des Luziden Träumens. Sie können also ihre Träume willentlich steuern und in die Traumhandlung bewusst eingreifen. Dies ist notwendig, da im Traum auftauchende Probleme gelöst werden müssen, damit diese sich nicht im Wachleben manifestieren. Durch diesen intensiven Kontakt zum eigenen Unterbewusstsein verfügen die Senoi über ein derart friedfertiges und tolerantes Gemüt, dass es kaum Streit oder Auseinandersetzungen gibt.[104] Das große Interesse der westlichen Welt an den Gepflogenheiten dieser kleinen Ethnie zeigt die ungebrochene Faszination, welche das Mysterium der Träume auf den Menschen ausübt. Und so ist auch in unserer Kultur der Glaube an prophetische Träume nach wie vor weit verbreitet.

Der schlafende Prophet Edgar Cayce

Der wohl bekannteste Traumprophet des 20. Jahrhunderts war der Amerikaner Edgar Cayce (1877 – 1945). Bei seinen über 14.000 Lesungen versetzte er sich in einen tranceartigen Schlaf und gab dann Antworten auf die Probleme der Ratsuchenden. Im Vordergrund stand dabei meist das Thema Gesundheit. Cayce war bekannt für seine unkonventionellen Heilmethoden. Er hielt nichts von medizinischen Generalisierungen, sondern war der Ansicht, dass jeder Mensch seine ganz eigene, individuelle Behandlung brauche. Als beispielsweise sein Sohn bei einem Schießpulverunfall schwere Augenverletzungen davontrug, empfahl er, den Jungen für 15 Tage in einem komplett abgedunkelten Raum zu lassen. Dabei sollte ein mit starker Gerbsäure getränkter Verband um seine Augen gelegt und regelmäßig gewechselt werden. Die Ärzte waren zwar sehr skeptisch, doch hatten sie keine Alternative. Ihrer Diagnose zufolge war das Augenlicht für immer verloren. Ein Auge sollte sogar komplett entfernt werden. So wurde die geträumte Behandlung widerwillig durchgeführt. Zwei Wochen später waren die Augen des Jungen geheilt.[105] Derartige Erfolge sind zahlreich dokumentiert und brachten Cayce tausende Anhänger, auch unter Medizinern.

Dennoch war sein Schaffen stets umstritten. Zum einen liegt dies daran, dass Cayce in seinen Visionen auch ausgiebig über esoterische Themen wie Atlantis oder Reinkarnation philosophierte.[106] Zum anderen waren Cayces Aussagen oft sehr ungenau und manchmal auch komplett falsch. Dies betrifft insbesondere seine Prophezeiungen zum Weltgeschehen. So sagte er für 1933 ein gutes Jahr voraus. Tatsächlich ging die Große Depression unvermindert weiter. Auch seine zahlreichen Erdbeben-Prognosen sind nicht eingetroffen, obwohl er dafür einen enormen zeitlichen Spielraum ansetzte. 1958-1998 sollten durch Erdbeben zahlreiche amerikanische Städte wie Los Angeles, San Francisco und New York zerstört werden. Auch das Verschwinden großer Teile Japans und Nordeuropas im Meer oder die Christianisierung Chinas hat bis zum heutigen Tage nicht stattgefunden.[107]
Dem gegenüber steht eine Reihe von korrekten Voraussagen wie das Ende des Kommunismus in Russland oder die Geschehnisse des Zweiten Weltkriegs. 1932 sprach er von der großen Katastrophe, welche 1936 über die Welt kommen würde. Diese würde durch das Aufbrechen von Kräften entstehen, welche zum damaligen Zeitpunkt bereits Faktoren der Weltpolitik waren.[108] Tatsächlich begann in diesem Jahr das Expansionsstreben der faschistischen Kräfte mit Mussolinis Angriff auf Äthiopien und Hitlers Einfall im entmilitarisierten Rheinland. Dennoch waren auch diese Prophezeiungen nicht ganz fehlerfrei. So stand Cayce Hitler lange Zeit wohlwollend gegenüber und revidierte seine Meinung erst mit Kriegsbeginn.[109]

Visionäre Träume in der Parapsychologie

Auch in der Parapsychologie sind zahlreiche Fälle von prophetischen Träumen bekannt.[110] Ein großer Teil des Materials ist anekdotischer Natur und kann deshalb nicht auf Stichhaltigkeit überprüft werden. Hans Bender (1907 – 1991), der legendäre Professor für Parapsychologie an der Universität Freiburg, schildert einige solcher Fälle. So berichtet er von einer Frau aus dem Ruhrgebiet, welche von einer Droschke mit dem Tod als Kutscher geträumt hat. Der garstige Knochenmann blickte sie an und rief: „Hier hinten ist noch ein Platz frei!" Erschreckt wachte sie auf. Am Morgen ging sie wie gewöhnlich zur Haltestelle. Die Straßenbahn war derart überfüllt, dass man kaum noch zusteigen konnte. Da rief der Schaffner: „Hier hinten ist noch ein Platz frei!" Erschrocken erinnerte sie sich an ihren Traum und stieg nicht ein. Kurze Zeit später verunglückte der Zug. Es gab auch Todesopfer.[111]
Derartige anekdotische Berichte gibt es viele, doch fehlt ihnen zumeist die Beweiskraft. Einerseits besteht immer die Möglichkeit des Betruges. Andererseits ist die Gefahr gegeben, dass die Träume im Nachhinein an die Ereignisse angepasst werden. Dieses nachträgliche Zurechtbiegen passiert häufig. Es geschieht oft gar nicht bewusst und kann auch bei ansonsten glaubwürdigen Personen vorkommen. Deshalb ist man in der Parapsychologie um Wahrträume bemüht, die noch vor dem Eintreffen der Ereignisse schriftlich dokumentiert werden.

Eine der ausführlichsten Untersuchungen dieser Art wurde mit der Schauspielerin Christine Mylius (1913 – 1982) durchgeführt.[112] Fast 30 Jahre lang, von 1953 bis zu ihrem Tod 1982, schickte sie etwa alle 14 Tage Kopien ihrer Traumaufzeichnungen an das Institut für Parapsychologie in Freiburg. Fast 3.000 Träume wurden archiviert, wovon mindestens 7 % paranormale Informationen über ihre zukünftige Lebenssituation enthalten.[113] Besonders eindrucksvoll ist dabei eine Serie von zwölf Träumen, die als „Fall Gotenhafen" bekannt geworden ist. Diese beziehen sich allesamt auf die Dreharbeiten zum Film „Nacht fiel über Gotenhafen" und wurden von Frau Mylius, welche in dem Film mitspielte, 6 Monate bis 4 Jahre davor geträumt und dem Institut schriftlich mitgeteilt. Obwohl eigentlich nur die gesamten zwölf Träume ein angemessenes Bild von den verblüffenden Übereinstimmungen geben können, sollen folgende zwei Fälle einen kleinen Einblick geben. Am 25. Juni 1958 schrieb Frau Mylius:

„Ein Traum voll von Eindrücken, die ich kaum in Worte fassen kann. Es ging um eine Expedition nach Afrika, warum weiß ich nicht, denn ich sehe keine Neger. Obwohl es sehr heiß ist, erlebe ich auch ein Schneegestöber vor einem Hintergrund, der sowohl eine Sandwüste als eine Schneelandschaft sein kann. Dann sehe ich – wie auf einer Bühne – Katakomben, Nachtlokale und andere große Räume nahe beieinander wie in einem Filmstudio. Zwei spärlich bekleidete Tänzerinnen – sie müssen Zwillinge sein – führen eine Art Eingeborenentanz auf."[114]

Eineinhalb Jahre später, im Oktober 1959, befand sich Christine Mylius im Filmstudio Göttingen für die Dreharbeiten zum Gotenhafen-Film. Parallel dazu wurde auch ein Spielfilm über eine Vergnügungsreise an die afrikanische Küste gedreht, wozu teilweise dieselben Kulissen verwendet wurden. Man hatte einen katakombenartigen Bunker und ein Nachtlokal aufgebaut. Für eine Schiffszene wurde mit künstlichem Schnee ein Schneegestöber vorgetäuscht. 50 Meter davon entfernt befand sich eine Oase mit Sand und Palmen für das Lustspiel. Im Gotenhafen-Film tanzten die „Höpfner-Zwillinge". Im anderen Spielfilm führte eine Mulattin einen Bauchtanz vor.
Im September 1959 fuhr das Filmteam mit einem eilig gecharterten, sehr alten und schmutzigen Dampfer von Bremerhaven nach Helgoland. Man brauchte mehr als drei Stunden, um aus dem Hafen zu kommen. Mannschaft und Passagiere sprachen ausgiebig dem zollfreien Whisky zu, sodass der zweite Steuermann sogar wegen Volltrunkenheit verwiesen werden musste. Das Traumprotokoll von Frau Mylius vom 22. Mai 1959 lautet:

„Fahre in einem uralten, dreckigen Dampfer, der kaum mehr manövrierfähig ist und der schon stundenlang braucht, um aus dem Hafen zu kommen. Auch die Mannschaft sieht ziemlich verwahrlost aus und steht unter Alkohol."[115]

Bei sämtlichen Träumen dieser Serie kann ein Zurechtbiegen im Nachhinein ausgeschlossen werden, da die Protokolle dem parapsychologischen Institut zugesandt wurden lange bevor die Schauspielerin überhaupt wusste, dass dieser Film geplant war und sie darin mitspielen würde. Dennoch stellt sich hier, wie bei den meisten Wahrträumen, die Frage, ob derartige Übereinstimmungen nicht einfach durch den Zufall erklärbar sind. Denn nur die seltensten Fälle geben derart präzise Auskünfte wie der im Abschnitt über Nekromantie erwähnte Traum von einer Zeitung mit dem exakten Datum eines Flugzeugunglücks.

Zumeist offenbart der Traum eine Gestalt, eine Szenerie, eine Stimmung, also ein qualitatives Gebilde, welches im Grunde nicht exakt messbar ist. Es bedarf immer der subjektiven Einschätzung, inwieweit man einem Traum zubilligt, Abbild eines späteren Ereignisses zu sein oder lediglich eine gewisse, zufällige Ähnlichkeit damit zu haben. Auch wenn es in 7 % der etwa 3.000 dokumentierten Träume von Frau Mylius frappante Übereinstimmungen gab, könnte man mit viel Skeptizismus auch diese relativ hohe Anzahl einer Laune des Zufalls zuschreiben. Dies ist wohl auch eines der Grundprobleme der meisten magischen Prognosemethoden, welche vornehmlich mit Symbolen und Analogien arbeiten. Dennoch gibt es in der Parapsychologie große Anstrengungen, auch einen statistisch-quantitativen Rahmen zu schaffen für das Phänomen, welches sie „Präkognition" nennt.

05. Präkognition

Die Parapsychologie setzt sich zum Ziel, übernatürliche Phänomene mit wissenschaftlichen Mitteln zu untersuchen und zu erklären. Während etwa die prophetischen Träume in fast allen Kulturen aus einem religiösen Hintergrund heraus erklärt werden, spielt dieser in der Parapsychologie keine Rolle. Um sich in der Terminologie von den magischen Theorien abzugrenzen, hat man für das paranormale Voraussehen künftiger Ereignisse den Begriff Präkognition geprägt.[116]

Hellsehen in der Parapsychologie

In der Parapsychologie erachtet man echte Präkognition als sehr selten. Die meisten Fälle werden mit Gedankenübertragung erklärt. Hans Bender schreibt hierzu:

> „Während Telepathie und neuerdings auch Hellsehen heute weitgehend anerkannt, wenn auch noch keineswegs verpflichtend in das wissenschaftliche Denken einbezogen sind, begegnet die dritte Form der paranormalen Wahrnehmung, das Hellsehen in die Zukunft, die Prophetie, den heftigsten Zweifeln."[117]

Weite Kreise der Parapsychologie gehen davon aus, dass Telepathie, die Übertragung von Gedanken ohne physikalisch messbare Wechselwirkung, möglich ist, auch wenn bis heute eindeutige wissenschaftliche Beweise dafür ausstehen. Ein Großteil der wahrsagerischen Prophezeiungen wird auf dieses Prinzip zurückgeführt. Wir hatten einen solchen Fall bereits im Abschnitt über Nekromantie. Die verblüffend exakten Aussagen von Herrn N.R. wurden damit erklärt, dass dieser das Unterbewusstsein der Anwesenden telepathisch anzapfte und dadurch an die Informationen gelangte. Auch wenn ein Medium Aussagen über eine weit entfernte Person macht, erklärt die Parapsychologie dies durch Telepathie, denn Gedankenübertragung ist nicht örtlich gebunden und kann über tausende Kilometer erfolgen.
Betreffen nun die Aussagen eines solchen Mediums die Zukunft des Menschen, so mögen diese im Moment der Befragung beeindruckend sein, erweisen sich im Nachhinein gesehen jedoch oft als falsch. Dies liegt daran, dass der Wahrsager nicht, wie er glaubt, die Zukunft liest, sondern

die verborgenen Hoffnungen und Wünsche des Klienten telepathisch empfängt. Während also viele Hellseher ihre Kunden mit genauen Beschreibungen aus deren bisherigen Leben beeindrucken und auch deren aktuelle Probleme sehr treffend analysieren, bewahrheiten sich ihre Prognosen nur selten. Hier kommen dem Wahrsager allerdings seine symbolische Ausdrucksweise und seine sehr allgemeinen Formulierungen zugute, weil sich dadurch seine Worte im Nachhinein gut zurechtbiegen lassen.

Die These der Gedankenübertragung scheint vielen Parapsychologen annehmbar, weil sie nicht grundsätzlich vom gängigen naturwissenschaftlichen Weltbild abweicht. Auch in der Physik kennt man viele Wellen und Frequenzen, welche mit den menschlichen Sinnen nicht wahrnehmbar sind, aber dennoch existieren. Ein Beispiel dafür ist der Klang einer Hundepfeife. Ihr akustisches Signal liegt im Ultraschallbereich, auf einer Frequenz von 20.000 – 22.000 Hz. Das menschliche Ohr kann jedoch nur Signale bis etwa 20.000 Hz empfangen. Dadurch bleibt der Klang der Hundepfeife für den Menschen unhörbar, während Hunde ihn laut und deutlich vernehmen können. Auch Infrarot- oder Ultraviolettstrahlen können mit dem menschlichen Auge nicht wahrgenommen werden. Dennoch sind sie da und können mit den entsprechenden Apparaten auch gemessen werden. Es ist also durchaus vorstellbar, dass eine derartige Frequenz auch für die Gedanken von Menschen existiert und dass manche Sensitive zu dieser Frequenz Zugang haben, auch wenn sie bislang noch nicht physikalisch entdeckt wurde.

Anders verhält es sich mit dem Hellsehen in die Zukunft. Dieses widerspricht den Grundgesetzen der Physik, weil nach herkömmlicher Auffassung die Zeit nur in eine Richtung fließen kann, der Zeitpfeil nicht umdrehbar ist.[118] Diese kausale Weltordnung impliziert auch, dass es keine Ursachen geben kann, welche ihre Wirkung in der Vergangenheit haben. Präkognition wäre aber genau dieser Fall, in dem ein künftiges Ereignis die Ursache ist und die Wahrsagung ihre Wirkung in der Vergangenheit. Nach dem Weltbild der modernen Physik ist dies nicht möglich. Dass diese Sicht in der Philosophie umstritten ist und es neben der kausalistischen auch eine teleologische Perspektive gibt, wird der vierte Prognostik-Band ausgiebig erläutern. Im Zusammenhang mit der Präkognition gilt es lediglich festzuhalten, dass ihre Existenz aufgrund dieser Unver-

einbarkeit mit den Paradigmen der Physik auch in der Parapsychologie stark angezweifelt wird.
Dies betrifft allerdings nicht die offensichtliche Möglichkeit der naturgesetzlichen Prognostik. Dass man aufgrund physikalischer Gesetze gewisse Voraussagen über die Zukunft machen kann, ist unbestritten und hat nichts mit dem Zeitpfeil zu tun, denn die Naturgesetze sind in großem Ausmaß über die Zeit erhaben. Wie der bekannte Physiker Stephen Hawking (1942 – 2018) schrieb: „Die Naturgesetze unterscheiden nicht zwischen Vergangenheit und Zukunft."[119] Während viele der zeichen- und zeitendeutenden Prognosemethoden versuchen, einer Art naturgesetzlicher Gültigkeit nahezukommen, hat die visionäre Prognostik lediglich den Anspruch, die Zukunft durch höhere Inspiration zu erschauen. Dadurch gerät sie in Konflikt mit den Grundfesten der Physik.

Trotz all der Skepsis gab es in der Parapsychologie immer wieder Bemühungen, die Existenz von Präkognition experimentell nachzuweisen. Zumeist wurden dabei Medien, welche in Verdacht standen, über präkognitive Begabung zu verfügen, zu Testserien eingeladen. Das Ziel dieser Versuche war, eine oftmalige Wiederholung präkognitiver Leistungen unter „Laborbedingungen" zu dokumentieren und damit eine seriöse Basis zur Beurteilung dieses Phänomens zu schaffen.
Von diesen Versuchen gibt es zwei Arten. Die ersten wählen einen qualitativen Zugang, indem möglichst viele Fallbeispiele von einem bestimmten Sensitiven gesammelt und überprüft werden. Diese Herangehensweise hat den Vorteil, dass sie Präkognition unter jenen Bedingungen untersucht, unter welchen diese normalerweise auftritt. Das Versuchsumfeld wird möglichst natürlich belassen. Die Wahrsagungen werden lediglich kritisch protokolliert und überprüft. Der Nachteil dieser Herangehensweise ist, dass dadurch kaum vergleichbare Daten gewonnen werden können, weil jede einzelne Präkognition ihre ganz eigene Qualität hat. Meist bestehen die Vorhersagen in Symbolen, in Stimmungsbildern, in morphologischen Gebilden. Selten werden darin exakte Daten genannt, welche eine eindeutige Verifizierung der Prophezeiungen auch unter skeptischen Gesichtspunkten erlauben würden. Die bereits erwähnten Traumprotokolle von Christine Mylius sind ein typisches Beispiel dafür. Egal wie viele verblüffende Übereinstimmungen zwischen Vorhersagen und tatsächlichen Ereignissen man auch findet, egal wieviel Material man auch sammelt, es bleibt stets Indiz, aber nicht Beweis für die Präkognition.

Die zweite Art von Experimenten versucht, normiertes und vergleichbares Datenmaterial zu erhalten, indem Sensitive einer künstlichen Versuchsanordnung unterzogen werden. Dabei geht es nicht mehr darum, die individuelle Gestalt eines offenen, künftigen Ereignisses möglichst genau zu beschreiben. Stattdessen werden eindeutig voneinander abgrenzbare Ereignisse künstlich durch Zufallsgeneratoren erzeugt und das Medium muss vorhersagen, welches davon eintreffen wird. Der Vorteil dieser Methode ist zweifelsohne, dass man dadurch quantitativ-statistische Daten gewinnen kann, welche eindeutig und vergleichbar sind. Der Nachteil ist, dass die künstliche Versuchsanordnung dem Wesen der Präkognition zuwiderläuft. Denn die meisten Untersuchungen zeigen, dass diese zumeist nur in einer stark affektiven, gefühlsbetonten Situation eintritt. Die monotone Routine quantitativer Experimente, die sterile Laborstimmung ist dafür kontraproduktiv.

Qualitative Experimente mit Gérard Croiset

Zu den wohl faszinierendsten qualitativen Untersuchungen zählen die Platzexperimente mit dem holländischen Sensitiven Gérard Croiset (1910 – 1981). Bei diesen traf Croiset Voraussagen, wer bei einer zukünftigen Veranstaltung auf einem bestimmten Platz sitzen würde. Dieser Platz wurde entweder frei gewählt oder durch das Los bestimmt. Croiset beschrieb dann die äußere Erscheinung der Zielperson, sowie kleine, meist affektiv betonte Erlebnisse aus deren Leben. Dazu wurde ihm am Tag vor der Veranstaltung der Stuhlplan des nächsten Veranstaltungsorts vorgelegt. Bei der einfachen Variante des Platzexperiments kreuzte Croiset selbst darauf einen Platz an. Es kam aber auch vor, dass ein Mitarbeiter des Versuchsleiters blind einen Platz bestimmte. Croiset zeichnete dann seine Voraussagen auf Tonband auf. Dabei befand er sich in einem ganz normalen Wachzustand, zumeist eine Zigarette rauchend.[120] Die Visionen ereilten ihn bei normalem Bewusstsein und nicht in Trance, Begeisterung oder ähnlichen bislang besprochenen Ausnahmezuständen.
Am nächsten Tag bei der Veranstaltung wurde die Person am bezeichneten Platz mit der Tonbandaufnahme verglichen und konnte dazu Stellung nehmen. Beispielsweise bei einem Versuch im Mai 1952 sprach Croiset folgende Voraussage auf Tonband:

„Ich sehe einen Mann, nicht groß, mit dunklem Anzug, glatt nach hinten gekämmtes Haar, sprechende Augen. (...) Er hat dieser Tage vor einer Uhrmacherei, einem Laden gestanden und sich eine neue Uhr angesehen. Hat er diese Woche auf einem Verkehrsknotenpunkt eine Sensation mitgemacht und sich über einen Mann aufgeregt, dem er in den Weg getreten ist? Hat er in einem Laboratorium mit Reagenzgläsern oder einem leckenden Füllhalter Papiere schmutzig gemacht? (...) Muss er sehr viel die Leute beobachten und nach der Beobachtung beurteilen? Kann ein Vorgesetzter der Polizeibehörde sein. Geht viel mit Leuten um, die scharf gegen die Gesellschaft eingestellt sind. Er ist ein Diener des Staates."[121]

Auf dem entsprechenden Platz saß Kriminalrat B. Er und seine Begleiter, Mitarbeiter vom Dezernat, waren überaus erstaunt über die treffende Tonbandbeschreibung und bestätigten die erwähnten Ereignisse. Der Kriminalrat hatte sich tatsächlich einige Tage zuvor eine neue Armbanduhr gekauft, war auf einer verkehrsreichen Straße leicht von einem Auto angefahren worden und hatte beim Versuch, seinen Füllhalter zu reparieren, die Papiere seines Schreibtisches mit Tinte bespritzt. All diese Ereignisse hatten für den Kriminalrat in jenen Tagen eine starke emotionale Bedeutung, sodass er diese sofort in Croisets Beschreibungen wiedererkannte.
Bei einem anderen Versuch gab Croiset vor der Veranstaltung folgende Beschreibung ab: „Hier wird eine Frau sitzen. Sie hat Narben im Gesicht von einem Autounfall, den sie in Italien erlitten hat." Bei der Veranstaltung saß auf dem entsprechenden Platz tatsächlich eine Dame mit einer sichtbaren Narbe im Gesicht, welche sie sich zwei Monate zuvor bei einem Autounfall in Italien zugezogen hatte.[122]

Nach einer Reihe von erfolgreichen Experimenten dieser Art wurden diese mit „Greifversuchen" kombiniert. Dabei wurden die Teilnehmer der Veranstaltung vor Croisets Erscheinen gebeten, einen persönlichen Gegenstand abzugeben. Diese wurden in einem Nebenraum deponiert. Die Person, welche sich auf dem vorbestimmten Sitzplatz befand, sollte nun aus den deponierten Gegenständen einen beliebigen auswählen. Croiset sprach am Vorabend seine Prognose auf Band, welche „Sphäre" mit diesem Gegenstand verbunden sein würde. Bei einem der Versuche beschrieb er diese folgendermaßen:

„Ich sehe ein Haus, das auf einer Anhöhe steht. Hat man in dem Hause über Kurzwellenbestrahlung gesprochen wegen Schmerzen in der Lendengegend?

> Das ist schon lange Zeit her, ja. Waren die früheren Bewohner dieses Hauses sehr orthodox? Ein verstimmtes Klavier, speziell an der rechten Seite ist es verstimmt. Ich sehe besonders die rechten Tasten. Die sind etwas gelb geworden. Ist dennoch auf diesem verstimmten Klavier eine Sonate von Beethoven gespielt worden? Ich bekomme den Eindruck, dass trotz diesem Verstimmtsein gespielt worden ist, und die Dame hat sich etwas dabei geärgert, darum sehe ich das. In der Nähe des Hauses ist ein in die Höhe führender Landweg, ich sehe eine Einbuchtung."[123]

Die Aussagen erwiesen sich allesamt als zutreffend und wurden auch durch einen Lokalaugenschein im Haus der entsprechenden Dame bestätigt. Sie wohnte auf einer Anhöhe. Etwa zehn Tage zuvor war ein Heilpraktiker im Hause gewesen, welcher mit der Mutter der Dame über die Möglichkeiten einer Bestrahlung wegen ihrer Nierenentzündung gesprochen hatte. In der anderen Hälfte des Doppelhauses wohnte eine sehr fromme Familie, welche die Dame als orthodox beschrieb. Auch ein alter, verstimmter Stutzflügel befand sich im Haus. Kurz vor dem Experiment hatte die Dame ihrer Nichte ein Beethoven-Sonatenheft geliehen und bei dieser Gelegenheit noch einmal versucht, ein paar Takte daraus auf dem verstimmten Klavier zu spielen. Sie musste den Versuch jedoch abbrechen, weil es zu hässlich klang. Auch der in die Höhe führende Landweg und die Einbuchtung in der Straße konnten bestätigt werden.[124]

Insgesamt wurden mit Croiset mehr als 200 Versuche dieser Art durchgeführt mit über 80 % Erfolg.[125] Bei diesen Experimenten spricht alles für echte Präkognition, denn die Korrektheit seiner Prognosen war allein bestimmt durch die freiwillige Wahl eines Stuhles und die zufällige Wahl eines Gegenstandes am folgenden Tag. Dies gilt umso mehr, als manche der Zielpersonen zum Zeitpunkt, als Croiset seine Voraussagen auf Tonband sprach, noch gar nichts von der Veranstaltung gewusst hatten und beispielsweise spontan von Bekannten mitgenommen worden waren. Die Versuche wurden sogar bis nach Übersee ausgedehnt, wobei Croiset von Holland aus Angaben machte über Veranstaltungen, welche Wochen später in New York stattfanden. Der Erfolg blieb derselbe.[126] Bei den Versuchen war auffällig, dass Croiset umso stärker auf eine zukünftige Zielperson reagierte, je größer die Ähnlichkeit zwischen seinen und ihren Gefühlserlebnissen war. Auch hier beeinflusst somit das Vorhandensein eines gefühlsgeladenen, affektiven Feldes entscheidend den Erfolg der Präkognition.[127]

Dies ist, wie Hans Bender vermutet, einer der Hauptgründe, warum sich Präkognition nur so schlecht professionell verwerten lässt. Auch Croiset hatte einige Zeit versucht, seine Gabe zu Geld zu machen, indem er Beratungen gab. Da er dabei jedoch so viele Misserfolge hatte, ließ er bald wieder die Finger davon. Es scheint, als ob sich die Fähigkeit der Präkognition nur in einer spielerischen Situation entfalten kann, jedoch nicht in einigermaßen verlässlicher Form auf Ernstfälle übertragbar ist.[128] Dies musste man auch feststellen bei den Versuchen, Croisets Gabe in kriminalpolizeilichen Ermittlungen zu nutzen. Dabei hatte er nur in 20 % der Fälle volle Erfolge, indem er beispielsweise den Aufenthaltsort eines vermissten Kindes genau beschrieb und dadurch entscheidend zu dessen Auffinden beitragen konnte. In 40 % der Fälle hatte er zwar paranormale Eingebungen, die mit dem Fall in Zusammenhang standen, doch waren diese den Ermittlungen nicht dienlich. Die restlichen 40 % waren vollkommene Fehlschläge, bei denen Croiset angab, Opfer unbewusster Phantasien geworden zu sein.[129]

Quantitative Experimente mit Zener-Karten

Obwohl es offenbar schwierig ist, Präkognition unter Laborbedingungen nachzuweisen, wurden auch quantitative Experimente durchgeführt. Häufig basieren diese auf den Zener-Karten, welche vom amerikanischen Parapsychologen Joseph B. Rhine (1895 – 1980) in den 1920er Jahren entwickelt wurden.[130] Ursprünglich sollte mit dieser Versuchsanordnung das Phänomen der Hellsichtigkeit untersucht werden. Doch schon bald wurden die Versuche ausgedehnt auf Telepathie und Präkognition.
Das Zener-Set besteht aus 25 Karten, wobei jeweils fünf davon dasselbe Symbol tragen. Wie folgende Abbildung zeigt handelt es sich dabei um die Symbole Kreis, Kreuz, Wellenlinien, Viereck und Stern. Im Original-Experiment sollten die Testpersonen pro Versuchsserie 800 Mal versuchen, das Zeichen einer per Zufallsautomat gewählten Karte zu erraten. Die statistische Wahrscheinlichkeit für einen Treffer lag bei 1:5. Tatsächlich wurden im Schnitt aber 6,5 von 25 Karten richtig erraten, also deutlich mehr als zu erwarten gewesen wären. Dabei war die Streuung der einzelnen Versuchspersonen um diesen Mittelwert erheblich. Ein besonders begabter Mann schaffte auch bei mehrmaliger Wiederholung der Serie einen Schnitt von 10:25. Einmal gelang es ihm sogar, alle 25 Karten

richtig zu nennen. Die statistische Wahrscheinlichkeit, dass dies mit dem Zufall erklärt werden kann, ist sehr gering.

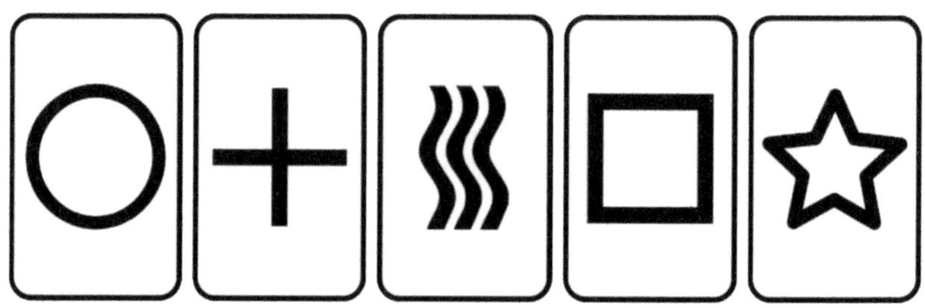

Zener-Karten nach Joseph B. Rhines

In der Folge wurde die räumliche Distanz zwischen Experimentator und Versuchsperson von wenigen Metern auf bis zu 4.000 Meilen ausgedehnt. Das Resultat wurde dadurch nicht beeinträchtigt. Offensichtlich spielte die Entfernung bei der Hellsichtigkeit keine Rolle. Schließlich wollte man untersuchen, ob die Ergebnisse auch von der Zeit unabhängig sind. Bei der entsprechenden Versuchsanordnung wurde den Testpersonen die Aufgabe gestellt, eine Kartenserie zu erraten, welche erst in der Zukunft gelegt werden würde. Die zeitliche Distanz zwischen Vorhersage und Ziehen der Karten wurde von wenigen Minuten auf bis zu zwei Wochen ausgedehnt. Auch diese Experimente bestätigten die Existenz von Präkognition signifikant mit einer Zufallswahrscheinlichkeit von 1 : 400 000.[131]

Interessant war dabei, dass positive Resultate stark von optimistischen Erwartungen und Hoffnungen der Testpersonen begünstigt wurden, während skeptische Testpersonen deutlich schlechtere Ergebnisse erzielten.[132] Zudem war es auffällig, dass in den jeweils ersten Versuchsreihen meist die besten Ergebnisse erzielt werden konnten. Dies erklärte Rhine mit dem Abnutzungseffekt. Je öfter eine Testperson dieses monotone Experiment mitmachte, desto mehr wurde es Routine. Die Aufmerksamkeit sank und die Ergebnisse verschlechterten sich. Auch hier spielte offensichtlich das Vorhandensein eines gefühlsgeladenen, affektiven Feldes eine wesentliche Rolle. Je mehr das Experiment zur Routine wurde, desto mehr verflüchtigte sich der Präkognitionseffekt.

Die Ergebnisse wurden vom „Amerikanischen Institut für mathematische Statistik" als statistisch einwandfrei bezeichnet mit dem Zusatz: „Wenn die Forschungen Rhines sachlich angegriffen werden sollten, so muss dieser Angriff vom Nicht-Mathematischen ausgehen."[133] So sorgten die Rhine-Experimente bald für Furore. Viele parapsychologische Institute replizierten die Versuche, ebenfalls mit signifikanten Ergebnissen. Doch auch diese hatten allesamt das Problem, dass nach anfänglichen, erstaunlichen Erfolgen ein Gewöhnungseffekt eintrat und irgendwann die positiven Ergebnisse vollkommen ausblieben. Präkognition ist also nicht beliebig wiederholbar.[134]

Remote Viewing

Anfang der 1970er Jahre wurden diese Forschungen vom amerikanischen Geheimdienst CIA aufgegriffen. In Zusammenarbeit mit dem Stanford Research Institute (SRI) entwickelte man daraus die Technik des Remote Viewing. Damit soll eine telepathische Fernwahrnehmung militärischer Ziele möglich sein.[135] Bei einem der Experimente, veröffentlicht in der Zeitschrift Nature, begab sich der Versuchsleiter an einen durch Zufall gewählten Zielort und hielt sich dort für etwa 15 Minuten auf. Gleichzeitig befand sich die Testperson in einem abgeschlossenen Raum und fertigte ohne jeglichen Anhaltspunkt Skizzen des Zielortes an. Dazu sprach sie ihre Vermutungen über die Gestalt des Ortes auf Tonband. Dieser Vorgang wurde unter Beobachtung durchgeführt und neun Mal wiederholt. Anschließend erhielt ein neutraler Beurteiler alle transkribierten Tonbandaufzeichnungen und Skizzen und begab sich damit an die verschiedenen Zielorte. Er verglich die Orte mit den Beschreibungen und erstellte für jeden eine Rangfolge, welche der Beschreibungen am besten zutreffen würde. Das Ergebnis war verblüffend. An sieben Orten war die entsprechende Beschreibung am ersten Rang der Liste. Bei den restlichen zwei Orten belegte sie Rang drei und sechs.[136]
Insgesamt wurden im Zeitraum von 1973 bis 1988 etwa 26.000 derartiger Zielbeschreibungsversuche vom SRI durchgeführt. Die Gesamtergebnisse sind hochsignifikant mit einer Zufallswahrscheinlichkeit von etwa 1 : 1 000 000 000 000 000 000.[137]

Diese Versuche wurden auf Präkognition ausgedehnt, indem die Testpersonen die Zielorte beschrieben noch bevor diese im Zufallsverfahren ausgewählt worden waren. Diese Experimente verliefen ebenfalls erfolgreich. Hier ein Beispiel der präkognitiven Beschreibungen von vier Zielorten, wie sie für diese Versuchsreihe typisch sind:[138]

Präkognitive Beschreibung des Zielorts	*Zielortsituation*
Eine Art „erstarrte Teermasse" oder „zusammengepresste Lava". Es sieht so aus, als sei die ganze Gegend von einer „gerunzelten Elefantenhaut" bedeckt, die ausgelaufen ist.	Dr. Puthoff besuchte später den Jachthafen von Palo Alto, der wegen niedrigen Wasserstandes von einer öligen Schlammschicht bedeckt war
Eine Gartenanlage hinter einer Mauer mit einer „doppelten Säulenreihe"; sehr gepflegt	Dr. Puthoff besuchte den Ziergarten des Krankenhauses der Stanford-Universität; alle Details stimmten
Ein „schwarzes Dreieck" aus Eisen, „größer als ein Mensch". Sie hörte ein Quietschen, etwa einmal pro Sekunde.	Szenen auf einem Kinderspielplatz: Eine Kinderschaukel mit einem dreieckigen Haltepfosten; sie quietschte bei jeder Schaukelbewegung
Ein sehr hohes Gebäude zwischen städtischen Straßen mit „gazeartigem Glas" verkleidet	Das Rathaus von Palo Alto; es besitzt eine Glasverkleidung.

Als die Remote-Viewing-Akten im Jahr 1995 von der Geheimhaltung entbunden wurden, veranlasste die amerikanische Regierung eine Evaluation der Forschungsergebnisse. Diese kamen zu folgendem Schluss:

> „Die Ergebnisse zeigen klar, dass anormale Kognition möglich ist und demonstriert wurde. Diese Konklusion basiert nicht auf Glauben, sondern auf allgemein akzeptierten wissenschaftlichen Kriterien."[139]

Dennoch muss hier angemerkt werden, dass es bislang keine Replikation der Ergebnisse durch unabhängige Forscher gegeben hat. Auch wurde festgehalten, dass die Ergebnisse der Experimente zu unverlässlich seien, als dass sie bei militärischen Entscheidungen in Betracht gezogen werden könnten.

Parapsychologie und Wissenschaft

Präkognition, Hellsehen, Telepathie, Remote Viewing, ASW (Außersinnliche Wahrnehmung), ESP (Extra Sensory Perception), Psi-Kräfte, Psychotronik, all diese Begriffe zeugen von der ungebrochenen Popularität der visionären Prognostik in der modernen Welt. Es gäbe noch eine Vielzahl faszinierender Fallbeispiele dazu, doch soll dieser kleine Überblick für unsere Zwecke genügen. Vieles spricht dafür, dass ein Vorhersehen der Zukunft grundsätzlich möglich ist. Die Beweise dafür sind allerdings nicht so eindeutig, als dass sie von der Wissenschaft anerkannt würden. Der Großteil des Materials bleibt anekdotischer Natur. Auch wenn vieles davon durch glaubwürdige Zeugen und schriftliche Dokumentation abgesichert ist, können solche Einzelfälle nicht den wissenschaftlichen Kriterien wie Allgemeingültigkeit, Replizierbarkeit oder Falsifizierbarkeit Genüge tun. Egal, wie viele noch so verblüffende Einzelfälle man auch zusammenträgt, diese können nie als endgültiger Beweis im wissenschaftlichen Sinne betrachtet werden. Selbst die quantitativ-statistischen Experimente von Rhine und seinen Nachfolgern erfüllen die Grundbedingungen eines wissenschaftlichen Experiments nur bedingt:

1. Objektivität:
Ein Experiment kann nur dann als objektiv bezeichnet werden, wenn verschiedene Forscher unter denselben Bedingungen zu denselben Ergebnissen kommen. Dies ist bei den Zenerkarten-Experimenten nur bedingt der Fall. Zwar kamen die meisten Replikationen auf signifikante Ergebnisse in den Anfangsversuchen und auf ein Absinken der Erfolge nach Einsetzen des Gewöhnungseffekts, doch schwankten die entsprechenden Prozentzahlen beträchtlich. Dazu kommt ein ausgeprägter Versuchsleitereffekt. Je positiver die Einstellung des Versuchsleiters gegenüber dem Experiment ist, desto besser sind im Schnitt die Ergebnisse. Dennoch, nimmt man die Resultate aller bisherigen Versuche zusammen, so bleibt das Gesamtergebnis eindeutig signifikant. Dies ist das Resümee einer 1989 vorgelegten Metaanalyse von allen 309 Studien der Jahre 1935 – 1987. Darin sind insgesamt zwei Millionen Einzelsitzungen von 50.000 Versuchspersonen erfasst.[140] Es gibt im geistes- und sozialwissenschaftlichen Bereich nur wenige Untersuchungen mit einer ähnlich breiten Datenbasis.

2. Reliabilität:
Ein Experiment gilt nur dann als zuverlässig, wenn es unter gleichen Bedingungen stets gleiche Ergebnisse produziert. Dies ist bei den Zenerkarten-Experimenten nicht der Fall. Die Ergebnisse waren nicht nur von Testperson zu Testperson sehr verschieden, sondern auch bei ein und derselben Testperson im Zeitverlauf sehr instabil. Natürlich könnte man hier die Frage stellen, wie „unter gleichen Bedingungen" zu definieren ist. Denn zählt man hier auch die „inneren Bedingungen" der Versuchspersonen hinzu, so kann es in diesem Experiment keine gleichbleibenden Bedingungen geben.

3. Standardisierung:
Nur wenn Experimente stets in derselben Form durchgeführt werden, sind sie auch vergleichbar, wiederholbar und überprüfbar. Dies ist bei den Experimenten von Rhine der Fall. Die Fülle an anekdotischem Material zur Präkognition kann diese Bedingung jedoch nicht erfüllen. Diese mangelnde Standardisierung ist auch ein Grund dafür, warum selbst die vielfach nachgewiesene Präkognition von begabten Sensitiven wie Gerard Croiset, Gladys Leonard oder Christine Mylius kein allgemeines Aufsehen in der Wissenschaft zu erregen vermochten.

Es gibt noch weitere Kritikpunkte, welche im vierten Prognostik-Band ausführlich zu Wort kommen werden. Einstweilen wollen wir jedoch unsere Betrachtungen über die Art und Weise, wie visionäre Prognosen zustande kommen, beenden. Stattdessen wollen wir uns nun den Inhalten und Wirkungen jener großen Prophezeiungen zuwenden, welche einst die Geschicke ganzer Völker gelenkt haben.

06. Prophetentum und Zukunftsmythen

Viele Zukunftsmythen und prophetischen Überlieferungen sind aus dem Dunkel der Geschichte heraus von Generation zu Generation weitergegeben worden. Gerade weil ihr Ursprung unklar ist, ranken sich phantastische Sagen um sie. Die Überlieferungen selbst berufen sich zumeist auf einen göttlichen Ursprung. In fernen Urzeiten wurden sie von den Göttern den Menschen offenbart.
Moderne Anhänger haben aber noch andere Erklärungsansätze ersonnen. Eine populäre Theorie in Esoterikkreisen ist, dass manche dieser Prophezeiungen noch von uralten, aber uns unbekannten Hochkulturen stammen. Vor allem das legendäre Atlantis wird hier gerne heraufbeschworen. Auch Außerirdische stehen in Verdacht, dieses Wissen an unsere Vorfahren weitergegeben zu haben. Und manchmal wird vermutet, dass der frühe Mensch viel stärker hellseherisch veranlagt gewesen wäre und in den überlieferten Mythen die Weisheit der Alten fortbestehen würde. Derartige Theorien bleiben natürlich gewagte Spekulation und sind für uns nicht weiter von Interesse. Stattdessen wollen wir den Inhalt einiger legendärer Prophezeiungen genauer betrachten.

Die Rückkehr der Weißen Götter bei den Azteken und Hopi

Wohl kaum eine Kultur war derart von religiös-kultischen Vorstellungen durchdrungen wie die Indianer Mesoamerikas. Der Alltag der Maya und Azteken war streng nach religiösen Vorschriften geregelt. Dabei spielten Wahrsagekalender eine große Rolle, wie der dritte Prognostik-Band zeigen wird. Die einzelnen Kalendertage wurden nicht nur von den verschiedenen Gottheiten beherrscht, sie waren Teil der Götter selbst. Die Zeit galt als heilige Substanz. Tag für Tag musste ihr in der jeweils vorgeschriebenen Form gehuldigt werden, damit auch am nächsten Tag die Sonne wieder aufgehen kann. Bei den Azteken nahm dies derart fanatische Formen an, dass sämtliche Mitglieder der Gesellschaft zumindest in den ersten Lebensabschnitten Priester waren. Um die Götter gütig zu stimmen wurden immense Mengen von Blut- und Menschenopfern dargebracht, welche zumeist aus Kriegsgefangenen rekrutiert wurden.[141]
Der Legende zufolge sollen die Azteken ursprünglich in einer mächtigen Stadt namens Aztlan als Fischer und Vogelfänger gedient haben. Im 12.

Jahrhundert n. Chr. befahl ihnen jedoch ihr Schutzgott Huitzilopochtlis, Gott der Sonne und des Krieges, sich auf die Suche nach dem verheißenen Land zu begeben. Durch diese göttliche Prophezeiung begann eine Wanderung von 200 Jahren. Der Priester schritt voran mit einem Bild des Gottes auf seinen Schultern. Schließlich ließen sie sich nieder und gründeten auf zwei Seeinseln die Städte Tenochtitlan (um 1325) und Tlatelolco (um 1338).[142] Bald stiegen sie zur größten Macht Mittelamerikas auf. Doch ihr Glanz sollte nur von kurzer Dauer sein.

Etwa ab 1500 drangen seltsame Gerüchte ins Aztekenreich. Ein Magier prophezeite die Ankunft von „Männern mit Bärten, die auf dem Weg in dieses Land sind". Die Berichte über seltsame Omina, Erscheinungen und Visionen mehrten sich. Blutrotes Feuer erhellte den östlichen Nachthimmel. Heilige Tempel standen plötzlich in Flammen oder wurden vom Blitz getroffen. Nacht für Nacht hörte man eine wehklagende Frau durch die Straßen ziehen. Ein aschgrauer Vogel mit einem Spiegel in seiner Federkrone wurde gefangen, Darin spiegelten sich am helllichten Tage der Nachthimmel und schließlich ein Schlachtfeld.[143]
Die Menschen erinnerten sich an die alte Prophezeiung vom göttlichen Toltekenkönig Quetzalcoatl. Dieser war hunderte Jahre zuvor Richtung Osten in See gestochen und hatte verkündet, dass er eines Tages wiederkehren werde, und zwar in einem Jahr Ce Acatl (Eins Schilfrohr). Als nun tatsächlich exakt in diesem Jahr der spanische Konquistador Hernando Cortés (1485 – 1547) genau an jenem Ort landete, von welchem aus Quetzalcoatl aufgebrochen war, wurde der Eroberer für den wiederkehrenden Gott gehalten und als solcher ehrfürchtig begrüßt.[144] In einer 1528 abgefassten Schrift wird dieses Ereignis folgendermaßen beschrieben:

> „Als der Kapitän vor dem Palast ankam, ließ Motecuhzoma ihm durch eine Gesandtschaft der Cuetlaxteken Ehrerbietung erweisen und ihm zwei Sonnen als Begrüßungsgeschenke bringen. (...) Die Abgesandten vollzogen Opferungen vor dem Kapitän. Darüber wurde er sehr zornig. Als sie ihm das Blut in der Adlerschüssel darboten, schrie er den Mann an, der sie ihm reichte, und schlug ihn mit seinem Schwert."[145]

Als die Azteken ihren Irrtum erkannten, war es bereits zu spät. Im Sturm eroberten die Spanier das Reich mit Kanonen und Seuchen, und alsbald war nichts mehr übrig von der einstigen Größe des Aztekenreichs.

Ähnliche Prophezeiungen kennen auch die Hopi, ein friedliebender Pueblo-Stamm im nordöstlichen Arizona. Lange Jahrhunderte hatten sie ihre alten Legenden vor den Weißen geheim gehalten. Denn erst wenn eine Kürbisschale voller Asche vom Himmel fällt und alles in einem großen Gebiet zum Kochen bringt, wäre die Zeit gekommen, die alten Prophezeiungen öffentlich zu verkünden. Die Atombomben von Hiroshima und Nagasaki wurden von den religiösen Führern der Hopi als Erfüllung dieses Omens interpretiert, und so entschlossen sie sich im Jahr 1947 zur Veröffentlichung.[146]

Ihr Mythos erzählt, wie sich einst der ältere Bruder des Häuptlings und sein Clan Richtung Osten aufgemacht haben, um dort mit ihrer Stirn die aufgehende Sonne zu berühren. Sie gelobten, eines Tages zurückzukommen. Während ihrer Reise zur Sonne wurde ihre Haut weiß.[147] Deshalb glaubten auch manche Hopi anfangs, dass es sich bei den eindringenden Europäern um die Rückkehr des älteren weißen Bruders (Bahana) handeln könnte. Doch schon bald stellten sie fest, dass diese nicht Bahana waren, sondern stattdessen jene fremde Rasse, welche laut einem anderen Mythos erscheinen würde, um das Land der Hopi für sich zu beanspruchen. Dies war für die Hopi das erste Omen für die nahende Endzeit. 1958 erzählte Häuptling Weiße Feder vom Clan des Bären die Legende angeblich folgendermaßen:

> „Die vierte Welt wird bald enden, und die fünfte Welt wird beginnen. Das wissen die Ältesten überall. Die Zeichen haben sich über viele Jahre erfüllt und nur wenige sind geblieben.
>
> Das ist das erste Zeichen: Uns wurde berichtet vom Kommen weißhäutiger Menschen, Menschen, die das Land, was nicht ihres war, nahmen, die ihre Tiere mit Donner erschlugen.
>
> Das ist das zweite Zeichen: Unsere Länder werden das Kommen drehender Räder, gefüllt mit Stimmen, sehen.
>
> Das ist das dritte Zeichen: Ein starkes Vieh wie ein Büffel mit großen, langen Hörnern wird das Land in großer Zahl überrennen.
>
> Das ist das vierte Zeichen: Das Land wird durchzogen von Schlangen aus Eisen.
>
> Das ist das fünfte Zeichen: Das Land wird kreuz und quer durchzogen von einem gigantischen Spinnennetz.
>
> Das ist das sechste Zeichen: Das Land wird kreuz und quer durchzogen mit Flüssen aus Stein, die Bilder in der Sonne machen.

Das ist das siebte Zeichen: Ihr werdet hören, dass die See sich schwarz färbt und viele lebende Wesen sterben deswegen.

Das ist das achte Zeichen: Ihr werdet viele Junge sehen, die ihr Haar lang tragen wie unsere Leute, die kommen und sich mit den Eingeborenen treffen, um unsere Weisheit und unsere Lebensweise zu lernen.

Und das ist das neunte und letzte Zeichen: Ihr werdet von einem Haus im Himmel hören, über der Erde, das mit einem großen Knall zur Erde fällt. Es wird als ein blauer Stern erscheinen. Sehr bald danach werden die Zeremonien der Hopi verschwinden. Das sind die Zeichen, dass die große Zerstörung nahe ist."[148]

Es gibt noch viele weitere Hopi-Prophezeiungen, von Naturkatastrophen, von moralischem Zerfall, von drei großen Weltkriegen und ähnlichen bösen Omina. So eindrucksvoll all diese Vorhersagen auch scheinen mögen, gibt es damit doch ein wesentliches Problem. Die Hopi haben niemals eine Schrift gekannt. All diese Prophezeiungen wurden nur mündlich weitergegeben. Es gibt somit keine Belege für die Existenz all dieser Prognosen aus der Zeit vor ihrem Eintreffen. Während man also in der Esoterikszene bereits mutmaßt, dass es sich beim Haus im Himmel um eine Raumstation handeln könnte, sind Ethnologen skeptisch. Diese vermuten eher, dass der Mythos vom älteren weißen Bruder erst nach dem Zusammentreffen mit den Europäern entstanden ist, um diese Ereignisse zu verarbeiten. Ähnliches gilt für die anderen Zeichen des drohenden Weltuntergangs. Zwar kann nicht ausgeschlossen werden, dass es sich zumindest bei manchen der Hopi-Prophezeiungen tatsächlich um präkolumbianische Überlieferungen handelt, doch es fällt auf, dass all die Voraussagen erst dokumentiert wurden, nachdem sie bereits eingetroffen waren. Es handelt sich also um typische Prophezeiungen im Nachhinein.

Propheten im Altertum

In der altorientalischen Welt hat das Prophetentum eine lange Tradition. Dabei ist interessant, dass sich der Begriff „Prophet" ursprünglich nicht von „vorhersagen" im Sinne von „Zukunft voraussagen" herleitet, sondern von „offen heraussagen, öffentlich verkünden" kommt. Die zukunftsdeutende Komponente erhielt der Prophetenbegriff erst in den nachchristlichen Jahrhunderten.[149] So waren die ersten Propheten auch keine Prognostiker, sondern vielmehr Sprachrohre. Sie übermittelten dem Volk und

den Königen den Willen der Götter. Sie verkündeten, was die Menschen tun sollten und welche Strafen sie ereilen würden, sollten sie dem Willen der Götter nicht Folge leisten. Meist sind sie Warner vor Amoral und Sittenverfall. Oft wurde auch das baldige Kommen eines Erlösers verlautbart.
Einer der ersten großen Propheten in Ägypten war Neferti. Dieser war unter Amenemhet I. (etwa 1950 v. Chr.) tätig. Seine Heilsbotschaft berief sich auf uralte Offenbarungen aus der 4. Dynastie. Darin verkündete er, dass nach einer langen Periode des Zerfalls und der Unruhen der neue Heilskönig Amenemhet I. kommen würde. Aus heutiger Sicht ist anzunehmen, dass diese angeblich uralten Offenbarungen von Neferti gefälscht wurden, um die Macht des Pharaos gerade in Krisenzeiten zu festigen.[150]

Auch in Mesopotamien gab es eine große Anzahl von Propheten, doch ist über ihr Wirken, über ihre Botschaften und Verkündigungen, nur wenig bekannt. Es existieren nur zwei relevante Sammlungen von Prophetenworten. Die erste Quelle sind die neuassyrischen Königsorakel aus dem 7. vorchristlichen Jahrhundert. Diese wurden vornehmlich deshalb verschriftlicht und aufbewahrt, um die Entscheidungen des Königshofs zu legitimieren.[151] Die zweite Quelle sind die zahlreichen Prophetenbriefe an die Könige von Mari aus dem 18. Jahrhundert v. Chr. Diese stammen interessanterweise nicht nur von Propheten, sondern auch von Laien, denen sich die Gottheiten in Träumen und Visionen offenbart hatten. Diese Offenbarungen wurden von Beamten des Königs aktenhaft protokolliert und dann dem König vorgelegt. Dieser bezog sie bei seinen innen- und außenpolitischen Entscheidungen mit ein. Auch hier wurden die Prophetenbriefe aus Legitimierungsgründen im Staatsarchiv aufbewahrt.[152] Solche politischen Briefe lauteten beispielsweise:

> „Im Tempel von Annunitum fiel Selebum vor drei Tagen in Trance und sagte: Annunitum hat mir folgendes mitgeteilt: König Zimri-Lim wird von einer Revolte heimgesucht werden! Schütze Dich! Umgib Dich mit Deinen treuesten Dienern und lass diese Dich beschützen. Ich werde die Abtrünnigen in Deine Hände liefern."[153] oder „Der Friedensschluss mit dem Mann aus Esnunna ist falsch. Unter dem Stroh rinnt Wasser. Ich werde ihn in meinem Netz fangen. Ich werde seine Stadt zerstören und seinen Reichtum vernichten."[154]

Die Prophetenbriefe von Mari enthalten auch wahrsagerische Elemente, sowie Träume und Visionen. Um die Zuverlässigkeit der Prophezeiungen zu überprüfen, wurden den Briefen Haare und ein Stoffstück der Kleidung des Propheten beigelegt. Mit diesen wurden Haruspizien durchgeführt. Nur wenn diese den göttlichen Ursprung der Prophezeiung bestätigten, wurde sie auch an den König weitergeleitet.[155] Zumeist betrafen die Orakel das Wohlergehen des Königs. Doch auch die Wünsche der Götter kamen nicht zu kurz:

> „Bis zum fünften Monat von Niggalum sollen die Arbeiten am Tempel fertiggestellt sein bis zum Dach hinauf."[156]
> „Mein König hat für Dagan einen Ochsen und sechs Schafe geopfert. Das Land aß das Opfermahl und die ganze Stadt war hocherfreut über die Gabe unseres Königs. Dabei hat sich ein Prophet Dagans erhoben und gesagt: Wie lange noch bekomme ich kein reines Wasser zu trinken? Schreibe dem König, er soll uns mit reinem Wasser versorgen! Nun übersende ich Euch eine Locke seines Kopfes und eine Faser seines Gewandes, damit Ihr das Reinigungsopfer vollziehen könnt."[157]

Dies sind typische Anfragen der Götter, oder vielmehr ihrer Propheten. Manchmal wurden sie auch recht ungehalten, wenn ein König ihren Begehren nicht nachkommen wollte: „Seit Eurer Kindheit beschütze ich Euch! Und trotzdem wollt ihr mir nicht geben, was ich wünsche! Nun schickt ein Weihopfer an Nahur und gebt mir, was ich begehre!"[158]

Prophetentum im Alten Testament

Während die schriftlichen Quellen über babylonische Propheten eher spärlich sind, ist das Alte Testament voll von detaillierten Berichten über die Worte und Taten der Propheten Jahwes. Dies ist eine der herausragenden Besonderheiten altisraelischer Prophetie. Die Schriftlichkeit von Prophezeiungen ist in der Tat keine Selbstverständlichkeit, denn ihr Inhalt ist in hohem Maße situationsgebunden. Zumeist wandte sich der Prophet aus aktuellen Anlässen an eine bestimmte Gruppe von Personen. Seine Botschaft war also keine allgemeine und insofern für archivarische Zwecke nur bedingt geeignet. In der Bibel hingegen sollte die Schriftlichkeit die Wahrheit der prophetischen Worte gegenüber Zweiflern bezeugen und somit auch die Überlegenheit des einzig wahren Gottes Jahwe gegenüber anderen Göttern dokumentieren. Deshalb traf man auch bei der

Verschriftlichung der Botschaften eine rigorose Auswahl und hob diese durch Umformulierungen und Ausschmückungen auf eine allgemeingültige Ebene.[159]

Der erste große Prophet war Moses. Zwar ist bis heute seine historische Existenz umstritten, doch wird sein Wirken etwa ins 12. Jahrhundert v. Chr. gelegt. Zu jener Zeit war Israel eine Theokratie. Oberster Herr war der einzige Gott Jahwe, welcher durch Propheten seinen Willen kundtat. Hier ist der Prophet noch weniger Zukunftsdeuter oder Mantiker als bei den Ägyptern oder Babyloniern. Seine Funktion besteht einzig darin, Sprachrohr Gottes zu sein und dadurch das Volk anzuführen. Diese Führungsfunktion dürfte auch ein gewichtiger Grund für die Verschriftlichung der israelischen Prophetenworte sein.
Als die Exodus-Flüchtlinge in Kanaan einwanderten, trafen sie dort auf Völker, welche dem Vielgottglauben huldigten. Vor allem den Jüngern des Wetter- und Fruchtbarkeitsgottes Baal standen sie feindlich gegenüber. Baal galt als Synonym für den Leibhaftigen, den Beelzebub. Das Erste Buch der Könige schildert die Auseinandersetzung des Propheten Elija mit 450 Priestern des Baal am Berg Karmel:

> „Sie riefen vom Morgen bis zum Mittag den Namen des Baal an und schrien: Baal, erhöre uns! Doch es kam kein Laut und niemand gab Antwort. Sie tanzten hüpfend um den Altar, den sie gebaut hatten. (...) Sie schrien nun mit lauter Stimme. Nach ihrem Brauch ritzten sie sich mit Schwertern und Lanzen wund, bis das Blut an ihnen herabfloss. Als der Mittag vorüber war, verfielen sie in Raserei und das dauerte bis zu der Zeit, da man das Speiseopfer darzubringen pflegt. Doch es kam kein Laut, keine Antwort, keine Erhörung."[160]

Vor allem im Nordreich Israels bestand der Baal-Glauben jahrhundertelang neben dem Jahwe-Glauben fort und bildete somit eine ständige Konkurrenz. Deshalb war es eine der Hauptaufgaben der Propheten, mit ihren Worten gegen den „falschen" Glauben anzukämpfen und die Menschen zur Wahrheit zu bekehren.
Bereits der erste Schriftprophet, dessen Verkündungen in einem eigenen Buch niedergeschrieben worden sind, widmete sich vor allem dieser Aufgabe. Der Prophet Amos tauchte um das Jahr 760 v. Chr. im Nordreich auf. Die damaligen Jahrzehnte zeichneten sich durch wirtschaftliche Hochkonjunktur aus, in deren Verlauf die Oberschicht immer reicher und dekadenter wurde, während die Kleinbauern ihre Existenz verloren.[161]

Amos trat als Warner vor den drohenden Strafen des Herrn auf und mahnte die Menschen zur Umkehr:

> „Seht euch das wilde Treiben in der Stadt an und die Unterdrückung, die dort herrscht. Sie kennen die Rechtschaffenheit nicht, sie sammeln Schätze in ihren Palästen mit Gewalt und Unterdrückung. Darum – so spricht Gott, der Herr: Ein Feind wird das Land umzingeln; er wird deine Macht niederreißen, und deine Paläste werden geplündert."[162]
> „Hört dieses Wort, ihr Baschankühe auf dem Berg von Samaria, die ihr die Schwachen unterdrückt und die Armen zermalmt und zu euren Männern sagt: Schafft Wein herbei, wir wollen trinken. Bei seiner Heiligkeit hat Gott, der Herr, geschworen: Seht, Tage kommen über euch, da holt man euch mit Fleischerhaken weg, und was dann noch übrig von euch ist, mit Angelhaken."[163]

Diese Drohung erfüllte sich 30 Jahre später, als die Assyrer das Nordreich eroberten und große Teile der Bevölkerung nach Assur verschleppten. Derartige Worte sind typisch für die alttestamentarischen Propheten. Sie mahnen zum rechten Glauben, wenden sich gegen Ausbeutung, Unterdrückung, Gewalt, Eitelkeit, Stolz, Prunksucht und andere Unsitten, welche dem Willen des Herrn zuwiderlaufen. Und sie schildern eindringlich, welche Strafen über Israel kommen werden, sofern die Menschen sich nicht besinnen und auf den rechten Weg zurückkehren. Aber auch in politischen Fragen verkündeten sie Gottes Wort. Als das Südreich Juda von den neubabylonischen Eroberern belagert wurde und König Nebukadnezzar II. mit seiner Armee vor den Toren Jerusalems stand, warnte der Prophet Jeremia den judäischen König:

> „So spricht der Herr: Wer in dieser Stadt bleibt, der stirbt durch Schwert, Hunger und Pest. Wer aber zu den Chaldäern hinausgeht, der wird überleben; er wird sein Leben wie ein Beutestück gewinnen und davonkommen."[164]

Daraufhin wurde er wegen Landesverrat in den Kerker geworfen. Kurze Zeit später, im Jahre 586 v. Chr. wurde Jerusalem von den Babyloniern eingenommen und dem Erdboden gleichgemacht.[165]

Das altisraelische Prophetentum wirkte für etwa tausend Jahre. Vom 8. bis 6. Jahrhundert v. Chr. erlebte es seine Blütezeit mit den Propheten Amos und Hosea im Nordreich und den Propheten Jesaja, Micha, Zefanja, Nahum, Habakuk, Jeremia und Obadja im Südreich. Während dem babylonischen Exil (597 – 538 v. Chr.) erhielt vor allem der Prophet Ezechiel die

Stimme Jahwes aufrecht. Nach der Befreiung durch die Perser und der Heimkehr aus dem Exil wurden die bisherigen Prophetenworte gesammelt und dokumentiert. In dieser Zeit entstand das Alte Testament in seiner heutigen Form. Es folgten zwar noch einige Propheten wie Haggai, Sacharja, Maleachi, Joel oder Daniel, doch konnten diese nicht mehr die Größe ihrer Vorgänger erreichen.[166]
Dafür geriet die Apokalyptik immer mehr in den Vordergrund. In opulenten Schilderungen wurde die nahende Endzeit verkündet. „Die Sonne wird sich in Finsternis verwandeln und der Mond in Blut, ehe der Tag des Herrn kommt, der große und schreckliche Tag. Und es wird geschehen: Wer den Namen des Herrn anruft, wird gerettet."[167] Wenn das Reich Jahwes schon nicht den übermächtigen irdischen Feinden gewachsen war und regelmäßig unter das Joch von Fremdherrschaften fiel, so sollte es zumindest am Ende aller Tage seine volle Macht entfalten und die gesamte Welt beherrschen. Alles Böse des Diesseits sollte hinfortgerafft werden vom gerechten Zorn des Herrn. Am Tag des Jüngsten Gerichts sollte jeder Lohn und Strafe für seine Taten erhalten. Mit dem Weltuntergang war also ein Heilsversprechen an alle treuen Diener des Herrn verknüpft. Und auch ein Erlöser würde kommen, der Messias, der König der Endzeit. Im letzten Prophetenbuch des Alten Testaments, im Buch Daniel (etwa 165 v. Chr.) wird beschrieben, wie ein Menschensohn mit den Wolken des Himmels kommt und Gott diesem das Königtum überreicht. „Alle Völker, Nationen und Sprachen müssen ihm dienen. Seine Herrschaft ist eine ewige, unvergängliche Herrschaft. Sein Reich geht niemals unter."[168]

Die Prophetie der letzten vorchristlichen Jahrhunderte ernährte sich vornehmlich von der Erinnerung an die vergangenen, großen Propheten und von der Sehnsucht nach dem kommenden Erlöser. Erst kurz vor Christi Geburt tauchte wieder ein Prophet auf, dessen Strahlkraft an jene der alten Helden heranreichte. Johannes der Täufer, ein strenger, charismatischer Bußprediger, scharte Anhänger um sich. Er verkündete, dass die Ankunft des Messias unmittelbar bevorstünde: „Ich taufe nur mit Wasser. Es kommt aber einer, der stärker ist als ich, und ich bin es nicht wert, ihm die Schuhe aufzuschnüren. Er wird euch mit dem Heiligen Geist und mit Feuer taufen."[169]
Mit Jesus Christus und seinen Aposteln erlebte das israelische Prophetentum schließlich seinen Höhepunkt und gleichzeitig seinen Abschluss. Nach dem Tod der letzten Jesusjünger erlosch es schließlich. Zwar genos-

sen die frühchristlichen Propheten zu Beginn des 2. Jahrhunderts noch hohes Ansehen, doch war das Prophetentum bereits ein Jahrhundert später nahezu ausgestorben. In keiner der Kirchenordnungen des 3. Jahrhunderts wird es noch erwähnt. Dies wird teilweise auf einen Machtkampf zwischen den Amtsträgern der neuen Kirche und den Charismatikern zurückgeführt. Die Bischöfe stellten den alleinigen Führungsanspruch für die Gemeinden und entledigten sich in langen Auseinandersetzungen ihrer prophetischen Konkurrenz. Die christliche Kirche wurde zunehmend institutionalisiert, geleitet von einem monarchischen Episkopat. In einem derartigen Regime gab es keinen Platz mehr für quergeistige Wanderprediger.[170] Eine andere Erklärung bieten die zahlreichen Berichte über Probleme mit geldgierigen Pseudopropheten, welche bereits einige Jahrzehnte nach dem Tod der letzten Jesusjünger einsetzten. Da es streng verboten war, Propheten während ihrer Geistreden auf die Probe zu stellen, war es für diese einfach, sich finanziell zu bereichern. Durch den ständigen Missbrauch sank jedoch das Renommee des Prophetentums. Schließlich ging es an seiner Kommerzialisierung durch Imitatoren zugrunde.[171]

So nahm die christliche Prophetie im Laufe des zweiten nachchristlichen Jahrhunderts ein rasches Ende. Dieses Schicksal teilten übrigens auch die Propheten anderer Religionen. Im gesamten Mittelmeerraum trafen ihre Aussagen zunehmend auf Skepsis. Einst strahlende Orakelstätten wie Delphi verloren rasch an Glanz und Bedeutung. Lediglich im Islam erschien mit dem Religionsstifter Mohammed (etwa 571 – 632) noch ein letzter großer Prophet. Dennoch, die biblischen Worte der alten Propheten sollten das Christentum und auch den Islam für viele Jahrhunderte führen.

Die Sibyllinischen Bücher von Rom

Die Sibyllinischen Bücher von Rom wurden der Legende zufolge von der alten Sibylle von Cumae dem siebten und letzten König Roms, Lucius Tarquinius Superbus (Regierungszeit 534 – 509 v. Chr.) zum Kauf angeboten. Ursprünglich umfasste das Angebot neun Bücher, doch der König lehnte den Kauf aufgrund des enormen Preises von 300 Goldmünzen ab. So verbrannte die alte Frau zwei Mal drei Bücher, bis der König schließlich doch in den Kauf der verbleibenden drei Bücher für den vollen Preis einwilligte. Die Bücher wurden im Jupitertempel auf dem Kapitol untergebracht und angeblich erstmals 496 v. Chr. von Diktator Postumius Albus konsultiert.[172]

Sie enthielten etwa 4.200 in Hexametern abgefasste Orakelsprüche. Die Sammlung knüpft an die alte griechische Sibyllenlegende an, enthält aber auch viele jüdische und in ihrer Spätfassung auch christliche Elemente.[173] Der Sibyllenkult war ursprünglich in Kleinasien entstanden und von Ägypten, Babylonien, Kimerien und Persien bis nach Griechenland verbreitet. Die Sibylle war eine gottinspirierte Frau, welche in Trance und Ekstase die Zukunft verkündete. Zumeist wurde sie mit dem Gott Apollon in Verbindung gebracht. Eine der bekanntesten Sybillen war die Pythia von Delphi. Obwohl ihr Ursprung sicherlich viel weiter in die Vergangenheit zurückreicht, wird die Figur der Sibylle erstmals bei Heraklit (ca. 520 – 460 v. Chr.) schriftlich erwähnt.[174]

> „Beginnend vom ersten Geschlecht, der Menschen, die Sprache beherrschen, bis zum Ende der Zeiten will einzeln ich künden den Menschen alles, was früher gewesen, was ist und was künftighin sein wird überall auf der Welt ob der gottlosen Taten des Menschen."[175]

Mit dieser vollmundigen Ankündigung beginnt das erste Sibyllenbuch. Die folgenden Prophezeiungen sind dann aber weit weniger spektakulär. Ein großer Teil der Texte erzählt von der Vergangenheit, beschreibt diese jedoch in einer orakelhaften Sprache, so als ob diese bereits im Vorhinein gewusst worden wäre. Die Schrift beginnt mit der Schöpfung der Welt, erzählt von den ersten Göttern und Titanen und schildert schließlich die bisherige Geschichte des Menschen. Der Schöpfungsmythos ist dabei ein Gebräu aus alttestamentarischer Kosmologie und griechischer Mythologie. Die Menschheitsgeschichte wird im Futur formuliert, als ob sie bereits seit Urzeiten festgestanden hätte. So heißt es in Anspielung auf Ale-

xander den Großen: „Aber Makedonien wird schweres Leid über Asien bringen. Für Europa aber wird dann entsprießen entsetzlichstes Leiden, ein Bastard aus des Kroniden Geschlecht und aus Sklavenstamm."[176]
Der römisch-jüdische Krieg unter Kaiser Nero und verschiedene andere Schlachten der Antike werden im Nachhinein folgendermaßen prognostiziert:

> „Land Armenien, auch dich erwartet der Knechtschaft Verhängnis. Auch kommt über Jerusalem einst ein schrecklicher Kriegssturm von Italien und plündert den großen Tempel des Gottes."[177]
> „Lydisches Erdbeben wird dann vernichten Persiens Herrschaft und Europa und Asien entsetzliches Leiden bereiten. Sidons schrecklicher König wird in gar grimmiger Feldschlacht die meerfahrenden Samier verderblichem Untergang weihen."[178]

Der Großteil der Sibyllinischen Bücher besteht aus derartigen Orakeln über Ereignisse, welche zum Zeitpunkt der Niederschrift bereits der Vergangenheit angehörten. Dabei werden diese oft in munterem Durcheinander präsentiert, um den Eindruck der Orakelhaftigkeit zu verstärken. Hingegen sind jene Passagen, welche sich auf die damalige Zukunft beziehen, nur sehr allgemeiner Natur und ohne zeitliche Datierung. Die meisten dieser Verse warnen vor gottlosem Verhalten und verkünden Krieg, Zerstörung, Naturkatastrophen und unheilvolle Omina: „Alsdann geschehn alle schlimmen Dinge, die Menschen verwünschen, Kriegsnot, Blutvergießen und Flucht der Massen und Zwiespalt, Einsturz gewaltiger Türme und vieler Städte Zerstörung."[179] Überhaupt trägt das ganze Werk stark apokalyptische Züge. Hier schlagen vor allem die jüdisch-christlichen Einflüsse durch:

> „Dann wird auch der Thesbite auf feurigem Wagen vom Himmel niederfahren, und nach seiner Ankunft auf Erden gibt er dann aller Welt ein dreifaches Zeichen des endenden Lebens. (...) Wehe den Menschen allen, die jenen Tag dann erleben! Undurchdringliches Dunkel bedeckt das unendliche Weltall ostwärts und auch im Westen, im südlichen Teil und im Norden. Und dann wird ein gewaltiger Strom des leuchtenden Feuers strömen vom Himmel herab und jegliche Gegend vernichten."[180] „Alle Urelemente des Weltalls dann werden verschwinden: Luft und Erde und Meer und das Licht des strahlenden Feuers; und das Himmelsgewölbe und Nacht und sämtliche Tage stürzen in eins zusammen und in eine ganz dunkle Gestalt."[181]

Über die Riten um die Sibyllinischen Bücher ist nur wenig bekannt. Fest steht, dass für sie Wächter auf Lebenszeit bestimmt wurden, welche für die absolute Geheimhaltung der Orakel verantwortlich waren. Auf Anweisung des Senats konsultierten sie die Bücher. Dabei ging es weniger um Zukunftsvorhersagen, sondern vielmehr um die Ausdeutung von Omina. Es musste dem Senat also immer ein bestimmtes Vorzeichen vorliegen, aufgrund dessen die Bücher befragt wurden. Zumeist handelte es sich dabei um Erdbeben, Himmelserscheinungen oder Seuchen. Auch von der Geburt eines Androgynen als Omen wird berichtet. Die Bücher sollten dann Auskunft darüber geben, welche rituellen Maßnahmen zu treffen wären, um die Götter zu besänftigen. In manchen Fällen wurden die Ergebnisse des Sibyllischen Orakels auch veröffentlicht, um das Volk zu beruhigen.[182]

Als im Jahre 83 v. Chr. der Jupitertempel in Rom niederbrannte, wurden auch die Bücher vernichtet. So sind die schriftlichen Dokumente über die Sibyllischen Schriften in ihrer Originalfassung auch nur sehr spärlich. Oben angeführte Zitate stammen aus der Neufassung der Bücher, welche kurz nach dem Brand vom Senat angeordnet worden war. Dabei wurden Orakelsprüche aus dem gesamten Mittelmeerraum zusammengetragen und nach Manier der alten Bücher miteinander verschmolzen. Diese Neuversion wurde auch noch in der Kaiserzeit befragt, wenngleich sie nicht mehr so einflussreich war wie die alten Bücher. Die letzte Konsultation soll durch Kaiser Julian im Jahre 363 n. Chr. erfolgt sein.[183]

Die Prophezeiungen von Columbus und Da Vinci

In der Renaissance wurden viele Ideen aus der Antike wieder aufgegriffen. So ist es kaum verwunderlich, dass in Europa Prophezeiungen und Bibelauslegungen wieder stark in Mode kamen. Eine Zeitlang galt es in Denkerkreisen sogar als schick, seine eigenen Prophezeiungen zu veröffentlichen oder zumindest eigene Auslegungen der alten Schriften zu verbreiten. So verfasste der Seefahrer und Entdecker Christopher Columbus (1451 – 1506) ein voluminöses Werk, welches er „Buch der Prophezeiungen" nannte. Dieses ist eine Sammlung von Bibeltexten und Verlautbarungen mittelalterlicher Kirchenväter, welche die Bekehrung aller indischen Völker zum christlichen Glauben legitimieren sollte. Auch die Wiedereroberung von Jerusalem und dem Heiligen Land sollte durch dieses Buch Königin Isabella von Kastilien und Ferdinand von Aragon schmackhaft gemacht werden. Dabei bediente auch Columbus sich apokalyptischer Schilderungen der Endzeit: In den letzten Tagen der Menschheit werden die Söhne Ishmaels (die Sarazenen) die Christen verfolgen. Doch ein König aus Rom wird kommen und siegreich die Kräfte von Gog und Magog bekämpfen. Anderthalb Jahre wird er in Jerusalem regieren bis zum Kommen des Antichristen.[184] Auch seine eigenen Entdeckungsfahrten „über die Westroute nach Indien" setzte er mit diesen alten Prophezeiungen in Verbindung und betrachtete sie als wichtigen Beitrag zum Sieg Gottes.

Der Universalgelehrte Leonardo da Vinci (1452 – 1519) veröffentlichte ebenfalls ein Buch mit Prophezeiungen. Da Vinci wäre aufgrund seiner visionären Vorwegnahme zahlreicher Erfindungen eigentlich prädestiniert für ein solches Werk. Doch entpuppen sich seine Verse bei näherer Betrachtung als ironische Rätsel, welche hinter orakelhaften Formulierungen Selbstverständlichkeiten des Alltags verstecken. Auf diese Weise macht er sich lustig über die Orakelgläubigkeit seiner Zeit:

> „Es wird so weit kommen mit dem Menschengeschlecht, dass der eine nicht mehr die Reden des anderen verstehen wird – nämlich der Deutsche den Türken nicht.
> Man wird sehen, wie die Väter ihre Töchter der Wollust der Männer preisgeben und diese belohnen und alle frühere Wachsamkeit aufgeben – wenn die Mädchen heiraten. (...)
> Die Wälder werden Kinder hervorbringen, die die Ursache ihres Todes sein werden – der Stiel der Axt."[185]
> „Vom Klopfen des Bettes, um es zu machen: Die Menschen werden von solcher Undankbarkeit sein, dass sie den, welcher ihnen Herberge gibt, ohne irgendwelchen Lohn, derart mit Schlägen überhäufen werden, dass große Teile seines Inneren von ihrem Platz entfernt und durch seinen Körper gewirbelt werden."[186]
> „Von den Schafen, Kühen, Ziegen und dergleichen: Unzähligen werden ihre kleinen Kinder genommen und diese geschlachtet und aufs grausamste gevierteilt werden."[187]

Der Großteil prophetischer Werke der beginnenden Neuzeit war jedoch ernst gemeint. Die kabbalistische Entschlüsselung hebräischer Schriften, insbesondere der Bibel, war unter Magiern, Mystikern und Alchemisten weit verbreitet. Die Lutheraner predigten die nahende Endzeit von den

Kanzeln, wobei der katholische Papst mit dem Antichristen identifiziert wurde:

> „Mund und Feder die Greuel des Römischen Pabsts entdecket und für der gantzen Christenheit offenbar gemacht, von welchem dein teures Rüstzeug, der heilige Apostel Paulus geweissaget hat, dass er werde der Widerwertige sein."[188]

Die biblische Apokalyptik

Überhaupt ging mit dem Anbruch der Moderne ein Rückfall in archaische Ängste Hand in Hand. Die Apokalyptik blühte abermals auf. Dabei waren es vor allem die Offenbarungen der Propheten Daniel und Johannes, welche auf die Bibeldeuter eine starke Faszination ausübten. Bis in unsere Zeit hinein gibt es zahlreiche Interpretationen, welche die Symbole dieser Schriften in Analogie zum aktuellen Weltgeschehen setzen. Sogar der Physiker Isaac Newton (1643 – 1727) widmete den biblischen Apokalypsen eines seiner Spätwerke. Darin erklärt er auch die übliche Herangehensweise:

> „Um die Prophezeiungen zu verstehen, müssen wir uns zuerst mit der figurativen Sprache der Propheten vertraut machen. Diese Sprache entspringt der Analogie zwischen der natürlichen Welt und einem Imperium oder Königreich, welches als politische Welt betrachtet werden kann. (...) Wenn ein Tier oder ein Mensch für ein Königreich steht, dann werden seine Teile und Qualitäten für die analogen Teile und Qualitäten des Königreichs stehen; der Kopf des Tieres für die großen Männer, welche führen und herrschen; der Schwanz für das gemeine Volk, welches gehorcht und regiert wird..."[189]

Da die biblischen Offenbarungen in verschlüsselter Form die Wahrheit über das Ende der Zeit verkünden, müssen die Symbole auch ihre Entsprechungen in der Erscheinungswelt haben. Damit ist die Bibelentschlüsselung eine Brücke zwischen visionärer Prognostik und der Deutung künstlicher Zeichen. Dieser Logik folgend setzt Newton die bisherigen Weltreiche in Analogie zu Daniels Vision von den vier Tieren. Das erste Tier, wie ein Löwe mit den Flügeln eines Adlers, deutet er als das Königreich der Babylonier und Meder. Das zweite Tier, wie ein Bär mit drei Rippen zwischen seinen Zähnen, interpretiert er als das Reich der Perser, welches drei andere Reiche in seiner Gewalt hatte - Lydien, Babylon und Ägypten. Das dritte Tier, wie ein Panther mit vier Flügeln und vier

Köpfen, steht laut Newton für das Reich der Griechen, welches nach dem Tod von Alexander dem Großen in vier Teile zerfiel. Und diesem folgte schließlich das vierte Tier.

> "Das vierte Tier war das Reich, welches den Griechen folgte, und das waren die Römer. Dieses Tier war über die Maßen furchtbar und schrecklich und hatte riesige Zähne aus Eisen, mit welchen es verschlang und zerschmetterte, und es zerstampfte die Reste mit seinen Füßen. Und so war das Römische Reich. Es war größer, stärker und eindrucksvoller und dauerhafter als alle Vorgänger. (...) Dieses Reich bestand in seiner vollen Größe bis zur Herrschaft von Theodosius und zerfiel dann in zehn Königreiche, welche von den zehn Hörnern des Tieres repräsentiert werden."[190]

Noch heute strahlen die opulenten Bilder und Symbole der Offenbarungstexte eine große Faszination aus, lassen sie sich doch nach wie vor bestens auf das Weltgeschehen projizieren. Die Offenbarung des Johannes wird dabei besonders gern für Spekulationen herangezogen:

> „Und es macht, dass sie allesamt, die Kleinen und Großen, die Reichen und Armen, die Freien und Sklaven, sich ein Zeichen machen an ihre rechte Hand oder an ihre Stirn, und dass niemand kaufen oder verkaufen kann, wenn er nicht das Zeichen hat, nämlich den Namen des Tieres oder die Zahl seines Namens. Hier ist Weisheit! Wer Verstand hat, der überlege die Zahl des Tieres; denn es ist die Zahl eines Menschen, und seine Zahl ist sechshundertundsechsundsechzig."[191]

Das Zeichen des Tieres an Hand und Stirn wird von heutigen Bibeldeutern gerne als Computerchip interpretiert, welcher unter die Haut eingepflanzt wird, um den bargeldlosen Warenverkehr zu ermöglichen. 666 – die Zahl des Tieres, wird über zahlenmystische Spielereien mit dem Barcode in Verbindung gebracht. Die große Hure Babylon interpretiert man als die moderne Konsumgesellschaft und das siebenköpfige, scharlachrote Tier als die G7-Staaten. Und schließlich gibt es da noch jenes Video von Osama Bin Laden, in welchem er die vier entführten Flugzeuge des 11. September 2001 als die vier Reiter der Apokalypse bezeichnet. Überhaupt brachte der WTC-Terroranschlag Endzeitvisionen einen enormen Zulauf. Und plötzlich standen Prophezeiungen wieder ganz oben auf den Bestsellerlisten. Neben religiösen Schriften waren vor allem die Weissagungen eines Mannes in aller Munde, dessen Wirken in der Renaissance ihren Anfang nahm.

Die vier Reiter der Apokalypse und die Hure Babylons auf der siebenköpfigen Bestie (Albrecht Dürer, 1498)

Nostradamus

Nostradamus (1503 – 1566) war ein französischer Arzt und Astrologe, welcher schon zu Lebzeiten für seine Prophezeiungen bekannt war. Wie kaum ein anderer ist er bis heute Inbegriff des mystischen Zukunftsdeuters. Unzählige Bücher befassen sich mit der Auslegung seiner Vorhersagen, welche er in geheimnisvollen, symbolischen Vierzeilern (Quatrains) verfasst hat. Und immer dann, wenn die Welt von Krisen geschüttelt wird, von Kriegen, Katastrophen oder Unglücken, dann sind auch gleich zahlreiche „Nostradamus-Experten" zur Stelle, um anhand diverser Verse des Meisters zu zeigen, dass dieser die Ereignisse genau vorhergesagt hätte. Jahr für Jahr erscheinen Bücher, welche die Geschicke des kommenden Jahres aus den alten Nostradamus-Worten zu erkennen glauben. „Nostradamus 2006 – Womit wir 2006 rechnen müssen"[192] ist ein typischer Titel dieser Art von Publikationen. So unabwendbar die darin getroffenen Prognosen auch geschildert werden, liest man diese Bücher nach Ablauf des Jahres, so muss man feststellen, dass davon kaum etwas eingetroffen ist. Dennoch stehen sie jedes Jahr erneut auf den Bestseller-Listen.

Was macht nun die Prophezeiungen des Nostradamus so einzigartig? Was begründet ihre unvergängliche Popularität? Ein Grund des Erfolges liegt sicherlich in der kryptischen, dunklen Sprache, welche wie das Lächeln der Sphinx ewige Rätsel aufgibt. Denn weder finden sich darin konkret formulierte Ereignisse, noch genaue zeitliche Angaben. Der Interpretation sind somit kaum Grenzen gesetzt. Dazu kommt, dass die Originale seiner Zenturien, so nannte er seine jeweils 100 Verse umfassenden Sammlungen, in einem Gemisch aus dem altfranzösischen Languedoc-Dialekt, Latein und zahlreichen anderen Sprachen geschrieben wurden und auch viele Wortneuschöpfungen, Anagramme und Buchstabenspiele enthalten. Eine genaue Übersetzung in neuzeitliche Sprachen ist somit gänzlich unmöglich. Und so ist man sich auch unter „Nostradamus-Experten" keinesfalls einig darüber, welcher Vers mit welchem Jahrhundert, geschweige denn Ereignis korrespondiert. Der sagenumwobene „Nostradamus-Code" harrt nach wie vor seiner Entschlüsselung, auch wenn in regelmäßigen Abständen behauptet wird, dass er nun endlich geknackt wäre.[193]

Nur wenige seiner Quatrains werden in der Sprache etwas deutlicher. Dazu zählt jener 1555 veröffentlichte Vers, welcher den legendären Ruf von Nostradamus entscheidend geprägt hat. Übersetzt lautet er etwa folgendermaßen:

> „Der junge Löwe wird den alten überwinden,
> auf dem Schlachtfeld im Einzelkampf.
> Im goldenen Käfig wird er ihm die Augen ausstechen,
> Zwei Wunden eine, dann sterben, grausamen Tod."[194]

Als im Juli 1559 Heinrich II. von Frankreich bei einem Turnier durch den Splitter einer Lanze tödlich am Kopf verletzt wird, deuten dies viele als Erfüllung der Prophezeiung. Der Turnierplatz wird zum Schlachtfeld im Einzelkampf. Heinrichs Helm wird zum goldenen Käfig und seine Stirn zum Auge. Die Mythenbildung um Nostradamus nimmt ihren Anfang und ist nicht mehr aufzuhalten.

Die Nostradamus-Verse und die biblischen Offenbarungen gehören zu jenen prophetischen Texten, welche sich in großem Ausmaß der symbolischen Verschlüsselung bedienen. Die Schriften selbst gehören dabei zur visionären Prognostik. Der Prophet Johannes schreibt am Beginn seiner Offenbarung: „Ich wurde vom Geist ergriffen am Tag des Herrn und hörte hinter mir eine große Stimme wie von einer Posaune, die sprach: Was du siehst, das schreibe in ein Buch und sende es an die sieben Gemeinden."[195]
Dem Propheten Daniel wurde seine apokalyptische Vision von den vier Tieren im Traum offenbart. Die Quatrains von Nostradamus beruhen einerseits auf astrologischen Berechnungen, andererseits, wie er im Vorwort seiner Prophezeiungen schreibt, aber auch auf Korrespondenz mit göttlichen Wesenheiten. Die Entschlüsselung der Visionen, wie sie von modernen Nostradamus- und Offenbarungsexperten betrieben wird, zählt hingegen bereits zur zeichendeutenden Prognostik, genauer gesagt zur Deutung künstlicher Zeichen. Es gibt jedoch auch Propheten, deren Worte in viel geringerem Ausmaß der Auslegung bedürfen. Nur der Inhalt bleibt derselbe: Katastrophen, Kämpfe und der Große Krieg.

Der blinde Jüngling von Prag

Eine derartige Prophezeiung stammt von einem blinden Hirtenjungen, welcher als der blinde Jüngling von Prag bekannt wurde. Mitte des 14. Jahrhunderts offenbarte er Kaiser Karl IV. seine visionären Gesichter. Zwei Druckschriften aus den Jahren 1660 und 1700 berichten von diesen Vorhersagen über der Zukunft Böhmens, doch dauerte es bis zum Jahr 1914, dass diese plötzlich an Aktualität gewannen:

> „In einer Zeit, da einer länger denn 60 Jahre Herr über Böhmen war, wird durch einen Fürstenmord ein großer Krieg entstehen. Dann werden die gekrönten Häupter wie reife Äpfel von den Bäumen fallen. Der böhmische Löwe wird nicht mehr untertan sein, sondern selber herrschen. Zwei Völker werden in Böhmen leben. (...) Bis ein Mächtiger kommt. (...) Es kommt abermals ein großer Krieg zwischen allen Völkern der Erde. Deutschland wird ein großer Trümmerhaufen und nur die Gebiete der blauen Steine werden verschont bleiben. Der große Krieg wird zu Ende gehen, wenn die Kirschen blühen."[196]

Es bedarf keiner großen Symbolentschlüsselung, um in diesen Beschreibungen die Geschehnisse der zwei Weltkriege wiederzuerkennen. Auch einen dritten Weltkrieg sagte der blinde Jüngling voraus, ein Motiv, welches gerade in der Nachkriegszeit gerne ausgegraben und zitiert wurde. In den Jahren des Kalten Krieges wurde eine Reihe von Büchern veröffentlicht mit Visionen von Sehern zum „Dritten Weltgeschehen". Dazu zählen im deutschsprachigen Raum unter anderem die Prophezeiungen vom „Mühlhiasl" (1753 – 1805), Katharina aus dem Ötztal (1883 – 1951), Alois Irlmaier (1894 – 1959) oder die Feldpostbriefe des Andreas Rill.[197] Interessant ist auch der Fall vom Bauer „Fuhrmannl" (1690 – 1763), welcher zu Lebzeiten ständig vom großen Weltkrieg sprach. Über die Omen, welche dieses Geschehen ankündigen würden, gab er folgende skurrile Beschreibung:

> „Der Bauer wird sich wie der Bürger und der Bürger wie der Adelsherr kleiden. Auch die Weiber wollen dann alle Tage anders gekleidet sein, bald kurz, bald lang; selbst in Mannskleidern werden sie gehen und verschiedene Farben haben, dass man sich wundern wird. Die Weiber werden die Haare bald gestutzt, bald sonderbar gekringelt haben, alle Jahre anders. Was sie heute anziehen, werden sie morgen wegwerfen oder alle Tage ummodeln. (...) Die allerschlimmste Zeit kommt, wenn die Frauen Schuhe tragen, unter denen man hindurchsehen kann."[198]

Christliche Wundererscheinungen und Sekten in der Moderne

Auch viele Wundererscheinungen der modernen Christen enthalten Prophezeiungen. In der Tradition der biblischen Propheten halten diese sich zumeist sehr allgemein und wollen vor allem vor Gottlosigkeit und Sittenverfall warnen. Die Botschaften mahnen zum rechten Glauben, zur Umkehr und zur Buße. Die Visionäre stammen dabei großteils aus dem einfachen Volk und sind überwiegend Frauen oder Kinder.[199] Eine der beliebtesten Erscheinungsfiguren ist die heilige Jungfrau Maria. Die berühmtesten Wundererscheinungen der letzten Jahrhunderte beziehen sich auf sie – die Wunder von Lourdes (Frankreich, 1858), Medjugorje (Bosnien-Herzegowina, 1981) und Fátima (Portugal, 1917).

In Fátima erschien die Gottesmutter drei Hirtenkindern. Vom 13. Mai bis zum 13. Oktober 1917 verkündete sie ihnen einmal im Monat ihre Botschaft. Die Gerüchte um diese Erscheinungen lockten alsbald immer mehr Schaulustige an, und so kündigte die Marienerscheinung schließlich für den 13. Oktober ein Wunder an. An diesem Tag hatten sich bereits über fünfzigtausend Pilger versammelt und wurden Zeugen des Sonnenwunders. Sie sahen minutenlang, wie die Sonne um sich selbst kreiste, gleich einem Feuerrad, ein Phänomen, welches außerhalb von Fátima nicht beobachtet werden konnte und deshalb von Skeptikern durch Massensuggestion erklärt wird. An diesem Tag ließ die Gottesmutter auch verlautbaren: „Der Krieg geht heute zu Ende." Als sich jedoch im Lauf der folgenden Tage herausstellte, dass der Krieg dennoch unvermindert weiterging, wurde der Satz im Nachhinein abgeändert in „Der Krieg geht seinem Ende entgegen." Zwar wäre auch diese Aussage alles andere als eine spektakuläre Prophezeiung, doch wurde sie von den Gläubigen fortan als Beweis für die Göttlichkeit der Fátima-Erscheinungen herangezogen.
Am 13. Juli 1917 verkündete die heilige Maria zudem mehrere Prophezeiungen, welche als die „drei Geheimnisse von Fátima" legendär wurden. Dies ist vor allem der Geheimniskrämerei um die Botschaften zu verdanken. Sie wurden vom Vatikan lange Zeit unter Verschluss gehalten. Das dritte Geheimnis wurde erst im Juli 2000 durch Papst Johannes Paul II. veröffentlicht. Doch sind auch diese Prophezeiungen alles andere als spektakulär. Im zweiten Geheimnis wird etwa ein zweiter Weltkrieg verkündet, sowie gleichzeitig die Bekehrung Russlands zum Christentum.

Abgesehen von der Unrichtigkeit der letzteren Aussage muss hier angemerkt werden, dass diese Botschaft erst im Jahr 1941 veröffentlicht wurde. Auch hier handelt es sich somit um eine typische Prophezeiung im Nachhinein.[200]
Wundererscheinungen haben im Christentum eine lange Tradition. Mystikerinnen und Mystiker wie Hildegard von Bingen (1098 – 1179), Meister Eckhart (etwa 1260 – 1327), Katharina von Siena (1347 – 1380), Nikolaus von Flüe (1417 – 1487) oder Theresa von Avila (1515 – 1582) verkündeten ihre Erleuchtungserlebnisse bereits seit dem Mittelalter.[201] Dennoch konnten all diese Figuren nicht annähernd den Einfluss der biblischen Propheten erreichen. Viele ihrer Visionen sind Imitationen testamentarischer Schilderungen und stets dieselben Moralpredigten. So wenden sich die Wundererscheinungen auch mehr an das einfache Volk und sollen seinen unbedingten Glauben sicherstellen. Noch heute ist dies wohl der wichtigste Grund für die Seligsprechung verschiedener Visionäre, etwa von Lourdes und Fátima. Denn wenn man zwischen den Zeilen liest, scheinen auch die Denker des Vatikans eher skeptisch gegenüber den Wundern zu sein. Kardinal Ratzinger (*1927), mittlerweile aller Welt bekannt als Papst Benedikt XVI., meinte 1986, die Kirche würde bei angeblichen Wundererscheinungen grundsätzlich den Gesichtspunkt der Übernatürlichkeit vom Gesichtspunkt der „geistigen Früchte" trennen. Zwar wären viele der Erscheinungen von einer Art, über die unser kritischer Geist entsetzt wäre, aber „das hindert nicht, dass jene Wallfahrten fruchtbar, segensreich, heilsam und wichtig für das Leben des christlichen Volkes waren."[202] Die Kirchenhäupter erkennen somit die zweifelhaften Wunder an, wenn diese nur die Schäfchen zum Herrn bringen und an der Leine des rechten Glaubens halten.

Dennoch, betrachtet man die moderne Welt, so ist die große Zeit der christlichen Propheten wohl vorbei. Heilspredigende Sektenführer und fanatische Endzeitverkünder wie David Koresh (Davidianer) Luc Jouret und Joseph Di Mambro (Sonnentempler – O.T.S.), Marshall Applewhite (Heaven's Gate) oder Jim Jones (Volkstempel-Kirche) bleiben trotz der medienträchtigen Massenselbstmorde ihrer Anhänger bizarre Randerscheinungen. Der moderne Suchende wendet sich lieber fernöstlichen Gurus zu. Spirituelle Hindu-Meister wie Yogananda, Ramakrishna, Aurobindo oder Sivananda machten Yoga, Tantra und Meditation in der westlichen Welt populär. Scharen von Heilsdurstigen pilgern seither nach Indien, um dort ihren geistigen Führer zu finden, der ihnen sagt, wo es langgeht, was sie tun sollen und warum sie da sind. Auch die asiatischen Propheten sind weniger Verkünder der Zukunft, als vielmehr Sprachrohre der Götter, Moralapostel und Botschafter für das „richtige" Leben. Und manch einen, wie den Sektengründer Osho, machten die Jünger aus dem Westen dabei zum Multimillionär.

Zukunftsvisionen im magischen Weltbild

Damit wollen wir unseren Rundgang durch die visionäre Prognostik der magischen Welt beenden. Sämtlichen erwähnten Vertretern ist gemein, dass sie von einer vorherbestimmten Zukunft ausgehen, welche durch Eingebung erschaut werden kann. Das Vorhersagen künftiger Geschicke ist in ihrem Weltbild prinzipiell möglich. Traditionell sind diese Methoden eng mit religiösen Vorstellungen verknüpft. Die Botschaften über die Zukunft werden von Göttern, Geistern oder den Seelen Verstorbener empfangen. Wir haben aber auch die Forschungen und Experimente der modernen Parapsychologie zur Präkognition kennengelernt. Diese gehen zwar ebenfalls von einem feststehenden und erschaubaren Schicksal aus, doch verzichten sie in ihren Erklärungen auf religiöse Ansätze. Stattdessen versuchen sie, ihre Theorien an die Grenzgebiete der modernen Naturwissenschaft anzulehnen.
Dem gegenüber stehen die nun folgenden Methoden visionärer Prognostik, welche von einer offenen und gestaltbaren Zukunft ausgehen. Sie lassen den Determinismus hinter sich und glauben nicht mehr an die Möglichkeit von exakten Voraussagen. Stattdessen wollen sie Zukunftsbilder entwerfen und Abschätzungen über die möglichen Konsequenzen von Handlungen treffen. Hier wird die Zukunft nicht erschaut, sondern gemacht. Die Inspiration kommt nicht mehr von höheren Mächten, sondern aus dem Menschen selbst.

07. Utopien und Gesellschaftsvisionen

Der Begriff „Utopie" kommt aus dem Griechischen und bedeutet übersetzt so viel wie „Nicht-Ort" oder „guter Ort". Die Utopie entwirft eine Welt, die zwar denkbar, aber noch nicht realisiert ist. Dabei soll diese Welt besser, gerechter oder fortschrittlicher sein als die bestehende. Die Utopie soll als Leitbild in eine bessere Zukunft den Handlungen der Gegenwart voranschreiten. Im Wesentlichen gibt es zwei Gattungen der Utopie. Die erste wählt einen politisch-sozialreformerischen Ansatz. Sie entwirft soziale Zukunftsvisionen. Sie denkt sich neue Gesellschaftsmodelle aus, in welchen das Zusammenwirken der Menschen reibungsloser funktioniert, das Kapital gerechter verteilt ist, mit den Ressourcen effizienter umgegangen wird, welche der Gesellschaft als Gesamtheit ein mehr an Glück und Freude bieten können. Die zweite Gattung sind die technischen Zukunftsvisionen. Diese spielen gedanklich aus, wohin sich Naturwissenschaft und Technik im Lauf der künftigen Jahrzehnte oder Jahrhunderte entwickeln könnte. Oft greifen beide Aspekte ineinander, weil technische Innovationen in der Regel auch soziale Implikationen haben und umgekehrt. Die technischen Zukunftsvisionen werden heute zumeist dem Science-Fiction-Genre zugeordnet.

Allen Utopien ist gemein, dass sie nicht sofort umgesetzt werden können, sondern erst irgendwann in der Zukunft, sofern gewisse Grundvoraussetzungen erfüllt werden. Daher wird das Wort „utopisch" im Volksmund auch gerne im Sinne von „extrem realitätsfern, unwahrscheinlich" verwendet.

Platons Politeia

Erste Vorläufer der Utopie gab es bereits in der Antike. Schon griechische Denker wie Hippodamos von Milet, Phaleas von Chalkedon, Euhemeros oder Jambulos entwarfen visionäre Gesellschaftsmodelle.[203] Die bedeutendste Schrift aus dieser Zeit ist „Politeia" von Platon (427 – 347 v. Chr.). Diese gilt als Prototyp der sozialen Utopie schlechthin. Darin versucht er, den idealen Staat zu entwerfen, in welchem alles auf das Leitbild der Gerechtigkeit hin ausgerichtet ist. Dies will er erreichen, indem er den Staat zum Abbild der menschlichen Seele macht, die Funktionen der Gesellschaft mit den Funktionen der Seele in Analogie setzt. Insofern ist Politeia eine konsequente Anwendung der Platonischen Ideenlehre auf die Gesellschaft. Konkret umsetzen will er diesen Gedanken durch Einführung von drei Ständen, welche die entsprechenden drei Seelenteile (Vernunft, Emotionen, Triebe) repräsentieren.

Der Stand der Philosophen (Lehr-Stand) setzt sich aus jenen Menschen zusammen, welche von Natur aus besonders intelligent und philosophisch veranlagt sind (logistikon). Diese übernehmen im Staat die Funktion der Vernunft. Sie leiten und entscheiden, weshalb sie auch Regenten genannt werden. Der Stand der Wächter (Wehr-Stand) besteht aus den emotionalen, muthaften Menschen (thymoeides). Durch Erziehung soll ihr leicht erzürnbarer Charakter in Tapferkeit umgewandelt werden. Sie sind für das Durchsetzen der Staatsinteressen nach außen zuständig. Ein Wächter kann auch seine Ausbildung wieder aufnehmen und später zum Philosophen aufsteigen. Der dritte und niedrigste Stand ist das einfache Volk, Bauern und Handwerker (Nähr-Stand). Sie repräsentieren im Staatskörper die Triebe und das Begehren (epitymetikon) und sollen vor allem arbeiten und gehorchen.
Da für Platon Charakter und Fähigkeiten angeboren sind, erfolgt die Zuteilung der Kinder zu den Ständen schon sehr früh. Herkunft und Geschlecht spielen dabei keine Rolle. Die Idee der Gerechtigkeit sieht Platon dadurch verwirklicht, dass jeder seinen Anlagen entsprechend das seine zur Gemeinschaft beiträgt. Jeder tut das, was er am besten kann. Die Regenten sind vor allem weise, die Wächter tapfer und das Volk besonnen und arbeitsam.[204]

Utopia von Thomas Morus

Die wohl bekannteste Utopie der Neuzeit stammt vom englischen Rechtsgelehrten und Staatsmann Thomas Morus (1478 – 1535). Sein Roman „Utopia" prägte den Begriff der Utopie und begründete diese als literarische Gattung. Er schildert darin die Erzählungen des Seefahrers Raphael Hythloday über dessen Aufenthalt auf der Insel Utopia. Die Gesellschaftsordnung der Utopier zeichnet sich aus durch religiöse Toleranz, Streben nach Bildung und gleiche Rechte für alle. Es gibt keinen Privatbesitz. Sämtliche Besitztümer werden gemeinschaftlich genutzt. Es besteht eine kommunenhafte, demokratische Verwaltung, welche derart effektiv ist, dass jeder Utopier nur sechs Stunden am Tag arbeiten muss und es trotzdem reichlich Überproduktion gibt. Utopia ist ein Wohlfahrtstaat mit freiem Gesundheitswesen für alle. Dadurch gibt es auch kaum Diebstähle oder sonstige Verbrechen.[205]

Karte der Insel „Utopia“ (Baseler Ausgabe von 1518)

Morus' Roman beschreibt die ideale Gesellschaft, ist gleichzeitig aber auch als Kritik an den damaligen Herrschaftsverhältnissen gedacht. In Utopia geht es jedem gut. Nur die Sklaven, welche aus anderen Ländern oder Verbrechern für die niedrigen Arbeiten rekrutiert werden, sind schlechter gestellt. Doch selbst diesen geht es in Utopia besser als den meisten freien Menschen im damaligen Europa.[206] So gilt Morus auch als Vordenker des Sozialismus und Kommunismus. Ihm selbst hat der Staat am Ende jedoch kein Glück gebracht. Er gehörte zu den wenigen Parlamentariern, welche sich weigerten, Heinrich VIII. im Rahmen der Kirchenabspaltung zu unterstützen. Dafür wurde er auf dem Schafott hingerichtet und sein Kopf für einen Monat auf der London Bridge zur Schau gestellt.

Der Sonnenstaat von Tommaso Campanella

Auch dem Dominikaner-Mönch Tommaso Campanella (1568 – 1639) war kein Glück mit Gevatter Staat beschieden. Er verfasste seine Utopie vom „Sonnenstaat" während einer fünfundzwanzigjährigen Kerkerhaft wegen Beteiligung an der kalabrischen Revolte gegen die spanische Besatzungsmacht.[207] Wie bei Morus ist es auch bei Campanella ein Seefahrer, der von seinem Aufenthalt auf Taprobane berichtet, wo er von Eingeborenen in die Sonnenstadt geführt wurde. Die Stadt ist in sieben großen Kreisen angelegt, welche nach den sieben Planeten benannt sind. Überhaupt ist der Aufbau dieser Gesellschaft stark nach astrologischen Prinzipien geordnet. Der oberste Fürst ist ein Priester und wird „Sol" genannt. Ihm stehen Pon (Macht), Sin (Weisheit), und Mor (Liebe) zur Seite. „Macht" ist für das Militär zuständig, „Weisheit" für Wissenschaft und Künste und „Liebe" für das Zeugungsgeschäft und Partnerschaften.[208] Trotz dieser Herrschaft der geistigen Aristokratie sind alle Menschen prinzipiell gleichgestellt. Es gibt kein Privateigentum. Alle Häuser werden gemeinschaftlich genutzt und bewohnt. Es herrscht allgemeine Arbeitspflicht, wobei Arbeit als Sache der Ehre angesehen wird.[209] Bildung zählt zu den wichtigsten Gütern, und so kennt man im Sonnenstaat alle Sprachen und wichtigen Religionen, Rituale, Persönlichkeiten und Ereignisse der gesamten Welt. Dabei wird den Bewohnern das Lernen einfach gemacht, weil das Wissen mit Hilfe von Bildern übermittelt wird.[210] Männer und Frauen sind gleichberechtigt, doch ist der Zeugungsakt streng geregelt.

> „Große und schöne Frauen werden nur mit großen, wohlgebauten Männern gepaart; die beleibten Frauen mit mageren Männern; umgekehrt werden schlanke Frauen für starkleibige Männer aufbewahrt, damit aus der Mischung ihrer Temperamente eine vortrefflich geartete Rasse hervorgehe."[211]

Die Paarung darf nur zu Zeiten erfolgen, welche der Astrologe bestimmt. Unfruchtbare Frauen werden zum Gemeingut der Männer. Kinder werden, wie bei Platon, schon früh von der Mutter getrennt und der Gemeinschaft einverleibt. Campanellas Sonnenstaat erinnert an einen klösterlichen Kommunismus mit starken Einflüssen von Platons Politeia. Nicht die Originalität seiner Gedanken hat seine Schrift so einflussreich gemacht, sondern seine einfache, klare Sprache. So wird auch im Sonnenstaat ein früher Vertreter von Sozialismus und Kommunismus gesehen.

Die Sozialutopien von Charles Fourier

In dieser Tradition der politischen Gesellschaftsvisionen stehen auch die utopischen Sozialisten. Neben Robert Owen und Henri de Saint-Simon ist der Franzose Charles Fourier (1772 – 1837) deren herausragendste Figur. Seine Werke zählen zu den detailreichsten Schilderungen einer idealen Zukunftsgesellschaft, gleichzeitig aber auch zu den phantastischsten. Fouriers Modell basiert auf einer von ihm entwickelten Trieblehre, aus welcher heraus er sämtliche Neigungen und Bedürfnisse von Individuen zu erkennen glaubt. Durch verschiedene Kombinationen seiner zwölf Grundtriebe kommt er auf insgesamt 810 verschiedene Charaktertypen.[212] Arbeitsteilung und gesellschaftliche Aktivitäten müssen also derart fein differenziert werden, dass jedes Individuum seine Triebe und Vorlieben ungehemmt ausleben und dabei auch noch der Gesellschaft Gutes tun kann. Die dazu notwendige Sozialmechanik schildert er in ausschweifenden, begeisterten Worten, oft von der Theorie in pathetische Erzählungen abschweifend. So gibt es eine Vielzahl unterschiedlicher Arbeiten, wo für jeden etwas interessantes dabei ist und man wie ein Schmetterling von einer Arbeit zur nächsten weiterfliegen kann, bevor es langweilig wird. Alles ist auf eine „Solidarität der Interessen" ausgerichtet, auf das vollkommene Zusammenfallen der Bedürfnisse des Individuums mit jenen des Kollektivs.

Dazu entwirft Fourier das Konzept der Phalansterien.[213] Diese genossenschaftlich ausgerichteten, kasernenartigen Gebäude werden jeweils von etwa 2.000 Menschen bewohnt. Alle Grundeinrichtungen wie Küche oder Speisekammer werden gemeinschaftlich genutzt, wodurch es zu massiven Einsparungen kommt. Jeder Bewohner ist Teilhaber und wird entsprechend seinem Beitrag zum Gesamtgewinn prozentuell entlohnt. Dadurch sollen die Bestrebungen der Individuen selbst dann mit jenen des Kollektivs in Einklang gebracht werden, wenn jeder nur an seinen eigenen Vorteil denkt. Denn eine Maximierung des Eigennutzens ist nur unter Berücksichtigung des Gesamtnutzens möglich.[214] Da ein derartiges System laut Fourier viel effektiver ist als der Kapitalismus, rechnet er mit großen Überschüssen. Deshalb garantiert er auch jedem das Recht auf Arbeit und ein Existenzminimum.
Die Verwaltung der Phalansterien erfolgt demokratisch unter totaler Gleichberechtigung aller Bewohner. Sämtliche unproduktiven Tätigkeiten, welche im Kapitalismus Geld einbringen, will Fourier abschaffen. So sollen etwa die Zwischenhändler keinerlei Provision mehr erhalten, weil sie nichts zur Wertsteigerung der Waren beitragen.[215] Neben vielerlei visionären Ideen, welche später vom Sozialismus und vom Kommunismus aufgegriffen wurden, finden sich in Fouriers Schriften auch manche Phantastereien und mystische Spekulationen, welche ihm schon zu Lebzeiten Spott und den Ruf eines Narren eingebracht haben. So plante er bereits in schwärmerischen Worten einen nach Phalansterien organisierten Weltstaat mit Hauptstadt in Konstantinopel.[216] Die Menschheit müsse nur nach seiner Gesellschaftsordnung leben, und spätestens nach fünf Jahren würde der gesamte Globus in Vollkommenheit erstrahlen. Alle schädlichen Wesen würden zu Antiwesen. Der Biber würde für den Menschen Fische fangen. Der Löwe würde zum zahmen Transporttier werden. Die Menschen würden unglaubliche Entwicklungssprünge machen und bis zu 144 Jahre alt und 227 Zentimeter groß werden. Kinder würden mit den Füßen Klavier spielen können. Und schließlich würde das Polarlicht wie eine Krone vom Nordpol leuchten als Symbol für die große, harmonische Welteinheit.[217]

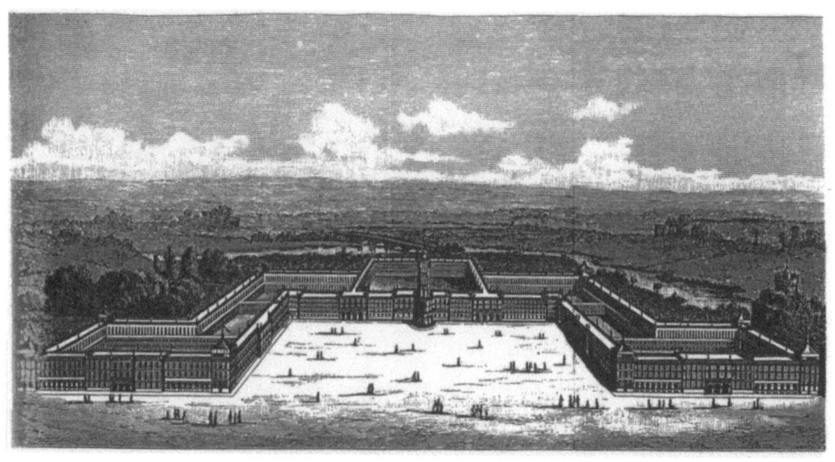

Das Phalansterium von Charles Fourier

So weit ist es dann doch nicht gekommen, aber es gab zumindest Versuche, Fouriers Modell in der Wirklichkeit umzusetzen. Victor Considerant (1808 – 1983), einer von Fouriers eifrigsten Jüngern, gründete 1855 in Texas „La Reunion". Zusammen mit etwa 1.200 Fourier-Anhängern aus Europa (andere Quellen sprechen von 350) errichtete er ein Phalansterium, welches jedoch nicht exakt den Vorgaben Fouriers entsprach. Die blassen Theoretiker stellten sich in der Landwirtschaft reichlich ungeschickt an, und so konnten sie nicht einmal ausreichend Nahrung für den Eigenbedarf erwirtschaften. Viele Bewohner begnügten sich mit dem garantierten Existenzminimum und gaben sich dem Müßiggang hin. Das raue Klima von Texas tat sein Übriges. 1860 verließen die letzten Menschen das heruntergewirtschaftete Phalansterium.[218]

Mehr Glück hatte der Industrielle Jean-Baptiste-André Godin (1817 – 1888). Er gründete 1859 in Nordfrankreich das „Familistère", welches die Visionen Fouriers mit kaufmännischem Realismus verband. In diesem fanden seine Arbeiter und deren Familien viele der Annehmlichkeiten, welche Fourier für sein Phalansterium geplant hatte. Das Unternehmen florierte. 1880 überschrieb Godin es schließlich seinen Arbeitern.[219] Erst 1968 wurde die Selbstverwaltung aufgegeben und die Wohnungen im Familistère verkauft.[220] Und schließlich übten die Lehren Fouriers auch einen großen Einfluss auf Karl Marx aus.

Kommunismus und Marxistisch-Leninistische Gesellschaftsprognostik

Eine Utopie ist nur so lange Utopie, bis sie Wirklichkeit geworden ist. Deshalb werden die Schriften von Karl Marx (1818 – 1883) und Friedrich Engels (1820 – 1895) heute nicht mehr als Utopie bezeichnet. Sie sind im Kommunismus Wirklichkeit geworden, auch wenn dieser mittlerweile bereits wieder großteils der Vergangenheit angehört. Dennoch ist gerade der Marxismus ein Paradebeispiel für die visionäre Prognostik der Moderne. Er entwarf eine Zukunftsvision von einer besseren Welt und einen Plan, wie diese bessere Welt zu erreichen wäre. Für Marx stand es mit historischer Gesetzmäßigkeit fest, dass die klassenlose Gesellschaft den Kapitalismus überwinden werde.

> „Die aus der kapitalistischen Produktionsweise hervorgehende kapitalistische Aneignungsweise, daher das kapitalistische Privateigentum, ist die erste Negation des individuellen, auf eigne Arbeit gegründeten Privateigentums. Aber die kapitalistische Produktion erzeugt mit der Notwendigkeit eines Naturprozesses ihre eigne Negation. Es ist Negation der Negation."[221]

Dies veranlasste die kommenden Generationen von Genossen, den alten Meistern die Gabe außerordentlicher Voraussicht zu attestieren. So stellte Walter Ulbricht (1893 – 1973), der langjährige Staatsratsvorsitzende der DDR, auf dem VII. Parteitag der SED 1967 stolz fest,

> „dass die marxistische Arbeiterbewegung in ihrer mehr als hundertjährigen Geschichte viele bedeutende Prognosen ausgearbeitet hat, deren Richtigkeit in der Praxis bewiesen wurde."[222]

Und so wie die alten Religionen und Völker den Worten ihrer Propheten gefolgt sind, auf in eine bessere Zukunft, so folgten auch die Arbeiterstaaten den Lehren ihrer Meister. Der neue Gott wurde „Dialektischer Materialismus" genannt. Die Welt war nur mehr eine komplizierte Maschine aus Materie, und den Sozialingenieuren war es gelungen, das Regelwerk dieser Maschine zu entschlüsseln. Nicht nur die Natur gehorchte ehernen Gesetzen. Auch alle sozialen Prozesse ließen sich beliebig in Hebel und Zahnräder zerlegen und steuern. Die Prognosen von Marx, Engels und Lenin wurden als Berechnungsgrundlage für sämtliche Aktivitäten und Planungen der Oststaaten verwendet. Es stand mit wissenschaft-

licher Gewissheit fest, dass die marxistisch-leninistische Gesellschaftsprognostik „von anerkannten objektiven Entwicklungs- und Strukturgesetzen der sozialistischen Gesellschaft ausgeht und wissenschaftliche Denkgesetze und Regeln für ihre Vorhersagen nutzt."[223]
Sämtliche ökonomischen Prozesse wurden der Planwirtschaft unterworfen. Die Wirkung von Plänen auf die Zukunft konnte mit naturwissenschaftlicher Exaktheit vorausberechnet werden. Nichts musste mehr dem Zufall überlassen werden. Alles konnte optimiert werden. Damit hatte man endlich die Opiumschwaden abergläubischer Irrlehren überwunden und konnte nun die Wahrheit objektiver Tatsachen erkennen. In einem „Kurs für junge Vertrauensleute" heißt es:

> „Prognosen als Ergebnis wissenschaftlicher Voraussicht haben also absolut nichts mit Weissagungen und Prophezeiungen aus dem Kaffeesatz oder aus den Karten zu tun. Sie sind auch keine Spekulation. Wissenschaftliche Prognosen gründen auf eine fundierte Kenntnis und auf die bewußte Ausnutzung der gesetzmäßigen Zusammenhänge in der Natur, der Technik, der Gesellschaft und im Denken."[224]

Mit welchen Methoden man gedachte, diese Prognosen, welche angeblich sogar das künftige Denken voraussagen können, zu bewerkstelligen, werden wir in den folgenden Prognostik-Bänden erfahren. Faktum bleibt, dass die marxistisch-leninistischen Gesellschaftsprognostik wohl doch nicht so unfehlbar war, wie von ihren Verfechtern proklamiert. Die ersten Jahrzehnte konnte man mit dem Fortschritt der kapitalistischen Staaten noch einigermaßen mithalten. Die Wirtschaft hier wie dort war vom Bauerntum geprägt und insofern noch einigermaßen überschaubar und planbar. Dann kamen die Rüstungsjahre des Zweiten Weltkriegs, in welchen auch die Weststaaten massiv auf Planwirtschaft setzten. In den 1950er Jahren begann im Kapitalismus das Wirtschaftswunder zu blühen, während der Aufschwung in den kommunistischen Ländern nur mühsam in Gang kam. Die Schere zwischen Ost und West klaffte immer mehr auseinander. Lediglich in der Kriegs- und Weltraumtechnik konnte man dem Westen scheinbar noch Parole bieten. Doch auch der Kalte Krieg vermochte den zunehmenden Rückstand der Arbeiterstaaten gegenüber dem Kapitalismus nicht zu verbergen.
Spätestens mit dem Zusammenbruch des Ostblocks im Herbst 1989 musste die marxistisch-leninistische Gesellschaftsprognostik Hammer und Sichel strecken. Die wissenschaftlich-objektiven Gesetze der Gesell-

schaft waren offenbar nur eine Illusion gewesen, eine Vision im Traum, eine Heiligenerscheinung, eine fahle Stimme von beschworenen Geistern.

Utopie und Wirklichkeit

Wie die Stimmen der Götter aus alten Orakeln haben auch Gesellschaftsprognostik und Planwirtschaft im früheren Osten eine Zeitlang gut funktioniert. Propheten wie Sozialprognostiker hatten ein einflussreiches Wort bei den Mächtigen und beim Volk. Man hörte auf ihre Voraussagen und richtete sich danach. Man wagte nicht, dem feststehenden Schicksal zuwiderzuhandeln. Viele Prognosen trafen ein, weil die Menschen aktiv an ihrer Erfüllung mitarbeiteten und sie als Leitbild für ihre Tätigkeiten betrachteten. Solange die Umweltbedingungen stabil und die Entwicklungen überschaubar sind, werden Orakelverse und Fünf-Jahrespläne durchaus ihre Dienste tun. Gesellschaften brauchen ihre Regeln, ihre Rituale und festgesetzten Abläufe. Sie sorgen für Struktur und Zusammenhalt. Dabei ist es unwichtig, ob diese Regeln überhaupt eine gesicherte Grundlage haben. Wichtig ist nur, dass sie geglaubt und befolgt werden, dass sie die Aura von Autorität versprühen.

Um dies sicherzustellen bedient man sich Immunisierungsstrategien. In den magischen Kulturen wurden Zweifler als Gotteslästerer, Ungläubige oder Schwarzmagier bezeichnet und somit kategorisch aus dem Denksystem ausgeschlossen. Sie hatten automatisch nichts mehr zu sagen. Traf eine positive Prophezeiung nicht ein, so lag dies eben daran, dass die Menschen nicht genug dafür gebetet oder die Götter sonst wie erzürnt haben. Erfüllte sich eine negative Vorhersage nicht, dann wurde dies mit aufwendigen Ritualen und Gebeten begründet, welche das Unglück abgewendet haben. Die symbolischen Prophezeiungen hatten es noch einfacher, denn ihre Auslegung konnte im Nachhinein an die Ereignisse angepasst werden. Nicht die Prognose war somit falsch, sondern lediglich die Deutung der wahren Worte durch den fehlbaren Menschen.

Ähnlich ging man im Kommunismus vor. Kritische Stimmen wurden als Partei- oder Staatsfeinde disqualifiziert. Alles, was den Regeln der Staatsgewalt widersprach, wurde als „unwissenschaftlich" abgetan. Wurden die Prognosen nicht erfüllt, so begründete man dies mit Fehlern oder Störungen in der Ausführung. Die Pläne waren richtig, nur die Menschen waren ihnen eben nicht gerecht geworden.

Dies ist das Grundproblem der meisten Utopien und Gesellschaftsvisionen. Sie beinhalten immer ein bestimmtes Menschenbild, von welchem die Autoren die neuen Staatsformen ableiten. Diese Prämissen sind meist nicht weiter begründbar, sondern werden als gegeben angenommen. Platons Politeia basiert auf der Annahme, dass Fähigkeiten und Charakter des Menschen nicht nur angeboren sind, sondern auch objektiv diagnostiziert werden können. Dies ist die Grundlage seiner drei Stände. Fouriers sozietäre Theorie fußt auf den zwölf Trieben und den daraus abgeleiteten 810 menschlichen Charaktertypen. Diese Typen entstehen aus zahlenmystischen Überlegungen und werden nicht weiter hinterfragt. Campanella ordnet seinen Staat nach astrologischen Prinzipien. Der Kommunismus geht von einem rationalen Menschen aus, welcher den Gesetzen der Logik folgt und insofern berechenbar ist. Irrationales Verhalten ist nicht typisch menschlich, sondern ein Fehler im System.

All diese am Schreibtisch ausgedachten Gesellschaftsvisionen gründen auf Ideologien über das Wesen des Menschen. Da diese Theorien jedoch das Wesen des Menschen in all seiner Vielschichtigkeit und Widersprüchlichkeit niemals fassen können, ergibt sich ein zwangsläufiges Scheitern an der Realität. Auch manchen der Utopisten war dieses Transformationsproblem, die Schwierigkeit des Übergangs vom aktuellen Menschen zum utopischen Menschen bewusst. Morus und Campanella umschifften diese Frage, indem sie die Zukunftsgesellschaft auf eine fremde Inselkultur projizierten. Die dortigen Einwohner waren von ihrem Charakter her bereits derart geschnitzt, dass die Utopie funktionierte.
Platon oder die Frühsozialisten und Kommunisten hingegen versuchten, diesem Problem mit ausgefeilten Erziehungsmaßnahmen zu begegnen. Die Kinder mussten nur früh genug mit der Staatsideologie infiltriert werden, dann würden sie sich auch charakterlich in die gewünschte Richtung entwickeln. Deshalb ist es in den meisten Utopien auch so wichtig, dass die Kinder ihren Eltern möglichst früh weggenommen und dem Erziehungssystem der Gemeinschaft einverleibt werden. Bei Platon geht dieser Gedanke so weit, dass Kinder und Eltern sich gar nicht mehr kennen. In den kommunistischen Staaten war es üblich, dass Kinder bereits im Alter von wenigen Monaten in öffentliche Ganztagskrippen gegeben wurden. Von da an waren sie fest in staatliche Organisationen eingebunden, um ihre kollektivkonforme Entwicklung sicherzustellen.

Doch früher oder später schüttelt der Mensch die Knebel und Fremdherrschaften derartiger Modelle ab und will wieder er selbst sein. So gut die meisten Utopien auch gemeint sind, scheitern sie am Widerwillen der Menschen, ihnen entsprechen zu müssen.

08. Zukunftsroman und Science-Fiction

Eng mit der Utopie verwandt ist das Science-Fiction-Genre. Bei manchen Büchern kann kaum unterschieden werden, ob es sich um eine Utopie oder um einen Zukunftsroman handelt, etwa bei „Brave New World" von Aldous Huxley. Tendenziell betont Science-Fiction das phantastische, spielerische, fiktive Element stärker, während Utopien eher auf eine tatsächliche Veränderung der herrschenden Verhältnisse abzielen. Science-Fiction wird zumeist in der Romanform geschrieben. Hingegen sind für die Utopie Erzählung und Dialoge nur Attrappe, um politisch-soziale Inhalte zu transportieren. Utopien verkünden vor allem neue Gesellschaftsvisionen, während Science-Fiction ihren Schwerpunkt auf technische Innovationen legt. Sie lässt ihrer Phantasie freien Lauf in der Frage, was hinter den Außengrenzen der aktuellen Naturwissenschaft liegen mag und wozu der künftige Mensch technisch in der Lage sein wird. Daraus ergibt sich, dass die Bezeichnung „Science-Fiction" erst Sinn macht in Kulturen, bei denen der technische Fortschritt auch eine Rolle spielt. Sagen und Märchen von fliegenden Teppichen, Siebenmeilen-Stiefeln, sprechenden Tieren oder hundertjährigem Schlaf sind noch keine Science-Fiction. Nicht Wissenschaft und Technik, sondern Zauberei bewirken derartige Dinge.

Von Science-Fiction kann man insofern erst seit der Neuzeit sprechen, insbesondere seit der Industriellen Revolution. Eines der ersten Themen der Zukunftsromane war die Reise zu anderen Himmelskörpern. Zwar geht es hier, ähnlich wie in der Utopie, vor allem darum, durch den Blick in andere Welten die eigenen Gesellschaftsverhältnisse zu beleuchten und zu kritisieren, doch gewinnt nun das technische Element immer mehr an Gewicht. Dies hat auch mit dem zunehmenden Aufstieg der Naturwissenschaften zu tun, mit der Ablösung des alten, religiös-magischen Weltbilds durch das wissenschaftlich-mechanische. Einerseits versuchten Dichter und Philosophen, den wachsenden technischen Fortschritt in ihre Erzählungen zu integrieren. Andererseits wählten Naturwissenschaftler die Form des phantastischen Romans, um ihre wissenschaftlichen Visionen zu transportieren.

Die Reise zum Mond bei Kepler, Wilkins und Cyrano

Eine der ersten derartigen Schriften ist das 1634 posthum veröffentlichte „Somnium – Der Traum vom Mond" von Johannes Kepler (1571 – 1630). Er beschreibt darin seinen Traum von einem jungen Mann, Duracotus, der auf der Insel Thule lebt. Seine Mutter Fiolxhilde ist eine Art Hexe. Nach fünf Lehrjahren beim Astronomen Tycho Brahe kehrt er nach Thule zurück und wird dort von seiner Mutter in ihr größtes Geheimnis eingeweiht. Sie weiß, wie man mit Hilfe eines Dämons nach Lavania, dem Land auf dem Mond, reisen kann. Als die Sonne bei Saturn im Stier steht und gerade untergegangen ist ruft sie den Dämon und nimmt ihren Sohn mit auf die Reise.
Bis hierher ist die Geschichte ein gewöhnliches Märchen. Als jedoch die Reise von 50.000 deutschen Meilen losgeht, beginnt Kepler seine Betrachtungen darüber, welche physikalisch-astronomischen Gegebenheiten erfüllt werden müssen. Die Reisenden müssen ihre Nasen vor der extrem kalten Luft schützen. Durch die Fluggeschwindigkeit rollen sich ihre Körper wie Bälle zusammen. Da außerhalb der Erdatmosphäre kein Schutz vor den Sonnenstrahlen besteht, muss die Reise während einer Mondfinsternis erfolgen. Und schließlich geht er noch genau auf die Berechnung der Flugbahn ein. Auf dem Mond angelangt beschreibt er die klimatischen Verhältnisse und die Gestalt des dortigen Lebens, wie sie von den Umweltbedingungen vorgegeben ist. All diese Betrachtungen sind aus einer streng naturwissenschaftlichen Perspektive geschrieben.[225]
Einerseits ist Keplers Somnium eine phantastische Geschichte, mit viel physikalischem Wissen angereichert. Andererseits war sie auch als Marketing-Maßnahme für die Kopernikanische Himmelsmechanik gedacht.

Ähnliche Zwecke verfolgen zwei Schriften des englischen Astronomen und späteren Bischofs John Wilkins (1614 – 1672). Auch „The Discovery of a World in the Moone" (1638) und "Discourse concerning a New Planet" (1640) wurden vor allem zur Verteidigung des Kopernikanischen Weltbildes veröffentlicht. Es handelt sich dabei aber nicht um theoretische Fachschriften, sondern vielmehr wendet Wilkins sich damit an die Allgemeinheit. In verständlichen Worten erklärt er, unter welchen Bedingungen eine Reise zum Mond möglich wäre, und dass der Mensch diese Reise eines Tages auch antreten wird. Er erläutert die Probleme der natürlichen Schwere des menschlichen Körpers, sowie der großen Kälte und Dünne der ätherischen Luft. Dann beschreibt er die Landschaften des Mondes, wie sie die neuesten, revolutionären Sichtungen durch das Teleskop damals zeigten. Schließlich entwirft er einen Wagen für den Mondflug.[226]

Eine der frühesten Weltraumreisen eines Dichters ist „Die Reise zu den Mondstaaten und Sonnenreichen" von Cyrano De Bergerac (1619 - 1655). Darin beschreibt er, wie er mit einem raketengetriebenen Flugapparat zum Mond gelangt. Er trifft dort auf sonderbare Bewohner, zwölf Ellen lang und auf allen Vieren gehend. Da Cyrano nur auf zwei Beinen geht, halten ihn diese für ein primitives Tier und dressieren ihn zu ihrer Belustigung. Eines Tages macht er Bekanntschaft mit einem Emigranten von der Sonne. Die Sonnenbewohner werden bis zu viertausend Jahre alt, da sie die Kunst beherrschen, in junge Körper von Verstorbenen zu schlüpfen, sobald ihr eigener Körper zu gebrechlich ist. Da es auf der Sonne zudem keine Hungersnöte oder Kriege gibt, herrscht dort Überbevölkerung. Und so haben die Sonnenmenschen auch auf anderen Planeten ihre Kolonien. Auf der Erde sind sie jene, welche als Götter, Geister oder Heiligenerscheinungen angebetet werden. Der Sonnenbewohner stand früher auch mit vielen namhaften Philosophen der Erde in Kontakt. So lehrte er Campanella während dessen Gefangenschaft in Rom,

> „seine Gesichtszüge und seinen Körper auf die Grimassen und Stellungen derer abzurichten, deren Inneres zu kennen ihm nötig war, damit er in sich durch die gleiche äußere Zurichtung die Gedanken errege, die diese selbe Stellung in seinen Gegnern erzeugt habe."[227]

Er belehrt Cyrano über die Unzulänglichkeiten der menschlichen Philosophen und gibt ihm schließlich zwei Bücher von der Sonne zum Lesen. „Die Staaten und Reiche der Sonne" und „Das Große Werk von den Philosophen" enthalten alle großen Geheimnisse, welche der menschliche Geist noch nicht zu entschlüsseln vermochte.[228] Die Sonnenbewohner sind auch technisch sehr fortgeschritten. Beispielsweise haben sie unverbrennbare Laternen, in welchen von der Hitze gereinigte Sonnenstrahlen leuchten. Auch über die Mondbewohner lernt Cyrano einiges. So nehmen diese die Nahrung durch Dämpfe zu sich und haben bewegliche Städte, welche mit Segeln von einem Ort zum anderen rollen können. Bereits in bester Science-Fiction-Manier beschreibt Cyrano auch einige eigene Erfindungen, wie eine Winduhr, ein künstliches Auge, mit dem man nachts sieht, oder eine Himmelskugel, wo die Gestirne der Bewegung folgen.[229]

1: Cyrano bei seinem ersten Flugversuch mit taugefüllten Flaschen (1657)
2: Ein mobiles Segel-Haus auf dem Mond (1662)

Der phantastische Roman von den Mondstaaten und Sonnenreichen ist einerseits Spielerei mit den technischen Möglichkeiten der damaligen Naturwissenschaft. Natürlich kommt einem modernen Leser vieles mehr wie Zauberei vor, doch entsprach dies eben dem damaligen Stand des Wissens. Andererseits nutzt Cyrano die fremden Welten, um über Philosophie und Religion zu konversieren, über die Unzulänglichkeiten der menschlichen Rasse und über die Missstände seiner damaligen Zeit. Die Mondbewohner sind den Erdlingen überlegen und behandeln diese deshalb wie Tiere. So verwendet Cyrano die Mondwesen als Vergrößerungsglas für die sonderlichen Gebräuche des Menschen. Die strahlenden Lichtwesen von der Sonne hingegen sind der Höhepunkt von Geist und Weisheit, welcher den Menschen als unerreichbares Ideal vorschwebt.

Das Jahr 2440 von Mercier und die Mensch-Maschine Frankenstein

Bei Kepler, Wilkins oder Cyrano finden sich bereits viele Elemente des Zukunftsromans, jedoch noch nicht das eigentlich Wesentliche selbst: die Zukunft. Der erste Roman, der dezidiert auf ein zukünftiges Datum verweist, war „Das Jahr 2440" vom französischen Schriftsteller Louis-Sébastien Mercier (1740 – 1814). In diesem 1771 erschienenen Werk wird die Vision von einer besseren Welt nicht mehr auf ferne Inseln oder andere Planeten projiziert, sondern auf die Zukunft. Mercier beschreibt ein Jahr 2440, in dem die Menschheit durch den Fortschritt vereint ist. Luftschiffe fliegen nach China, Amerika und Afrika. Den Adel gibt es zwar noch, doch ist ihm das Bürgertum nahezu gleichgestellt. Jeder Mensch führt über sein Leben ein Tagebuch, welches er und andere regelmäßig lesen. Eine solcherart selbstreflexive Gesellschaft wendet sich von selbst zum Guten.[230]

Neben der Reise zu anderen Himmelskörpern ist die Mensch-Maschine ein weiterer Motivklassiker des Zukunftsromans. „Frankenstein" (1819) von Mary Wollstonecraft Shelley (1797 – 1851) war eine der ersten Novellen, welche die Schöpfung künstlichen Lebens auf wissenschaftlichem Wege erfolgen ließ. Nach jahrelangen Studien und Experimenten erschafft der junge Victor Frankenstein aus Leichenteilen ein Wesen und erweckt es zum Leben. Doch schon bald bereut er seine Tat und verstößt sein Werk. Eine Spirale der Vernichtung ist die Folge.[231] Ähnlich Goethes Zauberlehrling wird er den Geist, den er rief, nicht mehr los. Shelleys Roman ist eine Warnung vor einer Wissenschaft, welche an die Grenzen des Machbaren geht, ohne die Naturkräfte, mit denen sie spielt, zu verstehen. Gerade im Zeitalter der Genetik wird dieses Thema wieder gerne zitiert. Dennoch ist auch Shelleys Frankenstein noch kein typisches Science-Fiction-Werk, sondern eher den „Gothic Novels", den Schauerromanen, zugehörig. Ähnlich Edgar Allan Poes Geschichten „Der wahre Sachverhalt im Falle Valdemar" oder „Maelzels Schachspieler"[232] sind die Beschreibungen wissenschaftlicher Wunderleistungen mehr Stilmittel, um eine phantastische, gruselige Atmosphäre zu erschaffen und weniger ein fiktives Ausloten technischer Möglichkeiten.

Klassische Science-Fiction bei Jules Verne und H.G. Wells

Die Science-Fiction-Ära im heutigen Sinne wurde in der zweiten Hälfte des 19. Jahrhunderts eingeläutet mit den Romanen von Jules Verne (1828 – 1905). Verne gilt als Vater des wissenschaftlichen Zukunftsromans. Seine Schilderungen sind akribisch darum bemüht, dem neuesten Stand der Technik zu entsprechen. Weite Passagen seiner Abenteuerromane beinhalten detaillierte Beschreibungen neuester Maschinen, Erfindungen und Entdeckungen. In seinen berühmten Büchern „Von der Erde zum Mond" (1865) und „Reise um den Mond" (1870) wird mittels einer gigantischen Kanone eine bemannte Weltraumkapsel zum Mond geschossen. Dabei nimmt er bereits viele Einzelheiten der ersten Apollo-Mondlandung von 1969 vorweg. Der Raketenstützpunkt befindet sich aufgrund geografischer Vorteile in Florida. Sauerstoff muss künstlich erzeugt werden. Mit zunehmender Entfernung von der Erde setzt das Phänomen der Schwerelosigkeit ein. Und schließlich erfolgt bei der Rückkehr auf die Erde die Landung im Wasser des Ozeans.[233]
In „20.000 Meilen unter dem Meer" (1870) nimmt Verne die Erfindung des modernen Unterseeboots vorweg. Wie auch bei seinen anderen Romanen entwirft er dabei nicht eine komplett neue Technologie, sondern spinnt lediglich die bereits existierenden technischen Möglichkeiten seiner Zeit konsequent fort. Erste Vorläufer von U-Booten und Tauchanzügen waren bereits seit dem 15. Jahrhundert bekannt. Zur Zeit Vernes existierten auch schon seetaugliche Exemplare für mehrere Personen. So benannte Verne das U-Boot seines Kapitän Nemo nach der „Nautilus" von Robert Fulton (1801). Visionär an Vernes Beschreibungen waren jedoch die gigantischen Ausmaße und Leistungen des U-Boots, sowie das Vorherrschen der Elektrizität als Energiequelle.[234]

Auch jene Erzählungen Vernes, in welchen Heißluftballone als Langstrecken-Transportmittel verwendet werden (u.a. „Fünf Wochen im Ballon" von 1863 oder „In 80 Tagen um die Welt" aus dem Jahr 1873),[235] erfinden keine neuen Technologien, sondern schmücken lediglich die seinerzeitigen technischen Möglichkeiten phantasievoll aus und treiben sie ins Extrem. Dies gilt auch für seine Beschreibung eines Hubschraubers in „Robur der Eroberer" (1886)[236] oder des Fax-Geräts („fotografische Telegrafie") in seiner ersten, jedoch erst 1994 posthum veröffentlichten Zukunftsbeschreibung „Paris im 20. Jahrhundert" (1860).[237]

Letztere Veröffentlichung ist für Verne eher untypisch. Während seine populärsten Werke eine fortschrittsoptimistische Atmosphäre versprühen, kommen bei „Paris im 20. Jahrhundert" auch stark die negativen Folgen des Fortschritts zur Sprache. Neben gasbetriebenen PKWs, elektrischer Straßenbeleuchtung und elektronischer Musik herrschen im zukünftigen Paris riesige Monopole und Bürokratien, starke Luftverschmutzung und ein Diktat des Geldes. Die Lebensmittel sind mit Konservierungsstoffen vollgepumpt. Kunst wird durch seichte Unterhaltung ersetzt. Die Wunder der Technik haben dem Menschen nicht ein Mehr an Glück gebracht, sondern nur Hektik und Abhängigkeit.[238]

1: Kapitän Nemo aus „20.000 Meilen unter dem Meer" (1870)
2: Die Weltraum-Kapsel aus „Von der Erde zum Mond" (1865)

Der zweite große Klassiker der Science-Fiction-Literatur ist Herbert George Wells (1866 - 1946). Er nannte seine Bücher „scientific romances". Viele seiner Themen sollten später zu regelrechten Stereotypen des Zukunftsromans werden. So erzählt er in seinem Roman „Die Zeitmaschine" (1895) von einem Erfinder, welcher mittels einer Maschine durch die Zeit reisen kann. Er landet im Jahr 802701. Dort gibt es zwei Menschenrassen, die oberirdischen Eloi und die unterirdischen Morlocks. Die Eloi führen ein glückliches, gedankenloses Leben im Müßiggang. Sie wirken sehr jugendlich und unbekümmert. Nur ihre grenzenlose Angst vor der Dunkelheit trübt die Idylle. Die Morlocks sind eine grobschlächtige, affenartige Rasse, welche in unterirdischen Höhlen haust. Dort betreiben sie riesige Maschinen für die Versorgung der Eloi. Zuerst glaubt der Zeitreisende, dass die Morlocks Sklaven der Eloi wären, doch schließlich muss er feststellen, dass es umgekehrt ist. Die Morlocks halten sich die Eloi als Nahrungsquelle. In den dunklen Nächten kommen sie an die Oberfläche und holen sich ihren Proviant.[239] Wells Roman begründet jedoch nicht nur das bis heute sehr populäre Zeitreise-Thema, sondern ist auch Sozialkritik an den Klassenunterschieden des damaligen Englands.

„Der Unsichtbare" (1897) handelt vom Wissenschaftler Dr. Jack Griffin, der ein Unsichtbarkeits-Serum erfindet. Ein Selbst-Experiment lässt sich nicht mehr rückgängig machen, und so muss sich Griffin fortan mit Verbänden verhüllen, damit er gesehen werden kann. Er gerät jedoch bald auf die schiefe Bahn und will seine Unsichtbarkeit für Verbrechen nutzen. Am Ende wird er gefasst und erschlagen.[240]

In „Krieg der Welten" (1898) schildert Wells den Angriff von Mars-Bewohnern auf Großbritannien. Auch dieses Motiv vom Kampf der Menschen gegen Außerirdische sollte fortan eines der beliebtesten der Science-Fiction werden. Die Menschen sind den Marsianern technisch hoffnungslos unterlegen, doch werden die Angreifer am Ende durch die irdischen Bakterien besiegt.[241] Auch dieser Roman enthält eine unterschwellige Kritik an der damaligen Kolonialpolitik des britischen Empires.

Und schließlich verdient noch ein eher unbekanntes Werk von H.G. Wells Erwähnung. „The World Set Free" aus dem Jahr 1914 läutete in der Science-Fiction das Atom-Zeitalter ein. Basierend auf den Arbeiten des Atomphysikers Ernest Rutherford beschreibt er die künftige Anwendung der Radioaktivität. Es gibt Automobil-Atommotoren und Kernkraftwerke, welche die Energieversorgung des Menschen revolutionieren. Wells erzählt aber auch von den alles vernichtenden Atomwaffen des Letzten Krieges. Die Funktionsweise dieser Bomben beschreibt er als „Atomzerfall en masse" durch „induzierte Radio-Aktivität". Dies inspirierte Leó Szilárd, einen der Urväter der Atombombe, zur Idee der nuklearen Kettenreaktion. Lediglich von der Wirkung einer solchen Waffe hatte Wells eine falsche Vorstellung. Er dachte, dass die instabilen Atome kontinuierlich über Jahre und Jahrzehnte hinweg explodieren würden wie in einer andauernden Vulkaneruption. Der Mythos vom „Atombrand" wurde geboren und in den folgenden Jahrzehnten von vielen Science-Fiction-Autoren aufgegriffen.[242]

Dystopien bei Huxley und Orwell

Der Zukunftsroman wird seit jeher benutzt, um Kritik an den herrschenden Verhältnissen zu verpacken. Oft werden dabei die aktuellen Entwicklungen ins Extrem getrieben und zu düsteren Horrorszenarien ausgebaut. Umweltverschmutzung, Überbevölkerung, Konsumdiktatur, Überwachungsstaat oder Atomkrieg bilden den Gegenpol zu den goldenen Zeitaltern der Fortschrittsoptimisten. Derartige Negativentwürfe der künftigen Welt werden auch Dystopie oder Anti-Utopie genannt. Wie der Name bereits andeutet, entstand der Begriff ursprünglich als Gegenentwurf zur Utopie. Insofern ist der gesellschaftsphilosophische Hintergrund meist stark ausgeprägt. Dennoch möchte ich diese Gattung im Rahmen des Zukunftsromans erwähnen, weil die bekanntesten Dystopien auch viele Elemente der Science-Fiction enthalten. Sowohl „Brave New World", als auch „1984" spielen in der Zukunft. Beide beschreiben ausgiebig technische Erfindungen, ohne welche die dystopischen Gesellschaften nicht möglich wären. Schließlich fällt auch das Aufkommen der Dystopien zeitlich mehr mit der modernen Science-Fiction-Ära zusammen als mit den klassischen Utopien.

„Brave New World" (1932) von Aldous Huxley (1894 – 1963) beschreibt einen Weltstaat im Jahre 632 nach Ford. Der Wahlspruch „Gemeinschaftlichkeit – Einheitlichkeit – Beständigkeit" wird verwirklicht durch die totale Berechnung des Menschen. Bereits die Embryos werden in der Brut- und Normzentrale chemisch manipuliert, sodass sich jedermann widerstandslos in seine vorbestimmte Rolle einfügt. Die Menschen werden unterteilt in die intelligenteren Alphas und Betas, sowie in die als niedrige Massemenschen gezüchteten Gammas, Deltas und Epsilons. Durch Konditionierung und Gedankenkontrolle scheuen die Bürger extreme Gefühle, eigenständige Gedanken oder emotionale Bindungen. Die Zähne der Sozialmaschine greifen derart präzise ineinander, dass sämtliche Wünsche und Begierden sofort nach deren Aufkommen befriedigt werden. Man findet Zerstreuung in seichter Unterhaltung, Sex und dem Universal-Rauschmittel Soma.[243] Die „Schöne Neue Welt" ist die perfekte Konsumgesellschaft, frei von der Unberechenbarkeit menschlicher Triebe, frei von Problemen wie Armut oder Krieg, aber auch frei von jeglichem tieferen Sinn.

Ein weiterer Klassiker der Dystopie ist der 1949 veröffentlichte Roman „1984" von George Orwell (1903 – 1950). Die Welt des Jahres 1984 besteht aus den drei rivalisierenden Großmächten Ozeanien, Eurasien und Ostasien. Die Regierungen halten einen permanenten Kriegszustand aufrecht, um die Bevölkerung mit drastischen Mitteln gefügig halten zu können. Ozeanien ist ein totalitärer Überwachungsstaat mit dem allsichtigen, doch unsichtbaren Großen Bruder an der Spitze. Die Gesellschaft teilt sich in drei Stände, in die innere Partei (Führer), die äußere Partei (Handlanger) und die Proles (Arbeitermasse). Alle Bürger werden permanent überwacht mittels Teleschirmen, Mikrophonen und gegenseitiger Bespitzelung. Sogar kritische Gedanken („Gedankenverbrechen") und unpassende Gesichtsausdrücke („Gesichtsverbrechen") stehen unter Strafe. Unbequeme Bürger („Unpersonen") verschwinden spurlos („werden vaporisiert"). Geschichte und Wörterbücher werden systematisch umgeschrieben („Neusprech"), um ein Denken außerhalb der Staatsdoktrin zu verunmöglichen. Winston Smith lehnt sich gegen dieses Regime auf. Doch am Ende wird auch sein Willen gebrochen. Folter und Gehirnwäsche machen ihn zum gehorsamen Bürger.[244]

Während Jules Verne für sein fortschrittskritisches Erstwerk „Paris im 20. Jahrhundert" keinen Verleger finden konnte und erst mit seinen technikoptimistischen Büchern Erfolg hatte, wurden im Laufe des 20. Jahrhunderts auch die Dystopien zunehmend populär. Mit wachsender Technisierung und Bürokratisierung der Welt wurden die negativen Folgen des Fortschritts immer offensichtlicher. Mittlerweile sind Zukunftsängste und Fortschrittspessimismus derart verbreitet, dass düstere Science-Fiction-Werke wie „Blade Runner" oder „Matrix" die Kinokassen klingeln lassen. Massenmedien kritisieren Massenmedien. Fortschrittskritik wird zum Hobby der Fortschrittsgesellschaft. Konsumkritik wird zum Konsumgut der Konsumgesellschaft.

Populär-Science-Fiction und Wissenschaftsroman

So erfuhr auch das Science-Fiction-Genre tiefgreifende Wandlungen. Neben der anspruchsvollen Sci-Fi-Literatur von Autoren wie Isaac Asimov, Arthur C. Clarke oder Stanislaw Lem wurde das Genre zunehmend von Populär-Science-Fiction (auch soft Sci-Fi genannt) dominiert. Heute denkt man beim Begriff „Science Fiction" kaum noch an gehobene Wissenschaftsromane, sondern eher an Laserschlachten mit Außerirdischen und Liebesromanzen im Weltraum. Einen wesentlichen Einfluss auf diese Entwicklung hatten die in den 1930er-Jahren aufkommenden Superhelden-Comics. Weltraum-Helden wie Buck Rogers oder Flash Gordon führten auch Lesemuffel in künftige Jahrhunderte und fremde Welten. Und als schließlich 1938 der alles übertreffende Superman erstmals Millionenauflagen erreichte, kämpften alsbald unzählige Superhelden mit Superkräften und Superwaffen gegen Supergegner. Die Erklärungen der Superkräfte haben mit Naturwissenschaft kaum mehr gemein als den Jargon. Die Super-Helden kommen von fernen Planeten, aus Parallelwelten oder anderen Dimensionen, entstehen durch den Biss einer radioaktiven Spinne, Einwirkung von Gamma-Strahlen, Laborunfälle, Superseren, Zauberringe oder Pakte mit überirdischen Wesen. Sie können durch die Lüfte fliegen, durch Wände gehen, ihren Körper nahezu endlos dehnen, sich unsichtbar machen, mit Lichtgeschwindigkeit laufen, sind unverwundbar, verfügen über Röntgenblick, telepathische Kräfte, Superstrahlen und andere Spezialwaffen.
Auch wenn gerne Bezug auf naturwissenschaftliches Vokabular genommen wird, stellt die Populär-Science-Fiction mehr eine moderne Form des Märchens dar denn harte Wissenschafts-Fiktion. Technik und Futurismus sind in erster Linie Kulisse, vor der sich die ewigen Themen wie Liebe, Freundschaft, Bedrohung, Kampf oder Tod abspielen. Dies gilt auch für populäre Science-Fiction-Serien wie Raumschiff Enterprise oder Star Wars.

Im Gegensatz dazu wird der ernsthafte Wissenschaftsroman oft von studierten Naturwissenschaftlern, Technikern oder Philosophen geschrieben. Isaac Asimov war Biochemiker, Hal Clement Astronom, Arthur C. Clarke Radarspezialist und Mitglied der „British Interplanetary Society". Viele Autoren sind auch aktiv in der Zukunftsforschung tätig. Herbert W. Franke oder H.G. Wells publizierten zahlreiche futurologische Schriften.[245] Stanis-

law Lem war seit 1972 Mitglied des Komitees für Zukunftsstudien der polnischen Akademie der Wissenschaften.[246] Seine fortschrittsphilosophischen Schriften über die Kommunikation mit fremden Lebensformen, künstliche Intelligenz („Intellektronik"), künstliches Bewusstsein, künstliche Realitäten („Phantomatik"), die Roboter-Mensch-Beziehung oder die Konstruktion des Lebens, aber auch zu den Grundproblemen der „wissenschaftlichen Phantastik" (wie Sci-Fi in den Oststaaten genannt wurde), der Futurologie, der Kybernetik und der Wissenschaft im Allgemeinen haben auch Jahrzehnte später nichts von ihrer Aktualität verloren.[247]
Traditionell ist die ernsthafte Science-Fiction eng mit dem Wissenschaftsbetrieb verflochten, was zu vielfältiger gegenseitiger Befruchtung führt. Zahlreiche Erfindungen und technische Entwicklungen beruhen auf Inspiration durch Wissenschaftsromane. Auch beim Erstellen von Szenarien arbeitet die Zukunftsforschung gerne mit Sci-Fi-Autoren zusammen.

Die Populär-Science-Fiction hingegen wird zumeist von Schriftstellern, Journalisten oder Drehbuchautoren verfasst, welche nur begrenzt Einblick in naturwissenschaftliche Zusammenhänge haben. Ihr Einfluss auf technische Entwicklungen ist aber sicherlich ebenso groß wie jener des ernsthaften Wissenschaftsromans. Sie hilft, neue Ideen bei den Massen bekannt und begehrt zu machen. Beispielsweise hätten die Regierungen der USA und der Sowjetunion die gigantischen Kosten ihrer Weltraumprojekte und Mondflüge wohl kaum dem Volk verkaufen können, hätte sich dieses nicht bereits im science-fiction-induzierten Weltraumfieber befunden. Soft-Sci-Fi ist ein wichtiges Instrument, um an der Basis Akzeptanz für neue Ideen zu schaffen. Auch hilft sie herauszufinden, welche Begehrlichkeiten in der Bevölkerung latent gehegt werden. Je größer der Erfolg eines Werkes ist, desto mehr repräsentiert es die Wünsche und Sehnsüchte, aber auch die Befürchtungen der Menschen in Bezug auf die Zukunft. Durch populäre Sci-Fi ist es zudem möglich, komplexe und für Laien unverständliche Vorgänge besser zu erklären. Etwa die quantenphysikalischen Experimente von Anton Zeilinger hätten wohl kaum für derartiges Aufsehen sorgen können, wäre nicht bereits das „Beamen" von Raumschiff Enterprise im Kollektivbewusstsein fest verankert gewesen.

Phänomen der Novum-Inkubation

Trivial-Science-Fiction spielt auch eine wichtige Rolle bei einem Phänomen, welches ich Novum-Inkubation nenne. Als Kinder werden künftige Wissenschaftler durch Populär-Science-Fiction aus Comics, Filmen und TV-Serien mit futuristischen Ideen wie Roboter, künstlicher Intelligenz oder Teleportation konfrontiert. Kindliche Begeisterung wird geweckt, obwohl die etablierte Wissenschaftswelt diesen neuen Ideen ablehnend und spöttisch gegenübersteht. Die Kinder werden erwachsen und bringen schließlich als Forscher die einstmals inakzeptablen Visionen in den Wissenschaftsapparat hinein. Eine wesentliche Triebkraft des Fortschritts ist somit das Streben der jungen Generationen, ihre Kindheitsträume zu verwirklichen und damit die Modelle der Alten zu erweitern und zu überwinden.

Wie Gesellschaftsvisionen und Utopien erfüllt somit auch der Zukunftsroman eine wichtige Funktion als Leitbild für Innovationen. Manche Phantastik von gestern ist die Realität von heute. Die Träume und Visionen von heute sind die Taten von morgen. Dabei ist es nebensächlich, ob es sich um triviale oder ernsthafte Werke handelt. Überhaupt ist diese Trennung in hohem Maße subjektiv. Auch Literaturexperten sind sich oft keinesfalls einig, was als trivial und was als ernsthaft angesehen werden kann. Und oft wirken nach Ablauf der Zeitgeistverfangenheitsspanne einstmals seriöse Werke unfreiwillig komisch, während Populärware zur neuen Wahrheit erhoben wird.
Auch die moderne Zukunftsforschung hat dies mittlerweile erkannt und sich von ihrem wissenschaftlich-objektivistischen Anspruch einstiger Tage gelöst. Seit den 1970er Jahren wendet sie sich zunehmend kreativ-intuitiven Methoden zu. Denn Sehnsüchte und Phantasien spielen für die Erforschung der Zukunft eine ebenso wichtige Rolle wie Trend-Extrapolationen, Modellsimulationen oder Konjunkturzyklen.

09. Geschichte der modernen Zukunftsforschung

Wann die Geschichte der modernen Zukunftsforschung beginnt, hängt von ihrer Definition ab. Die Zukunftsforschung selbst nennt als Unterscheidungsmerkmal zu anderen mantischen Praktiken ihre empirische, systematische oder wissenschaftliche Herangehensweise.[248] Diese Formulierung ist jedoch höchst relativ. Denn in gewisser Weise haben alle Prognosemethoden in ihren Wirkepochen als „systematisch" und „wissenschaftlich" gegolten, selbst und vor allem jene, welche heutzutage als abergläubisch oder magisch gelten.

Nationalökonomie und Soziologie

Wenn man bei jenen Methoden beginnt, welche auch heute noch in Teilen des Wissenschaftsapparats Anwendung finden, so lassen sich erste Vorläufer der modernen Zukunftsforschung bereits ins späte 18. Jahrhundert datieren. 1776 wurde mit „The Wealth Of Nations" von Adam Smith (1723 – 1790) die Klassische Nationalökonomie geboren. Diese geht davon aus, dass die Gesellschaft und das Wirtschaftsleben von Naturgesetzen bestimmt sind und es möglich ist, diese Gesetze zu ergründen. Ähnlich den Gesetzen der Physik wollte man Gesetze des Sozialen finden, mit welchen sich das Verhalten von Kollektiven exakt vorausberechnen lässt. Mit mathematischen Modellen versucht die Volkswirtschaftslehre bis heute, Wirtschaftsprozesse abzubilden, zu erklären und in der Folge zu prognostizieren und zu beherrschen. Dazu werden wir noch ausführlicher kommen in den Büchern über die zeichen- und zeitendeutende Prognostik.

Ähnliche Ziele verfolgte ursprünglich die Soziologie. Mitte des 19. Jahrhunderts wurde diese von Auguste Comte (1798 – 1857) als eine positivistische Naturwissenschaft des Sozialen begründet. Auch Comte strebte danach, soziale Universalgesetze aufzustellen. Seine Versuche in Form des Dreistadiengesetzes und des Enzyklopädischen Gesetzes[249] wurden jedoch von seinen Nachfolgern bald verworfen. Im Schnittraum von Ökonomie, Soziologie und Philosophie entstand ebenfalls Mitte des 19. Jahrhunderts der „wissenschaftliche Kommunismus" von Karl Marx. Bis in die 1980er Jahre war dieser Grundlage und oberstes Gesetz der Futurologie des Ostblocks.

Obwohl bereits Ökonomie und Soziologie vielfältige Versuche einer wissenschaftlichen Gesellschaftsprognostik unternommen haben, werden sie von der modernen Zukunftsforschung nur selten als Vorfahren betrachtet. Dies liegt daran, dass diese noch zu sehr in einem deterministischen Weltbild verhaftet waren. Man wollte ewige Gesetze der Gesellschaft finden, anstatt Zukunft als offen und gestaltbar anzusehen. Man suchte nach der einen richtigen Prognose, nach dem einen wahren Modell anstatt lediglich eine Reihe von möglichen Alternativszenarien zu entwerfen. Natürlich relativiert sich dieses Abgrenzungskriterium in Anbetracht der zahlreichen futurologischen Studien, deren Prognosen als wissenschaftlich exakt ausgegeben wurden. Dazu zählen neben der sozialistischen Prognostik der Oststaaten auch die berühmten Studien der RAND Corporation und des Hudson Institute. Dennoch sind die Abkehr vom Determinismus und die Hinwendung zu einem konstruktiven Entwerfen wünschbarer Zukünfte die Hauptmerkmale der modernen Zukunftsforschung. In diesem Sinne werden ihre direkten Vorläufer zumeist ins ausgehende 19. Jahrhundert datiert.

Die direkten Vorläufer der Zukunftsforschung

1892 veröffentlichte der französische Physiologe und Immunologe Charles Richet (1850 – 1935) „Dans Cent Ans". Darin versuchte er die Zukunftstrends bis zum Jahr 2000 herauszuarbeiten. Neu an diesem Werk war einerseits, dass es im Gegensatz zu Utopien und Science-Fiction bestrebt war, seine Hypothesen systematisch und aufgrund wissenschaftlicher Methoden zu bilden. Andererseits betonte Richet aber auch, dass sich seine Vorhersagen nur unter stabilen Gegebenheiten erfüllen würden und er somit nur eine mögliche Zukunft beschreibt.[250] Richet erhielt übrigens einen Nobelpreis für Medizin und war zudem einer der ersten Vertreter der wissenschaftlichen Parapsychologie.
H.G. Wells veröffentlichte ab 1893 zahlreiche Artikel mit Beschreibungen der Zukunft. Diese stützten sich auf umfassende Kenntnisse sozialer Verhältnisse und technischer Möglichkeiten. 1902 publizierte er den Band „Anticipations of the Reaction of Mechanical and Scientific Progress Up-

on Human Life and Thought". Er diskutierte darin unter anderem die neuen Fortbewegungsmittel wie Eisenbahn oder Automobil und ihre Einsatzmöglichkeiten und Auswirkungen auf die Gesellschaft. Auch auf die künftige Kriegsführung ging er ein und entwarf schließlich die Vision eines Weltstaats. Wells war einer der ersten, der ein gezieltes Erforschen der Zukunft durch Wissenschaftler empfahl. Während die Volkswirtschaftslehre nur Einzelaspekte der Zukunft berücksichtigt, regte er zu einem interdisziplinären Vorgehen an. Legendär ist auch sein Ausspruch aus dem Jahr 1932, wonach es verwunderlich sei, dass zwar Tausende von Lehrstühlen für Geschichtsforschung bestehen, es jedoch niemanden gibt, der hauptberuflich die künftigen Konsequenzen neuer Erfindungen und Techniken abschätzt: „Es gibt nicht einen einzigen Professor der Vorausschau (Professor of Foresight) in der Welt."[251] Ähnlich argumentierte der britische Soziologe Seabury Colum Gilfillan (1889 – 1987). Er schlug 1907 eine neue Wissenschaft von der Zukunft vor, welche er „Mellontologie" nannte. Der Begriff konnte sich jedoch nicht durchsetzen. Die Zukunftswissenschaft sollte noch einige Jahrzehnte auf sich warten lassen.[252]

1910 erschien der Sammelband „Die Welt in hundert Jahren", herausgegeben vom Journalisten Arthur Brehmer (1858 – 1923). Darin stellten renommierte Experten aus Wissenschaft, Kunst und Politik ihre persönlichen Vorstellungen von der Zukunft dar. Hier finden sich so skurrile Prognosen wie in 2.000 Metern Höhe verankerte Lufthäuser in den afrikanischen Kolonien oder die Nutzung von Radioaktivität als Wundermittel gegen Tuberkulose, Krebs und das Altern. Bertha von Suttner prognostizierte eine Epoche des Friedens. Andere Autoren entwarfen künftige Kriegsszenarien. Es gibt aber auch erstaunlich treffende Voraussagen. So wird bereits die Nutzung der Sonnenstrahlung zur Energiegewinnung vorgeschlagen. Robert Sloss prognostiziert „das drahtlose Jahrhundert" und beschreibt für das Jahr 2010 ein „Telephon in der Westentasche". Auch eine europäische Staatengemeinschaft mit gemeinsamem Parlament wird skizziert. Und man versucht bereits, soziale Entwicklungen wie den Rückgang der Landwirtschaft oder die fortschreitende Urbanisierung über die Extrapolation von Trends vorwegzunehmen.[253] Derartige Sammelbände mit Zukunftsvisionen von Experten sollten fortan in der Zukunftsforschung sehr beliebt werden und spielen bis heute eine große Rolle.

Die Weltkriegs-Epoche

Dann kamen die zwei Weltkriege, lediglich unterbrochen von einer kurzen Phase der Erholung und der großen Weltwirtschaftskrise. In dieser Zeit hatten die Menschen mehr als genug mit der Gegenwart zu kämpfen und waren schon froh, wenn sie ihre momentanen Grundbedürfnisse zu stillen vermochten. Eine eigene Wissenschaft von der Zukunft schien unnötiger Luxus zu sein und rückte in weite Ferne. Die Beschäftigung mit der Zukunft wurde pragmatisch-technokratisch, bestand aus profitorientiertem Controlling, massiver staatlicher Planung und Kriegswirtschaft. Lediglich die Fünfjahrespläne der Sowjetunion, welche 1928 unter Stalin in Kraft traten, waren auf eine langfristige geschichtsphilosophische Zukunftsvision ausgerichtet. Die Praxis der marxistisch-leninistische Gesellschaftsprognostik nahm ihren Anfang. Die gesamte Planwirtschaft war auf die angeblich mit historischer Gesetzmäßigkeit feststehenden Prognosen von Marx und Engels ausgerichtet, auf das Überwinden des Kapitalismus, auf das Absterben des Staates und eine nach dem Bedürfnisprinzip (kein Privateigentum – jeder nimmt vom Kollektivbesitz was er braucht) organisierte, freie Arbeitergesellschaft. Doch die Mittel, mit welchen man dieses hehre Leitbild verwirklichen wollte, waren weniger edel. Rücksichtslose Industrialisierung und der Aufbau einer monumentalen Diktatur dominierten die Pläne der Stalin-Ära. Allein die Zwangskollektivierung der Landwirtschaft forderte Millionen Todesopfer durch kalkulierte Hungersnöte. Kritiker wurden gnadenlos ermordet. Millionen Menschen wurden deportiert und starben in Strafarbeitslagern („Gulag").[254]

Im Deutschen Reich führte die NSDAP 1936 einen Vierjahresplan ein. Offiziell sollte dieser die Ernährung des Volkes sicherstellen. Man wollte sich damit von Rohstofflieferungen aus dem Ausland möglichst unabhängig machen. Tatsächlich war er jedoch vor allem ein Aufrüstungsplan für den Russlandfeldzug. Obwohl das System vergleichsweise ineffektiv war, konnte es kurzfristig eine beachtliche Steigerung der deutschen Wirtschaftsleistung bewirken.[255] Das Hauptziel der Planung war hier der bevorstehende Eroberungskrieg zur Weltherrschaft.
In den USA begann in den 1920er Jahren der Controlling-Boom. Die wachsende Größe der Unternehmen führte zunehmend zu Kommunikations- und Koordinationsproblemen. Die Produktion wurde aufgrund der technischen Leistungssteigerung immer fixkostenintensiver und somit

unflexibler. Zudem führten die instabilen volkswirtschaftlichen Verhältnisse zu einem höheren Organisationsbedarf. Die meisten großen amerikanischen Firmen richteten deshalb Controlling-Stellen ein. Im Lauf der Weltwirtschaftskrise wurde den Controllern auch zunehmend die Planungsaufgabe übertragen.[256] Die Zukunft wurde hier vor allem unter wirtschaftlichen Gesichtspunkten betrachtet. Effizienz und Gewinnoptimierung waren die Hauptziele des Controlling.

In all diesen Jahrzehnten wurde Prognostik von materialwirtschaftlichen Interessen dominiert. Sie stand voll im Zeichen der beschleunigten Masseindustrialisierung sämtlicher Lebensbereiche. Wenn sie gesellschaftspolitische Perspektiven enthielt, so waren diese in die engen Korsette von totalitären Ideologien gesperrt. Eine offene, pluralistische, interdisziplinäre Zukunftsforschung mit Distanz zu sich selbst spielte im Donner und Rauch dieses Zeitgeistklimas nur ein Schattendasein. Dennoch gab es auch damals eine Reihe von Büchern, welche der modernen Zukunftsforschung den Weg ebneten.
Eine der einflussreichsten Schriftreihen wurde 1924 bis 1930 von den Verlagen Kegan Paul und E.P. Dutton herausgegeben. „To-Day and To-Morrow" umfasste etwa achtzig kleine Bücher mit Voraussagen prominenter Denker aus verschiedensten Disziplinen. So entwarf der englische Genetiker J.B.S. Haldane in „Icarus, or Science and the Future" eine optimistische Zukunft mit „ektogenischen" Kindern durch künstliche Befruchtung, Erntereichtum durch Stickstoffdüngung und den Sieg über alle Infektionskrankheiten. Der englische Mathematiker Bertrand Russell entgegnete mit dem fortschrittspessimistischen, warnenden Band „Icarus, or the Future of Science". H. Stafford Hatfield nahm in „Automaton, or the Future of Mechanical Man" die Grundzüge der Kybernetik vorweg. Die Serie ließ kaum einen Bereich missen. Ernährung, Kleidung, Theater, Architektur, Musik, Presse und Rundfunk, Wirtschaft, Arbeit, Medizin, Technik, Krieg, Frieden oder Verbrechen, nahezu alle Themen waren vertreten. Mit „Lars Porsena, or the Future of Swearing and Improper Language" vom britischen Schriftsteller Robert Graves wurde sogar ein Band über die Zukunft des Fluchens veröffentlicht. Doch auch diese Schriften, wenngleich von Fachexperten verfasst, hatten meist einen spekulativ-spielerischen Charakter mit ironischem Einschlag. Nur selten wurde versucht, die Prognosen systematisch herzuleiten und zu begründen.[257]

Ein weiteres Kultwerk der frühen Zukunftsforschung ist das 1926 erschienene Buch „Technik und Mensch im Jahre 2000" von Anton Lübke. Er trägt darin Wissen und Entwicklungen seiner Zeit zusammen und entwirft eine Welt mit interkontinentalen Riesenflugzeugen und „Wüstenschiffen", welche mit Hilfe neuer Düngemittel die Sahara in Lebensraum umwandeln. Ereignisse aus aller Welt werden über gebäudehohe Fernsehwände übertragen. Durch implantierte Affendrüsen steigt die Lebenserwartung des Menschen auf über 100 Jahre. Visionär sind Lübkes Ausführungen über die künftige Energieversorgung. Anstelle von Kohle und Öl schlägt er die Umstellung auf weniger knappe Energieträger wie Biomasse („grüne Kohle"), Windenergie („blaue Kohle"), Sonnenenergie oder geothermische Energie vor.[258]

Flechtheims Futurologie

Die moderne Zukunftsforschung im heutigen Sinne entstand schließlich nach dem Zweiten Weltkrieg. 1945 veröffentlichte der Politologe Ossip K. Flechtheim (1909 – 1998) in einem amerikanischen Wissenschaftsmagazin den Artikel „Teaching the future!".[259] Darin prägte er den Begriff „Futurologie" und stellte diese als neue Denkrichtung vor. Die Grundlagen der Futurologie unterscheiden sich wesentlich von bisherigen Ansätzen der Zukunftsschau. Es geht ihr um

> „eine Gesamtschau möglicher, wahrscheinlicher, insbesondere aber auch wünschenswerter Zukünfte. Zugleich ist die kritische Futurologie stets bemüht, einen konkreten Beitrag zur Verwirklichung einer besseren Zukunft zu leisten."[260]

Für Flechtheim umfasst Futurologie die drei zusammenhängenden Bereiche Futuristik, Prognostik und Planung. Unter Futuristik versteht er die Philosophie, die Politik und die Pädagogik der Zukunft. Geschlossene geschichtsphilosophische Modelle und „ewige Wahrheiten" werden abgelehnt. Es erfolgt eine kritische Auseinandersetzung mit herrschenden Utopien, Ideologien und Machtstrukturen. Als Alternative entwirft die Futurologie offene Denkansätze und begrüßt es, wenn möglichst viele Menschen daran mitarbeiten. Im Zentrum stehen Visionen von einer besseren Welt. Diese entstehen durch den freien Fluss von Phantasie und Imagination und werden erst danach kritisch geprüft und diskutiert. Da-

bei bleiben ihre Entwürfe immer provisorisch und revisionsbedürftig, unvollendet und offen für kommende Überraschungen. Mit „Pädagogik der Zukunft" bezeichnet Flechtheim den ethisch-erzieherischen Anspruch der Futurologie hin zum „homo humanus", zum Menschen, der sich für eine wünschenswerte Zukunft entscheidet und diese auch politisch durchzusetzen versucht.[261]
Dieser visionäre Anspruch steht im Zentrum von Flechtheims Futurologie. Prognostik und Planung sind lediglich die Hilfswerkzeuge auf dem Weg zur besseren Welt. Oder wie Ekkehard Kappler (*1940) es formuliert: „Planung beginnt damit, dass man überlegt, was man will."[262] Deshalb kritisiert Flechtheim auch die Instrumentalisierung prognostischer Techniken für rein wirtschaftliche Interessen, sowie die Geldmacherei der „Establishment-Futurologie".[263] Denn schon bald lockte die Futurologie Leute an, welche darin vor allem ein einträgliches Geschäft witterten und sich unter ihrem Banner als Neo-Wahrsager produzierten.

So kann man in der modernen Zukunftsforschung auch zwei Strömungen unterscheiden. Die eine steht in der Tradition von Flechtheim und hat einen engen Bezug zur Bürgerrechtsbewegung, zum Umweltschutz, zur Friedensbewegung und zu sozialen Themen. Ihr Ziel ist im Sinne einer teleologischen Ethik[264] vor allem ein partizipatives Entwerfen und Gestalten von wünschenswerten Zukünften. Eine derartige sozialkritisch, humanistisch und ökologisch orientierte Zukunftsforschung nahm Mitte der 1950er Jahre in Frankreich ihren Anfang mit dem „prospektiven Ansatz" von Gaston Berger und der „Association Internationale Futuribles" von Bertrand de Jouvenel. Doch erst die Studentenbewegung der 1960er und die Ölkrise der 1970er Jahre brachten der kritisch-emanzipatorischen Futurologie wachsende Resonanz.[265]

Die Forecastings von Herman Kahn und der RAND Corporation

Die andere Strömung führt mit neuen Instrumenten die alten Träume von berechenbarer Zukunft fort und glaubt, mit modernen Mitteln wie Super-Computern oder tausendköpfigen Expertenstäben die Zukunft doch vorhersehen zu können. Diese Richtung ist vor allem in den USA beliebt. Als Hauptvertreter wird oft die RAND Corporation („Research ANd Develop-

ment") genannt. Dieser erste große „Think Tank" der USA wurde gegen Ende des Zweiten Weltkriegs zur militärischen Beratung gegründet und 1948 zu einer eigenständigen Beratungsorganisation für Forschung und Entwicklung ausgebaut.[266] Bis heute ist RAND wohl die größte und einflussreichste Denkfabrik der Welt.
Derartige Neo-Wahrsager mit ihren technologischen Zauberstäben waren vor allem in den 1960er Jahren stark in Mode. Die Krise der beiden Weltkriege war überwunden. Die Welt war geordnet und stabil. Der Aufschwung war ein stetiger, kontinuierlicher. Die rasante technische Entwicklung von Computern und elektronischen Datenverarbeitungssystemen versprach eine Revolution der Prognostik. Zauberwörter wie „Kybernetik" oder „Spieltheorie" suggerierten die Heilsversprechung, dass man zwar noch nicht ganz, aber sicherlich sehr bald die Komplexität der Zukunft entschlüsseln können würde. Man programmierte Welt-Modelle und komplexe Szenarien-Simulationen. Spektakuläre Prognosen wie jene von Kahn/Wiener, der RAND Corporation oder dem Club of Rome präsentierten sich stolz und stark einer staunenden Welt. Auch die planwirtschaftliche Prognostik der Oststaaten gefiel sich als seriöse Wissenschaft mit weißem Mantel und elektronischem Rechenschieber. Zwar räumten auch die Neo-Wahrsager in Nebensätzen ein, dass ihre Prognosen von einer Vielzahl künftiger Faktoren abhängen würden und es somit auch komplett anders kommen könne. Doch hinderte sie dies nicht daran, ihre Bücher als Resultate wissenschaftlicher Präzision zu verkaufen.

Einer der wohl bekanntesten und auch kontroversesten Neo-Wahrsager dieser Zeit war der amerikanische Futurologe und Stratege Herman Kahn (1922 – 1983). Seine Lehrjahre verbrachte Kahn Ende der 1940er Jahre als Physiker und Mathematiker an der RAND Corporation. 1961 gründete er das Hudson Institute, um sich vornehmlich dem Erstellen von Forecastings zu widmen.[267] Seine Hauptmethoden waren die Trend-Extrapolation, mit der er „überraschungsfreie Entwürfe" der zukünftigen „Standardwelt" konstruierte und die neu entwickelte Szenario-Technik. Das viel zitierte Hauptwerk des Hudson-Institute erschien 1967 unter dem Titel „The Year 2000 – A Framework for Speculation on the next thirty-three Years". Bereits der Einband des Werkes war widersprüchlich. Einerseits nannte Kahn das Buch "einen Rahmen für weitere Spekulationen". Andererseits präsentierte es bereits der Klappentext als hochwissenschaftliche Prognostik:

„Hier liegt nun erstmals der zusammenfassende Bericht eines Forschungsteams vor, das mit den Methoden der Wissenschaft alle Bereiche des Seins und Zeitgeschehens analysierte, um zu gültigen, „überraschungsfreien" Zukunftsprognosen mit Mindestwahrscheinlichkeitsgrad zu gelangen. Die Verfasser dieser Voraussagen der Wissenschaft bis zum Jahre 2000 sind keine Wahrsager; sie bleiben auf dem Boden der Wahrheit; sie sind keine romantischen Phantasten: denn ihre Prognosen sind nicht Auswüchse ihrer Phantasie, sondern Ergebnis und Definition statistischer Zahlen, demoskopischer und soziologischer Entwicklungskurven und letzter beziehungsweise voraussehbarer naturwissenschaftlicher Erkenntnisse."[268]

Betrachtet man jedoch seine „gültigen Zukunftsprognosen mit Mindestwahrscheinlichkeitsgrad", so entpuppen sich diese als die üblichen Allgemeinplätze, welche Wahrsager seit Jahrtausenden von sich geben: Die Zukunft wird der Menschheit entweder Kriege und Wirtschaftskrisen oder Frieden und Wohlstand bringen...oder irgendwas dazwischen. Es werden Prognosen für hundert technische Neuerungen abgegeben, welche Kahn als sehr wahrscheinlich einstuft. Heute ist offensichtlich, dass vieles davon Illusion war, wie etwa Einflussnahme auf Wetter und Klima, menschlicher Winterschlaf, der sich über Monate oder Jahre erstreckt, dauerhaft bemannte Unterseekolonien, Mondstationen und interplanetarische Reisen, mechanische und chemische Methoden zur Verbesserung des Gedächtnisses, Verwendung atomarer Sprengköpfe im Bergbau oder künstliche Monde zur Beleuchtung von großen Flächen bei Nacht.
Andere Prognosen sind derart allgemein, dass sie zwangsläufig als eingetroffen interpretiert werden können, beispielsweise neue Luftfahrzeuge und Transportmittel, Verminderung von Gebrechen oder fortschreitende Automation in der Produktion. Bei mehr als hundert Vorhersagen ist es natürlich nicht verwunderlich, dass einiges davon auch eingetreten ist, wie etwa einfache und billige Methoden zum Aufnehmen und Senden von Fernsehfilmen, allgemeine Verwendung von Computern und Heimcomputern, welche Verbindung mit der Außenwelt haben, Verpflanzung menschlicher Organe, dreidimensionale Fotografie und Filme oder verbesserte synthetische Lebensmittel.[269] In Summe entsteht ein „prognostisches Rauschen", in welchem wichtiges und unwichtiges, realistisches und absurdes, spekulatives und faktisches, wahrscheinliches und unwahrscheinliches zu einem undifferenzierbaren Brei verschwimmen.

Bereits kurz nach Erscheinen wurde Kahns „Year 2000" massiv kritisiert. Stanislaw Lem widmete der Sezierung des Buchs sogar ein eigenes Kapitel in seinem Werk „Phantastik und Futurologie". Unter anderem bemängelt Lem an Kahns Arbeit, dass dieser unter dem Vorwand, eine Prognose erstellen zu wollen, mit seinen Szenarien und Lösungsmöglichkeiten im Grunde nur Gebrauchsanweisungen verfertigt („chronologischer Ausrutscher") oder dass Kahn für die Untermauerung seiner Prognosen von Spengler bis Aristoteles, von Marx bis Keynes alles heranzieht, was ihm in die Finger kommt und in einem Topf verrührt, ohne daraus eine konsistente paradigmatische Grundlage zu schaffen („paradigmatische Bastardisierung"). Dadurch ersetzt Kahn prognostische Systematik durch blindes Raten.[270] Kahn wurde auch oft nachgesagt, dass seinen Vorhersagen ein unkritischer Glaube an Kapitalismus und Technik zugrunde liegt. Ossip Flechtheim ging so weit, Kahn ein Zukunftsbild zu attestieren, welches sich kaum von den Vorstellungen eines Wall-Street-Brokers unterscheidet.[271]
Dies hinderte Kahn jedoch nicht daran, 1976 ein weiteres Buch zu veröffentlichen, in dem er den Prognosezeitraum auf 200 Jahre ausdehnte. „The next 200 Years" präsentierte abermals ein fortschrittsoptimistisches Zukunftsbild von der „postindustriellen Gesellschaft".[272] An den Erfolg von „The Year 2000" konnte er damit jedoch nicht mehr anschließen.

Die Prognostik-Krise der 1970er Jahre

Als im Laufe der 1970er Jahre die wirtschaftlichen Verhältnisse wieder unruhiger wurden, verlor auch die Establishment-Futurologie bald an Gewicht. Die Ölkrisen von 1973 und 1979 samt der darauf folgenden Rezessionen waren von keinem der renommierten Institute vorhergesehen worden. Die gravierenden Fehlprognosen einstmals als harte Wissenschaft verkaufter „Forecastings" wurden offensichtlich. Dies brachte für die Zukunftsforschung eine Wende in zweifacher Hinsicht.
Erstens erfolgte eine Abkehr vom Bild der Prognostik als exakte Wissenschaft. Man musste erkennen, dass die Zukunft der Menschheit wahrscheinlich niemals ergründbar sein wird, egal mit welch fortschrittlichen Techniken man sich ihr auch nähern will. In diesem Zusammenhang wird gerne „Das Elend des Historizismus" (1965) von Karl Popper (1902 – 1994) zitiert. Er argumentiert darin unter anderem, dass der Ablauf der

menschlichen Geschichte wesentlich vom Anwachsen des menschlichen Wissens, von zukünftigen Erfindungen und Entdeckungen abhängt. Wir können aber unser künftiges Wissen nicht vorhersagen, denn sonst wüssten wir es bereits und es wäre nicht mehr zukünftig. Aus diesem Grund kann es keine prognostische Sozialwissenschaft in der Art der theoretischen Physik oder Astronomie geben. Daraus folgert Popper: „Eine wissenschaftliche Theorie der geschichtlichen Entwicklung als Grundlage historischer Prognosen ist unmöglich."[273]
Zweitens wurden die Zukunftsbilder der Futurologie zunehmend pessimistischer. Hatte man in den 1950ern und 1960ern das Wirtschaftswunder bis in die ferne Zukunft fortprojiziert, so musste man nun erkennen, dass jeder Aufschwung einmal ein Ende hat. Stanislaw Lem fasst diese Entwicklung folgendermaßen zusammen:

> „Die ersten Futurologen, die in dem großen Land der großen Dinge, den Vereinigten Staaten, tätig wurden, hielten der Welt einen gewaltigen, die Gegenwart vergrößernden Spiegel vor. Ihre europäischen Kollegen taten dasselbe. Die Euphorie dieser Forscher war ansteckend. Durch die Darstellung einer von Elefantiasis und Gigantismus geprägten Zukunft wurde die Futurologie berühmt. Machtvolle, beim Jahre 2000 aufgestellte Spiegel übertrieben alles: den Wohlstand, die Nationaleinkommen, die Produktion, die Erfindungstätigkeit der Technik, die Wissenschaft. Sie übertrieben auch die Konflikte – z.B. die atomaren, mit denen sich insbesondere der von der Eschatologie begeisterte Futurologe H. Kahn befasste. Diese prächtigen Spiegel sind heute spurlos verschwunden. Wo ist die berüchtigte „postindustrielle" Gesellschaft von Bell und Kahn, da das größte Ding, welches die USA heute besitzt, ihr Haushaltsdefizit ist?"[274]

Der Club of Rome

Eine entscheidende Rolle in diesem Umdenkprozess spielte der 1968 durch den italienischen Industriellen Aurelio Peccei (ehemals Fiat-Vorstandsmitglied und Generaldirektor von Olivetti) ins Leben gerufene Club of Rome. Diesem gehörten etwa 80 Wissenschaftler, Humanisten, Ökonomen, Erziehungsfachleute, Beamte und Industrielle aus verschiedenen Kulturen und Wertsystemen an. Im Zentrum stand die Sorge um die Entwicklung der Menschheit.[275] Ein Team von Systemanalytikern erstellte ein umfassendes Computermodell, mit welchem verschiedene Welt-Szenarien simuliert wurden. Das Ergebnis wurde 1972 in der berühmten Studie „Die Grenzen des Wachstums"[276] veröffentlicht und versetzte die Öffentlichkeit in Aufruhr:

> „Wenn die gegenwärtige Zunahme der Weltbevölkerung, der Industrialisierung, der Umweltverschmutzung, der Nahrungsmittelproduktion und der Ausbeutung von natürlichen Rohstoffen unverändert anhält, werden die absoluten Wachstumsgrenzen auf der Erde im Laufe der nächsten hundert Jahre erreicht. Mit großer Wahrscheinlichkeit führt dies zu einem ziemlich raschen und nicht aufhaltbaren Absinken der Bevölkerungszahl und der industriellen Kapazität."[277]

Als Gegenmaßnahme wurde unter anderem das Nullwachstum propagiert, sowie drastische Verbesserungen im Recycling und im Umweltschutz. Trotz ihrer teilweise umstrittenen Methoden rief die Studie ein gewaltiges Echo hervor, vor allem als kurz nach ihrem Erscheinen mit dem Ölschock eine weltweite Energiekrise ausbrach. Die einstige Aufbruchsstimmung der Gesellschaftsprognostik samt ihren Berechenbarkeitsphantasien war somit verflogen. Der Begriff „Futurologie" erhielt eine negative Note und wird seither nicht mehr gerne verwendet. Die aktuelle Zukunftsforschung steht meist in der Tradition Flechtheims und betont die Unberechenbarkeit der Zukunft. Sie beschränkt sich darauf, mögliche Entwicklungskorridore und Szenarien aufzuzeigen. Die Zukunft wird als Reich der Freiheit, des Machbaren und des Willens gesehen.[278] Mit der Abkehr von spektakulären Prognosen hat die Zukunftsforschung jedoch auch stark an Öffentlichkeitswirksamkeit eingebüßt. Nur wenige schaffen es, sich medienwirksam zu vermarkten, wie etwa die deutschen Trendforscher Matthias Horx, Norbert Bolz oder Peter Wippermann.[279]

Technikfolgen-Abschätzung

Am meisten politischen Einfluss hat die Zukunftsforschung heute dort, wo sie sich „Technikfolgen-Abschätzung" (TA) nennt. Klingt die Bezeichnung „Futurologie" etwas zu sehr nach Avantgarde oder Science-Fiction und der weiche Begriff „Zukunftsforschung" zu sehr nach spekulativer Vielleichterei, so weckt der Terminus „Technikfolgen-Abschätzung" oder gar „Technologiefolgen-Abschätzung" (beide abgeleitet vom amerikanischen Begriff „Technology Assessment") gleich naturwissenschaftlich-seriöse Assoziationen. Hier wissen Politiker und Wirtschaftsführer, dass sie für etwas Handfestes Geld ausgeben. Und so verwundert es nicht,

dass dieser Begriff ausgerechnet zu Beginn der 1970er Jahre auftauchte, als Futurologie, wissenschaftliche Gesellschaftsprognostik und Forecasting langsam ihr Versagen eingestehen mussten.[280] Im Versuch, die Zukunft der Gesellschaft vorherzurechnen, hatte man zwar kapitulieren müssen. Doch zumindest die Folgen der Technik, von Menschenhand geschaffen und den Prinzipien von Mathematik und Physik gehorchend, sollten irgendwann prognostizierbar sein. Der Traum von der Vorhersagbarkeit ging in die nächste Runde und wurde in Form eines „technologischen Determinismus" wiederbelebt. Abermals begab man sich auf die Suche nach objektiven Verlaufsgesetzen.[281]
Die erste Institution für TA wurde 1972 vom amerikanischen Kongress ins Leben gerufen. Das „Office of Technology Assessment" sollte die Politik bei technisch komplexen Entscheidungen beraten und als Frühwarnsystem vor Fehlentscheidungen dienen. Edward M. Kennedy, Bruder von John F. Kennedy und erster Vorsitzender des OTA, beschrieb die Motivation folgendermaßen:

> „Ausgangspunkt für die Gründung des OTA war die Unfähigkeit des Kongresses, umfangreichere Regierungsprogramme bezüglich komplexer Technologien bewerten und abschätzen zu können. (...) So war es etwa für den Kongress extrem schwierig, zu gegebener Zeit zu Vorhaben wie ABM, SST oder dem Space Shuttle-Programm Stellung zu beziehen und Fakten und Argumente angemessen abzuschätzen."[282]

Vom OTA erwartete man sich objektive Einschätzungen und Prognosen. Der „Technology Assessment Act" erhob den Anspruch, „dass die Auswirkungen der Anwendung von Techniken in ihrem gesamten Ausmaß antizipiert, verstanden und mit Bezug auf öffentliche Aufgaben hinsichtlich bestehender oder noch auftretender nationaler Probleme in Betracht gezogen werden."[283] Derart hohen Zielen konnte das OTA jedoch Zeit seines Bestehens nicht gerecht werden. 1995 wurde es schließlich geschlossen.[284]

Nach vielen ernüchternden Erfahrungen und intensivem Diskurs ist mittlerweile auch in der Technologiefolgen-Abschätzung der Prognostik-Optimismus weitgehend abgeklungen. Die normativ-ethische Aufgabe steht heute im Vordergrund. Vorhersagen sollen nicht mehr die Zukunft möglichst genau beschreiben, sondern vielmehr eine breite Grundlage für politische Entscheidungen schaffen. Es geht bei ihnen um Wissen und

Entscheidungen der Gegenwart, nicht der Zukunft. Prognosen beschreiben somit nicht mehr zukünftige Gegenwarten, sondern gegenwärtige Zukünfte.[285] Deshalb spricht man mittlerweile auch lieber von „Technikfolgen-Beurteilung" oder „Technik-Bewertung". Diese Begriffe sollen die Priorität von ethischen Werten gegenüber dem Prognoseaspekt hervorheben. Wie der „Verein Deutscher Ingenieure" in der 1991 veröffentlichten VDI-Richtlinie 3780 anmerkt, darf Technik nicht Selbstzweck sein, sondern soll vielmehr bestimmten Zielen dienen. Das Herausarbeiten dieser Ziele ist die Hauptaufgabe der Technikbewertung. Sie muss also in erster Linie die Präferenzen, Bedürfnisse und Wertsysteme der betroffenen Bevölkerungsgruppen berücksichtigen anstatt einseitig vom technisch Machbaren auszugehen.[286]

Die TA soll die Technik mit dem Menschen und der Umwelt versöhnen. Das Konzept der Nachhaltigkeit („Sustainable Development") spielt dabei eine wichtige Rolle. Dieses besagt, dass aktuelle Technologien nur zum Einsatz kommen dürfen, wenn sie nicht die Lebensgrundlagen künftiger Generationen beschädigen oder zerstören. Ein wichtiges Mittel dazu ist die Umweltverträglichkeitsprüfung, welche mittlerweile in den meisten westlichen Ländern gesetzlich verankert ist. Zudem konnten sich auf politisch einflussreicher Ebene zahlreiche Institutionen für Technology Assessment etablieren. So wurde 1986 das STOA-Programm des europäischen Parlaments („Scientific and Technological Options Assessment") gegründet. In Österreich begann TA 1985 als Arbeitsgruppe der Österreichischen Akademie der Wissenschaften. Daraus entwickelte sich 1988 die Forschungsstelle für Technikbewertung und schließlich 1994 das „Institut für Technikfolgen-Abschätzung" (ITA). Wesentlichen Einfluss auf die Institutionalisierung der Technikbewertung in Österreich hatten zwei kostenintensive Kraftwerkprojekte, welche durch Bürgerbewegungen gestoppt wurden: das AKW Zwentendorf (1978) und das Wasserkraftwerk Hainburg (1984). Dennoch werden die Dienste des ITA vom österreichischen Parlament nur spärlich in Anspruch genommen. In Großbritannien gibt es seit 1989 das POST („Parliamentary Office of Science and Technology"). Ebenfalls vergleichsweise jung ist das „Büro für Technikfolgen-Abschätzung beim Deutschen Bundestag" (TAB), welches 1990 gegründet wurde. Das TAB wird relativ häufig vom Bundestag mit Projekten beauftragt, unter anderem zu Grundwasserschutz, Abfallvermeidung, Gentechnik, Multimedia, Energiesparen oder Verkehrsnetzentlastung. Mittlerweile gibt es in fast allen europäischen Staaten derartige Einrichtungen. Sie stehen über das 1990 gegründete „European Parliamentary Technology Assessment Network" (EPTA) in engem Austausch miteinander.[287]

Technology Assessment kann somit auf eine durchaus erfolgreiche Geschichte zurückblicken und erfreut sich großer Akzeptanz. Dennoch gibt es auch kritische Stimmen, welche meinen, dass der Begriff „Technikfolgen-Abschätzung" negativ besetzt wäre im Sinne von „Technikverhinderung". Insbesondere in neoliberalen Kreisen unterstellt man der TA, zu vorsichtig zu sein und den Fortschritt zu bremsen. Deshalb wurde in den frühen 2000er Jahren vorgeschlagen, die Bezeichnung TA durch ITA („Innovations- und Technikanalyse") zu ersetzen.[288] Die Inhalte bleiben dieselben. Nur die Verpackung ändert sich. Inwieweit die moderne Zukunftsforschung von Morgen sich „Innovations- und Technikanalyse" nennen wird, bleibt abzuwarten.

Das Maskenspiel der Zeitgeister

In Anbetracht der bisherigen Geschichte der Prognostik scheint jedenfalls die Prognose angebracht, dass sich früher oder später ein neuer Modebegriff etablieren und den alten verdrängen wird. Dies ist das Maskenspiel der Zeitgeister. Jede Generation will die vorige überwinden, indem sie Namen und Begriffe, Oberflächen und Kulissen austauscht. Sie ist der alten Formen überdrüssig und will die Welt neu erfinden. Sie will ihre eigenen Götter und Götzen erschaffen, die Fehler der Alten überwinden indem sie neue Fehler macht. Im Fall der Zukunftsforschung werden die Begrifflichkeiten regelmäßig ausgetauscht, weil jeder Zeitgeist früher oder später erkennt, dass die Beschäftigung mit der Zukunft zwangsläufig spekulativ ist, egal mit welch aufwendigen Systematiken man es auch versucht. So müssen sich die alten Träume neue Masken suchen, um ein weiteres Weilchen Gegenwart sein zu dürfen und eine neue Generation zu begaukeln. Diesen Prozess der Zeitgeist-Tektonik, in welchem Primodelle unter sich wandelnden Zeitgeistmasken immer wiederkehren (Reaszendenz), habe ich ausführlich im Buch über „Die magischen Praktiken des Managements" beschrieben.[289]

Trend- und Zukunftsforschung im 21. Jahrhundert

Im beginnenden 21. Jahrhundert ist die Zukunftsforschung in der Normalität der Strategie- und Innovationsberatung angekommen und nutzt lukrative Nischen am boomenden Consulting-Markt. Zukunftsforscher sind gern gesehene Referenten auf Wirtschaftstagungen und Branchenkongressen. Und abermals ist man kreativ im Erfinden neuer Namen für die eigene Profession: Zukunftsmanager, Zukunftsstratege, Future Consultant, Zukunftsagent bis hin zur eintägigen Ausbildung als „Master of Future Administration" bei Matthias Horx.
Dabei dienen die Langfrist-Szenarien bis 2050+ in erster Linie als Breitband-Kulisse, vor deren Hintergrund unmittelbare Profitchancen aufgezeigt werden. Wie lassen sich demographische, soziale und technische Entwicklungen für das Business von morgen nutzen? Unternehmensberatungen wie das Zukunftsinstitut, die Z_Punkt GmbH oder die Future Management Group AG werben mit knackigen Slogans: „Der Quellcode für die Märkte von morgen"[290], „Future Tools für alle Zukunftsagenten"[291] oder „Richten Sie Ihr Unternehmen auf Zukunftsmärkte aus! ...Wie es andere schon tun".[292]
Standen bei der Zukunftsforschung früherer Jahrzehnte das explorative Element und der Drang nach Erkenntnis im Vordergrund, so liegt der Fokus heute zunehmend auf der wirtschaftlichen Nutzbarmachung. Einerseits geschieht dies durch eine starke Annäherung an die Bereiche des strategischen Managements. So finden Techniken und Szenarien der Zukunftsforschung zunehmend Eingang in die Planungsprozesse von Unternehmen. Andererseits verschmilzt die Zukunftsforschung immer mehr mit der Markt- und Trendforschung und verlagert damit ihren Zeithorizont von den kommenden Jahrzehnten auf die kommenden Jahre.

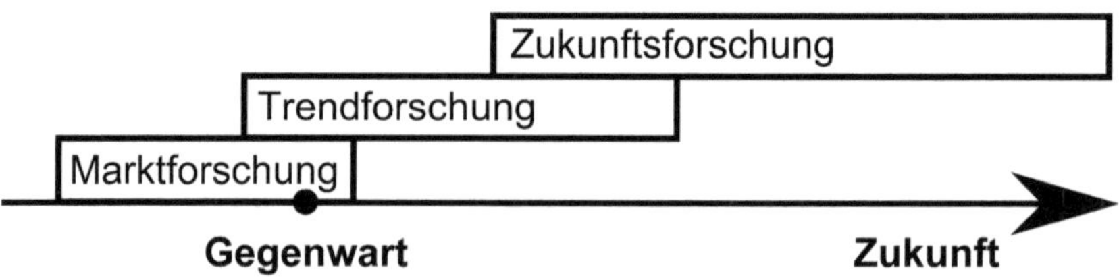

Die Zeithorizonte von Markt-, Trend- und Zukunftsforschung, Niederwieser (2015)

Diese Entwicklung mag den Zukunftsphilosophen der vergangenen Ära wenig behagen. Sie ist aber auch Zeichen einer wachsenden Professionalisierung des Zukunftsgewerbes. Beschwerte sich – wie bereits erwähnt - H.G. Wells vor einigen Jahrzehnten noch, dass es keinen einzigen „Professor of Foresight" auf der Welt gäbe, so ist die Zukunftsforschung im 21. Jahrhundert im Establishment angekommen. Seit 2010 gibt es sogar einen eigenen „Masterstudiengang Zukunftsforschung" an der Freien Universität Berlin, der auf Initiative des Arbeitsbereichs Erziehungswissenschaftliche Zukunftsforschung unter Leitung von Prof. Gerhard de Haan in Kooperation mit dem „Netzwerk Zukunftsforschung" entwickelt wurde.[293]

Zahlreiche Konzerne und Unternehmen betreiben eigene Think Tanks und Abteilungen für Zukunftsforschung, um sich bereits heute systematisch mit den Problemen von morgen zu beschäftigen und technische Lösungen dafür zu entwickeln. Ein Paradebeispiel ist die Siemens AG, welche mit dem Magazin „Pictures of the Future" seit 2001 die interessierte Öffentlichkeit über die aktuellen Zukunftsszenarien informiert und zeigt, an welchen technologischen Innovationen für die kommenden Jahrzehnte die Forschungsabteilungen arbeiten.[294] So werden die Zukunftsvisionen zum Leitbild für die Handlungen in der Gegenwart. Die bessere Welt von morgen wird nicht erschaut, sondern aktiv gebaut.

10. Qualitative Prognosemethoden der Moderne

Egal ob sich die modernen Versuche der Vorausschau nun Gesellschaftsprognostik, Forecasting, Futurologie, Zukunftsforschung, Technologiefolgen-Abschätzung, Technikbewertung, Innovations- und Technikanalyse, Trendforschung, Zukunftsmanagement oder wie auch immer nennen, ihr Prognostik-Instrumentarium ist großteils identisch. Es reicht von analytisch-quantitativen Ansätzen wie Zeitreihenanalyse, Trendextrapolation, Spieltheorie oder mathematischen Simulationen bis hin zu intuitiven, qualitativen Ansätzen. Viele Methoden enthalten sowohl quantitative als auch qualitative Elemente, wie aus der vom VDI zusammengestellten Methodenliste der Technikbewertung hervorgeht:[295]

Methode	**Art**		**Phase**		
	qualitativ	quantitativ	Definition Strukturierung	Folgen-Abschätzung	Bewertung
Trendextrapolation		x		x	
Historische Analogiebildung	x	x		x	
Brainstorming	x		x	x	
Delphi-Expertenumfrage	x	x	x	x	x
Morphologische Klassifikation	x		x	x	
Relevanzbaum-Analyse	x	x	x	x	x
Risiko-Analyse		x		x	x
Verflechtungsmatrix-Analyse	x	x		x	x
Modell-Simulation		x	x	x	x
Szenario-Gestaltung	x		x	x	x

Diese Aufstellung zeigt nur die gebräuchlichsten Methoden der modernen Zukunftsforschung. Andere Schätzungen über die Anzahl ihrer Prognosetechniken variieren zwischen zwanzig und dreihundert.[296] Wie man an dieser Liste erkennen kann, verfügt die Zukunftsforschung kaum über eigenständige Methoden, sondern adaptiert vielmehr bestehende Problemlösungs- oder Kreativitätstechniken (Brainstorming, Morphologie, Delphi-Methode). Andere Methoden wurden der Entscheidungstheorie entlehnt (Relevanzbaumanalyse, Verflechtungsmatrix). Die historische Analogiebildung war bereits im magischen Weltbild verbreitet. Selbst die Szenario-Technik stammt ursprünglich aus der Militärstrategik.

Alle Methoden enthalten auch qualitative Elemente, mit Ausnahme der Trend-Extrapolation und der Modell-Simulation. Doch selbst diese beruhen im Endeffekt auf nicht weiter begründbaren Annahmen, welche nicht gemessen, sondern subjektiv gesetzt werden. Welche Faktoren und Variablen wählt man aus? Wie verknüpft man sie? Mit welchen Indikatoren misst man sie? Dazu werden wir noch in den Bänden über die zeichen- und zeitendeutende Prognostik kommen. Zuerst wollen wir jene Methoden genauer betrachten, welche vornehmlich als „qualitativ" gelten und somit auf Intuition und Kreativität gründen.

Die verschiedenen Arten des Brainstormings

Eine der bekanntesten Kreativitätstechniken ist das Brainstorming. Es wird bereits seit über 400 Jahren von Hindu-Meistern angewandt bei der Arbeit mit religiösen Gruppen. Der indische Name dafür ist „Prai-Barshana". In der westlichen Welt wurde es von Alex F. Osborn (1888 – 1966) populär gemacht. Dieser setzte Brainstorming erstmals 1938 bei Teamsitzungen seiner Werbeagentur ein. 1948 publizierte er schließlich das Brainstorming-Konzept in seinem Buch „Your Creative Power". Seither hat es sich zu einer der beliebtesten Methoden „kreativer Problemlösung" entwickelt.[297]

Beim Brainstorming wird zuerst eine konkrete Fragestellung formuliert. Dann versammelt sich die Gruppe in lockerer Atmosphäre und gibt sich freien Assoziationen zum Thema hin. Dabei ist es wichtig, dass es keine Diskussion oder Kritik zu den einzelnen Ideen gibt. Denn Wertungen hemmen die Kreativität. Ansonsten ist alles erlaubt. Je freier und ungeordneter die Beiträge daherkommen, je größer die Masse an Einfällen ist, desto besser. Dabei ist es erwünscht, wenn Ideen von anderen als Inspiration für weitere Gedanken herangezogen werden. Die vier Grundsätze des Brainstorming lauten:[298]

1. Kritik unerwünscht - die Beurteilung der Ideen erfolgt erst in der Evaluationsphase

2. Gedanken freien Lauf lassen - es ist leichter, einen Gedankenrausch wieder zu drosseln als gehemmte Gedanken zu entfesseln

3. Quantität erwünscht - je mehr Ideen, desto eher sind brauchbare Ansätze dabei

4. Kombinationen und Verbesserungen erwünscht – die Teilnehmer können Ideen von anderen verbessern oder mehrere Einfälle zu einer neuen Idee kombinieren.

Nach der Phase der Ideenfindung folgt der Evaluationsprozess. Die Fülle an Material wird zuerst sortiert und dann bewertet. Erst hier erfolgt die Kritik der einzelnen Ideen.
Brainstorming wird bis heute gerne angewandt wegen seiner Einfachheit und der geringen Kosten. Zudem wird oft betont, dass es die synergistischen Kräfte der Gruppendynamik entfesseln könne, nach dem Motto „Eine Gruppe ist stärker als die Summe ihrer Teilnehmer" oder „2 + 2 = 5".[299] Dennoch ist diese Methode durchaus umstritten. 50 Studien zu Brainstorming zeigten, dass im Schnitt Einzelkämpfer mehr und bessere Eingebungen haben als die Gruppe. Die Teilnehmer blockieren sich gegenseitig, weil man einander ausreden lassen muss. Das Warten und Anhören der anderen Ideen hemmt die eigene Kreativität. Die typische Gruppenträgheit setzt ein. Nicht die einfallsreichsten, sondern die extravertiertesten Teilnehmer dominieren den Brainstorming-Prozess. Allerdings bringt Brainstorming positive Resultate bei kreativen Teams, in denen die Mitglieder bereits eingehend miteinander vertraut und aufeinander eingespielt sind.[300]

Ähnlich wie Brainstorming funktioniert das Brainwriting. Der Unterschied besteht darin, dass die Teilnehmer ihre Ideen in Ruhe entwickeln und niederschreiben können. Dadurch bekommen introvertierte oder langsame Teilnehmer die Gelegenheit, ihre Gedanken im selben Maße einzubringen wie extrovertierte, dominante Gruppenmitglieder. Eine Sonderform des Brainwriting ist die Methode 635 von Bernd Rohrbach. Dabei erhalten 6 Teilnehmer jeweils ein Blatt, auf welchem sie jeweils 3 Lösungsvorschläge niederschreiben. Nach 5 Minuten werden die Blätter an den nächsten Teilnehmer weitergereicht. Dieser hat wiederum 5 Minuten Zeit, um auf den Vorschlägen seines Vorgängers aufbauend 3 weitere Lösungen aufzuschreiben. Die Blätter werden so lange weitergereicht, bis jeder Teilnehmer alle 6 Blätter erweitert hat. Der Vorteil bei dieser Methode ist, dass jedes Gruppenmitglied seine Gedanken alleine ausbrüten kann und dennoch gruppendynamische Effekte erzielt werden.[301] Es gibt auch eine Abwandlung der Methode 635 ohne die strikten zeitlichen und formellen Vorgaben. Bei dieser können die Teilnehmer ihren persönlichen

Zeitrhythmus selber bestimmen und auch auswählen, welche Vorideen sie ausbauen wollen und welche nicht. Diese Variante nennt sich Brainwriting-Pool. Eine weitere Adaption ist das Collective Notebook. Bei dieser Methode werden Notizbücher mit Ideenentwürfen weitergereicht und bearbeitet. Der Vorteil ist, dass räumliche Distanzen zwischen den Teilnehmern keine Rolle mehr spielen. Gerade im Zeitalter der digitalen Kommunikation lassen sich kollektive Notizbücher sehr einfach einsetzen.[302]

Die Zukunftswerkstatt

Die verschiedenen Varianten des Brainstorming kommen auch zum Einsatz bei der Zukunftswerkstatt. Diese wurde vom bekannten Zukunftsforscher Robert Jungk (1913 – 1994) und Norbert R. Müllert in den 1960ern entwickelt und 1981 erstmals publiziert. Ausgangspunkt der Zukunftswerkstatt war die Unzufriedenheit mit einer Politik, welche allzu oft über die Köpfe der betroffenen Bürger hinwegentscheidet. Robert Jungk schreibt:

> „Ziel der Arbeit in Zukunftswerkstätten ist, jeden interessierten Bürger in die Entscheidungsfindung miteinzubeziehen, die sonst nur Politikern, Experten und Planern vorbehalten ist. Wir wollen dem einzelnen Mut machen und ihm zeigen, dass er durchaus über große Ziele mitreden kann. Denn auch seine Erfahrungen und die daraus erwachsenden Wünsche sind für die Gestaltung der Zukunft wichtig."[303]

Hier steht der Leitgedanke der kritisch-partizipativen Futurologie im Zentrum, dass möglichst viele Menschen an der Ausarbeitung wünschbarer Zukünfte beteiligt sein sollen. Die Zukunftswerkstatt wurde als Instrument der direkten Demokratie entwickelt. Die Wünsche, Bedürfnisse und Ideen der Betroffenen sollen damit systematisch an öffentlichen Entscheidungen beteiligt werden. Experten sollen wieder im Dienst der Bürger stehen und nicht umgekehrt. Vor allem bei öffentlichen Bauprojekten, bei der Lebensraumgestaltung, aber auch bei Umwelt- und Verkehrsproblemen oder bei der Gestaltung von Arbeitsabläufen kommen Zukunftswerkstätten oft zum Einsatz.
Der Aufbau der Zukunftswerkstatt gliedert sich in drei Hauptphasen, bei welchen auf ein ausgewogenes Verhältnis zwischen rational-analytischen und intuitiv-emotionalen Elementen geachtet wird:[304]

1. In der **Kritik- und Beschwerdephase** wird das anstehende Problem so vielfältig wie möglich durch stichwortartige Entwürfe beschrieben. Auf Diskussionen, Abschweifungen oder komplexe Argumente soll zugunsten des Kritikflusses verzichtet werden. Die Schlagwörter werden für alle sichtbar auf Papierbögen mitprotokolliert. In dieser Phase soll Dampf abgelassen werden. Danach werden die einzelnen Kritikpunkte in der Gruppe diskutiert, zu Themenkreisen zusammengefasst und bewertet, etwa durch Punktevergabe.

2. Nachdem das Problem eingekreist und definiert ist, wird in der **Phantasie- und Utopiephase** versucht, es positiv zu wenden. In dieser Phase werden wünschenswerte Zukünfte entworfen und Lösungsvorschläge gesammelt. Die Teilnehmer erdenken Zukunftsvisionen, welche ihre Wünsche und Bedürfnisse befriedigen könnten. Anschließend werden diese von der Gruppe bewertet und jene mit dem breitesten Konsens ausgewählt.

3. Die so gefundenen Lösungen oder Entwürfe werden in der **Verwirklichungs- und Praxisphase** auf Durchsetzungschancen hin geprüft. Eventuell holt man sich dabei Anregungen bei bereits verwirklichten Projekten mit ähnlicher Problemstellung. Nach Möglichkeit werden erste praktische Schritte eingeleitet.

Eingebettet sind diese Phasen in Vorbereitung (Themaankündigung, Ort und Arbeitsmaterialien besorgen,...) und Nachbereitung (Ergebnisse in Protokoll festhalten und verbreiten). Häufig werden zu einem Projekt nacheinander mehrere Zukunftswerkstätten abgehalten, um die fortlaufende Verwirklichung zu begleiten. Brainstorming kommt vor allem in der Phantasiephase, aber auch in der Kritikphase ausgiebig zur Anwendung. Die Zukunftswerkstatt hat mit klassischer Prognostik kaum etwas zu tun, sondern soll im Sinne der modernen Zukunftsforschung vor allem das Entwickeln von wünschenswerten Zukünften auf demokratischer Basis ermöglichen.

Synektik

Eine der komplexesten und anspruchsvollsten Varianten des Brainstorming ist die 1961 von William Gordon (1919 – 2003) vorgestellte Synektik. Bei dieser Methode wird die Kreativität dadurch stimuliert, dass die Problemstellung über Analogiebildung auf ähnliche Strukturen übertragen und auf der neuen Ebene gelöst wird. Folgende Darstellung soll die Schritte der Synektik an einem einfachen Beispiel veranschaulichen:[305]

1. **Problemanalyse und Information**
   „Wie lassen sich Bilder möglichst einfach rahmen? Auf welche Arten lässt sich eine Glasplatte auf einem flachen Bildträger befestigen?"

2. **Spontanreaktionen**
   Klammern, transparente Klebefolie, Saugnäpfe etc.

3. **Neuformulierung des Problems**
   „Wie lassen sich Bilder rahmen, sodass die Glasplatte möglichst einfach wieder abgenommen werden kann?" – Gruppe wählt Titel: „Wechsel von Bedeckungen"

4. **direkte Analogie aus der Natur**
   zu „Wechsel von Bedeckungen": Schneedecke schmilzt; Erosion; Geweih wird abgestoßen etc. – Gruppe wählt: „Schlange streift ihre Haut ab"

5. **persönliche Analogien**
   „Wie fühlt man sich als häutende Schlange?": Es juckt mich am ganzen Körper; bin neugierig, wie ich jetzt aussehe; endlich frische Luft etc. – Gruppe wählt: „Die alte Haut engt mich ein."

6. **symbolische Analogie**
   zu „Die alte Haut engt mich ein.": Panzer, würgendes Ich, unterdrückte Identität etc. – Gruppe wählt: „Lückenlose Fessel"

7. **direkte Analogie aus der Technik**
   zu „Lückenlose Fessel": Leitplanken der Autobahn; Druckbehälter; Schienenstrang, Stierkampfarena etc.

8. **Force-Fit: Analyse der technischen Analogie und Anwendung auf das ursprüngliche Problem**
   zu „Leitplanke": Blechprofil, auf beiden Seiten der Autobahn, verformbar – abgeleitete Ideen: Bildträger und Glasplatte werden in einem Profilrahmen verklemmt; Halterungen werden nur an zwei Seiten angebracht; knetartige Kugeln auf die Ecken von Bildträger und Glasrücken.

Wie man bereits an diesem einfachen Beispiel sehen kann, ist Synektik eine sehr aufwendige Methode, welche viel Übung und Erfahrung im analogen Denken erfordert. Aus diesem Grund wird sie in der Zukunftsforschung auch nur selten eingesetzt. Häufiger bedient man sich ihrer in der Wirtschaft, etwa wenn es um die Entwicklung oder Vermarktung neuer Produkte geht oder in der Technik. Der Grundgedanke der Synektik, das Analogisieren von Problemstellungen, wird auch in der Bionik herangezogen. Diese versucht, durch Analogien aus der Tier- und Pflanzenwelt zu neuen technischen Erfindungen zu gelangen, indem beispielsweise Eigenschaften von Insektenflügeln auf Flugmaschinen übertragen werden. Der komplexe Aufbau der Synektik ist wahrscheinlich für ergebnisorientierte Aufgaben angemessener als für das Entwerfen von offenen Zukünften. Zwar lassen sich im Grunde sämtliche Kreativitätstechniken auch dazu verwenden, Inspirationen über die Zukunft zu produzieren. Doch wird in den meisten Fällen ein einfaches Brainstorming effizienter sein. Dennoch: die große Stärke der Synektik ist, dass sie das radikale Ausbrechen aus eingespielten Denkschemen forciert und so etwas grundlegend Neues entsteht. Und dies ist der Natur der Evolution mit ihren Überraschungen und Brüchen deutlich angemessener als die lineare Kreativität vieler anderer Techniken.

Befragung von Laien

Neben Brainstorming ist die zweite Grundlage qualitativer Gruppenmethoden die Befragung. Es wäre in diesem Rahmen zu umfassend, auf alle Facetten, Unterarten und Anwendungsmöglichkeiten der Befragung einzugehen. Definitiv zählt sie zu den beliebtesten und am häufigsten angewendeten Methoden der Sozialforschung. Befragungen lassen sich natürlich auch quantitativ durchführen, beispielsweise indem die Befragten aus vorgefertigten Antworten jene auswählen müssen, welche ihnen am ehesten entspricht. Ein Beispiel dafür ist die Wahlumfrage.[306] Hier müssen die Befragten angeben, welcher Partei oder welchem Politiker sie bei der nächsten Wahl ihre Stimme geben werden. Die Umfrage lässt sich dann quantitativ auswerten, indem berechnet wird, wieviel Prozent der Stimmen auf die einzelnen Kandidaten entfallen. Auch bei der Delphi-Befragung werden quantitative Mittelwerte der Antworten gebildet. Dazu werden wir später kommen.
Die quantitative Befragung beruht unter anderem auf der Annahme, dass ein künftiges Ereignis umso wahrscheinlicher eintreffen wird, je mehr Menschen dieses erwarten. Daneben gibt es in der Zukunftsforschung rein qualitative Befragungen. Diese sollen vor allem den zu erwartenden Meinungshorizont explorativ umreißen. Je mehr Personen befragt werden, desto vielschichtiger wird das Bild der im Kollektiv angelegten Zu-

kunftserwartungen. Wichtig in der Vorbereitungsphase ist die Auswahl der Befragten. Dafür gibt es im Grunde zwei unterschiedliche Ansätze.

Beim ersten wird ein repräsentativer Bevölkerungsquerschnitt ausgewählt. Die Befragung von Laien soll zeigen, welche Ängste, Sorgen, Hoffnungen oder Erwartungen das Kollektiv in Bezug auf die Zukunft hegt. Hier eignen sich vor allem offene, allgemeine Fragen wie „Welche künftigen Ereignisse fürchten Sie am meisten?", „Wie soll die Gesellschaft von morgen aussehen?" oder „Welche technischen Erfindungen würden Ihnen das Leben sehr erleichtern?" Die Gefahr von derartigen Befragungen ist, dass man nur stereotype Allgemeinplätze erfährt wie: „Am meisten fürchte ich mich vor Krieg, Umweltverschmutzung, Arbeitslosigkeit usw." Bessere Chancen auf innovative Zukunftsentwürfe erhält man, wenn man die Befragten zu intensivem Nachdenken und Originalität animiert, beispielsweise in Form von prämierten Ideen-Wettbewerben. Hier ist es durchaus wahrscheinlich, dass auch Laien wertvolle Anregungen geben können.
Eine andere Möglichkeit besteht darin, den Kreis der Befragten auf jene Menschen einzugrenzen, die mit dem Thema vertraut sind und ein gewisses Interesse oder Fachwissen mitbringen. So könnte beispielsweise eine Fachzeitschrift für Musik-Equipment einen Ideen-Wettbewerb ausschreiben mit dem Titel „Wie wird das ideale Tonstudio in zwanzig Jahren aussehen?" Da die Zeitschrift vor allem von Musikinteressierten gelesen wird, dürfte ein derartiger Wettbewerb viele aufschlussreiche Ideen bringen. Oft werden derartige Wettbewerbe auch von Firmen ausgeschrieben, um sich kostengünstig Anregungen für die Entwicklung neuer Produkte zu holen.

Expertenbefragung

Die Befragung von interessierten Laien und Amateuren bildet eine Brücke hin zur zweiten Möglichkeit, zur Befragung von Experten. Bei dieser werden ausschließlich Menschen befragt, welche über fundiertes Fachwissen zum Thema verfügen. Hier geht man von der Annahme aus, dass Spezialisten am besten dafür geeignet sind, die Entwicklungen ihrer Disziplin abzuschätzen. Die Gefahr der Expertenbefragung ist die Fachblindheit. Denn oft tun sich gerade Spezialisten schwer, über die Konventionen ihrer Disziplin hinauszudenken, oder es fehlt ihnen der Blick für die Umweltverhältnisse, in welche ihre Arbeit eingebettet ist. Zudem gehen Experten gerne vom technisch Machbaren aus und berücksichtigen zu wenig, ob die Allgemeinheit überhaupt Interesse daran hat, ob es überhaupt einen Markt dafür gibt.

Die Liste der Irrtümer prominenter Experten füllt ganze Bibliotheken. So versicherte 1899 der Kommissar des U.S. Patentamtes, dass alles, was überhaupt erfunden werden kann, nun endgültig erfunden worden wäre. Der Physiker Albert Michelson behauptete 1903, dass man sämtliche Grundgesetze der Physik nun entdeckt hätte. Thomas A. Edison prophezeite 1922, dass Schulbücher gänzlich durch Filme ersetzt werden würden. Der berühmte Ökonom Irving Fisher diagnostizierte dem Börsenmarkt noch am 17. Oktober 1929 ein „permanently high plateau". Bereits eine Woche später begann die Große Weltwirtschaftskrise. Der bekannte Atomphysiker Ernest Rutherford behauptete 1933, dass sich Atomenergie niemals praktisch einsetzen lassen würde. Der Chef von 20th Century Fox ging 1946 davon aus, dass Television niemals eine kommerzielle Zukunft haben würde. Der Präsident von Capitol Records glaubte 1964, dass die Beatles in Amerika niemals erfolgreich werden könnten. Ken Olsen, Computerpionier und Gründer der Digital Equipment Corporation, behauptete noch 1977, dass es absolut keinen Bedarf für Computer in privaten Haushalten geben würde.[307] In der berühmten „Long-Range Forecasting Study" der RAND Corporation aus dem Jahr 1963/64 glaubte die Hälfte der Experten, dass es bis 1975 gelingen würde, das Wetter genau zu prognostizieren.[308]

Dem gegenüber steht eine Vielzahl von Experten-Prognosen, welche eingetroffen sind. So sagte der Erfinder Nikola Tesla bereits 1904 eine Zukunft der weltweiten Kommunikation mittels transportabler Empfänger voraus. Henry Ford kündigte schon 1908 an, dass es eines Tages ein Automobil für jedermann geben werde. Der deutsche Biologe Hans Spemann nahm bereits 1938 in einem Gedankenexperiment das Klonen vorweg. Robert Oppenheimer berechnete bereits 1939 die Existenz von Schwarzen Löchern, eine Idee die erst ab den späten 1960er Jahren zunehmende Akzeptanz fand.[309] Viele der richtigen Prognosen von Science-Fiction-Autoren wie Jules Verne oder H.G. Wells wurden bereits erwähnt. H.G. Wells schaffte sogar das Kunststück, bereits 1933 den Beginn des

Zweiten Weltkriegs fast auf den Monat genau richtig vorherzusagen. In seiner Prognose führte er zudem aus, dass der Weltkrieg aufgrund eines Konfliktes zwischen Deutschland und Polen um die Freie Stadt Danzig ausbrechen werde.[310]

Die Prognostiker des „wissenschaftlichen Kommunismus" führten gerne die eingetroffenen Vorhersagen von Marx und Engels zu Felde, um ihre Überlegenheit gegenüber der „bürgerlichen Futurologie" des Westens zu demonstrieren. So sagte Friedrich Engels (1820 – 1895) bereits im Jahre 1888 die Unvermeidbarkeit eines Weltkrieges voraus:

> „Endlich ist kein andrer Krieg für Preußen-Deutschland mehr möglich, als ein Weltkrieg, und zwar ein Weltkrieg von einer bisher nie geahnten Ausdehnung und Heftigkeit. Acht bis zehn Millionen Soldaten werden sich untereinander abwürgen und dabei ganz Europa so kahl fressen, wie noch nie ein Heuschreckenschwarm. Die Verwüstungen des Dreißigjährigen Krieges zusammengedrängt in drei bis vier Jahre und über den ganzen Kontinent verbreitet: Hungersnot, Seuchen, allgemeine durch akute Not hervorgerufene Verwilderung der Heere wie der Volksmassen; rettungslose Verwirrung unsres künstlichen Getriebs in Handel, Industrie und Kredit, endend im allgemeinen Bankrott; Zusammenbruch der alten Staaten und ihrer traditionellen Staatsweisheit derart, dass die Kronen zu Dutzenden über das Straßenpflaster rollen und niemand sich findet, der sie aufhebt."[311]

Experten-Prognosen sind also oft verblüffend richtig und ebenso oft verblüffend falsch. Die Bewertung von Experten-Prognosen wird dadurch erschwert, dass diese oft maßgeblich an der Entwicklung des Prognostizierten beteiligt sind. Ford baute sein Automobil für jedermann selbst. Die Prognose der klassenlosen Arbeitergesellschaft von Marx erfüllte sich in manchen Ländern, weil sie der kommunistischen Bewegung als Leitbild diente. Zukunftsvisionen berühmter Naturwissenschaftler verwirklichten sich, weil spätere Generationen von ihnen inspiriert wurden und sie umsetzten.

In Summe betrachtet ist die Trefferquote von Experten jedenfalls nicht zwangsläufig höher als jene von Laien. Dies zeigen auch die zahlreichen Sammelbände mit Zukunftsvisionen von Experten. Einige davon haben wir bereits im Kapitel über die Geschichte der modernen Zukunftsforschung kennengelernt. Eine der bedeutendsten derartigen Publikationen wurde 1964 von der Zeitschrift New Scientist unter dem Sammeltitel „1984" veröffentlicht. Die deutsche Version wurde ein Jahr später von Robert Jungk unter dem Titel „Unsere Welt 1985" herausgegeben. Hundert renommierte Wissenschaftler und Techniker aus fünf Kontinenten, darunter viele Nobelpreisträger, stellten sich darin vor, wie die Welt in zwanzig Jahren aussehen würde. Bereits das Vorwort von Robert Jungk zeugte von der damaligen Euphorie:

> „Es ist aber wohl kaum vermessen, vorauszusagen, dass in der Welt von 1985 die Futurologie auf ihrem Weg aus dem Halbdunkel des Aberglaubens in die helleren Regionen einer sich ständig selbst überprüfenden und erweiternden Vernunft längst ihren Platz neben den anderen anerkannten Natur- und Humanwissenschaften errungen haben wird. (...) Die immer genauere, vollständigere und schnellere Erfassung von Milliarden Einzelfakten, aus denen die sich ständig verändernde Wirklichkeit besteht, wird den Zukunftsforschern spätestens im Jahre 1985 sehr exakte, den beinahe letzten Stand der Dinge laufend berücksichtigende Hypothesen gestatten."[312]

Die Zukunft des Menschen wurde umfassend behandelt: Biologie, Ernährung und Landwirtschaft, Haushalt, Freizeit, Gesundheit, Bildung, Verkehr, Wirtschaft, Politik, Chemie, Energie, Werkstoffe, Wetter und Klima, Weltraumforschung, für nahezu jeden Bereich wurden von den jeweils weltweit führenden Spezialisten Zukunftsszenarios entworfen. Norbert Wiener (1894 – 1964), der Begründer der Kybernetik, rechnete mit einer baldigen Vereinigung von Quantentheorie und Relativitätstheorie und der Verdrängung des lediglich auf Unkenntnis beruhenden Indeterminismus in der Quantenphysik durch deterministische Gesetze. Der Raketenpionier Wernher von Braun (1912 – 1977) schilderte ein 1985, in dem es bemannte Raumflüge zum Mars und zur Venus gibt, sowie bewohnte Stationen und Riesenfernrohre auf dem Mond. Zudem rechnete er mit der Entdeckung von niedrigen Lebensformen auf dem Mars. Er ging davon aus, dass eine Erforschung von anderen Planeten ohne Astronauten unwahrscheinlich ist, weil das komplexe menschliche Gehirn nicht von Instrumenten ersetzt werden könne. Was früher Kriege waren, das würde fortan die Weltraumfahrt sein: Zugpferd des technischen Fortschritts und Betätigungsfeld für die „Energie kampfeslustiger Männer". Wie zahlreiche Autoren war auch Braun überzeugt, dass es bald zuverlässige langfristige Wetterprognosen geben werde. Andererseits sah er richtig voraus, dass die Privatindustrie eine große Menge von Satelliten in die Erdumlaufbahn bringen würde, um Ferngespräche, Fernsehprogramme und Daten zu übermitteln. Der italienische Chemiker und Nobelpreisträger Giulio Natta (1903 – 1979) entwarf eine Welt voller Kunststoff. Im Haus der Zukunft würde von den Dachziegeln bis zu den Wänden alles aus Kunststoff sein. Selbst Möbel würden, anstatt aus teurem Holz oder Metall, aus billigem Kunststoff bestehen. Der britische Ökonom Richard Stone (1913 – 1991), ebenfalls Nobelpreisträger, prognostizierte für das Jahr 1985

> „ein arbeitsfähiges Rechenmodell, das alle Aspekte der Wirtschaft und möglicherweise auch noch einige des sozialen Lebens in Betracht zieht. (...) Für jedes gewünschte wirtschaftliche Ziel wird dieses Modellsystem ein genaues Bild der notwendigen wirtschaftlichen Planung liefern."[313]

Die meisten Experten projizierten die Fortschritte ihrer Disziplin linear in alle Ewigkeit fort ohne mit Kehrtwendungen, Stillständen oder Abbiegungen zu rechnen. Wer will im Schwung der eigenen Forschung schon an Sackgassen denken? Für den Raketentechniker bestand die Zukunft aus bemannten Weltraumflügen und Mondstationen. Für den Chemiker bestand sie aus Kunststoff und synthetischen Lebensmitteln, für den Ingenieur aus Robotern für den Haushalt und Luftkissenfahrzeugen mit Geschwindigkeiten von 550 km/h und mehr. Dass es dann doch anders gekommen ist, lag oft gar nicht an mangelnder technischer Machbarkeit, sondern vielmehr daran, dass die Menschheit nicht genug daran interessiert war und insofern die finanziellen Mittel dafür nicht zur Verfügung standen.

Summa summarum zeigt die Betrachtung einiger hundert Experten-Prognosen, dass diese keinesfalls den Laien-Prognosen überlegen sind. Denn auch und gerade Fachspezialisten sind sich oft überhaupt nicht einig, wie die Zukunft nun aussehen wird. Meist gibt es kaum eine Laien-Meinung, für die man nicht auch ein entsprechendes Expertengutachten finden kann. Ein weiteres Problem von Sammelbänden wie „Unsere Welt 1985" ist, dass die einzelnen Zukunftsentwürfe meist zusammenhangslos nebeneinanderstehen. Das Bild von der Zukunft wird also keinesfalls schärfer und genauer, je mehr Experten man befragt. Im Gegenteil, es wird schwammiger, undurchsichtiger, widersprüchlicher, unbrauchbarer. Es entsteht nicht eine Zukunftsvision von hundert Experten, sondern (mindestens) hundert Zukunftsvisionen von hundert Experten. Und wenn man es dennoch einmal schafft, verschiedene Spezialisten an einen Tisch zu bringen und einen Konsensentwurf auszudiskutieren, so dominiert oft die Meinung des renommiertesten oder einfach nur des redegewandtesten Experten.

Die Delphi-Methode

Auch in der Zukunftsforschung war man sich dieser Probleme bewusst. Deshalb begab man sich bereits in den 1950er Jahren auf die Suche nach verbesserten Möglichkeiten der intersubjektiven Befragung. 1953 wurde von Olaf Helmer (1910 – 2011) und Norman Dalkey, beide Mitarbeiter der RAND Corporation, die „Iteration mit kontrolliertem Feedback" eingeführt. Daraus entwickelte sich die Delphi-Methode. Die erste große Studie auf Delphi-Basis war der 1964 veröffentlichte „Report on a Long-Range Forecasting Study" von Helmer und Theodore Gordon.[314] Zweiundachtzig renommierte Wissenschaftler, Zukunftsforscher und auch Science-Fiction-Autoren (unter anderem Isaac Asimov oder Arthur C. Clarke) waren daran beteiligt. Es wurden die sechs Bereiche Bevölkerungsentwicklung, Automation, Raumfahrt, wissenschaftliche Errungenschaften, Kriegsverhütung und Militärtechnik behandelt. Ziel der Studie war es, die zeitlichen Horizonte von künftigen technologischen Entwicklungen einzugrenzen.[315] Inhalt und Trefferquote dieser Studie unterscheiden sich kaum von den herkömmlichen Sammelbänden mit Experten-Prognosen. Neu hingegen war die Systematik der Befragung. Die drei wesentlichen Merkmale der Delphi-Methode sind:[316]

1. **Anonymität**
Die Experten haben keinen direkten Kontakt zueinander und wissen auch nicht, wer die anderen Teilnehmer sind. Dadurch soll verhindert werden, dass dominante oder redegewandte Teilnehmer die Gruppenmeinung prägen. Die Anonymität soll gewährleisten, dass nicht Namen, Reputation, Beziehungsgeflechte oder Konformitätszwang das Ergebnis beeinflussen. Zudem ist es für die Teilnehmer einfacher, im Rahmen der Feedbackschleifen ihre Meinung zu ändern, ohne ihr Gesicht zu verlieren. Meist wird die Anonymität durch standardisierte Fragebögen gewährleistet.

2. **kontrolliertes Feedback in mehreren Schleifen**
Die Teilnehmer erfahren die zusammengefasste Gruppen-Gesamtmeinung und können, auf dieser aufbauend, ihre eigene Meinung nachbessern oder revidieren. Die neue Gruppen-Gesamtmeinung wird abermals an alle Teilnehmer weitergeleitet. Dieser Vorgang wiederholt sich so lange, bis sich die Einzelmeinungen nur noch marginal ändern.

3. **statistische Gruppenrückmeldung**
Die Gruppen-Gesamtmeinung entsteht durch Aggregation der Einzelantworten. Einerseits dient dies der Anonymisierung der Teilnehmer. Andererseits

soll die Aggregation gewährleisten, dass auch alle Einzelmeinungen gleichermaßen ins Endresultat einfließen.

Im Fall der „Long-Range Forecasting Study" wurden die Experten zuerst in sechs Fachgruppen unterteilt. Die Projektleiter stellten für jeden Bereich eine Liste mit 25 – 50 möglichen Entwicklungen zusammen. Die Teilnehmer sollten dann in Form eines standardisierten Fragebogens den Zeitraum angeben, wann sie die entsprechende Entwicklung erwarten. Eine Frage war etwa: „Wann wird es praktisch möglich sein, Energie durch Kernfusion herzustellen?" Ein Viertel der Experten rechnete damit noch vor dem Jahr 1980, ein weiteres Viertel erst im 21. Jahrhundert. Der Rest lag dazwischen. Der rechnerische Mittelwert ergab das Jahr 1985. So lautete die Delphi-Antwort: „Nutzbare Fusionsenergie wahrscheinlich zwischen 1980 und 2000, am ehesten um das Jahr 1985".[317]

Ein derartiges Vorgehen wird auch Standard-Delphi-Befragung genannt. Zuerst wird von der Projektleitung eine exakte Fragestellung festgelegt. Manchmal werden bereits in dieser Phase offene Experteneinschätzungen als Informationspool herangezogen, um schon bei der Formulierung der Fragen das Wissen der Experten miteinzubeziehen. Die Fragen sollten so formuliert werden, dass sie möglichst eindeutig und präzise beantwortbar sind. Nur so ist eine Vergleichbarkeit und Mittelwertbildung möglich. Dann werden die Frageformulare an die Experten ausgeteilt und von diesen beantwortet. Die Projektleitung analysiert die Ergebnisse und bildet für die Antworten die kollektiven Mittelwerte. Dann bekommen die Teilnehmer ihre Antworten samt den Kollektivwerten zurück. Sie erhalten die Gelegenheit, in Anbetracht der Gruppen-Gesamtmeinung ihre Einschätzungen zu überdenken und zu ändern. Anhand der neuen Antworten bildet die Projektleitung neue Mittelwerte und schickt diese abermals den Teilnehmern als Basis einer erneuten Beantwortung zu. Dieser Vorgang wiederholt sich so lange, bis sich die Antworten der Experten nur noch geringfügig ändern, bis sich ein Gruppenkonsens stabilisiert hat.
Neben dieser Standard-Version gibt es die Breitband-Delphi-Methode. Diese unterscheidet sich dadurch, dass die Zwischenergebnisse von den Experten persönlich miteinander diskutiert werden. Einerseits wird so der Meinungsbildungsprozess der Gruppe beschleunigt. Andererseits beeinträchtigt dies auch zu einem gewissen Grad die positiven Effekte der Anonymität.

Der Grundgedanke von Delphi ist, ähnlich wie beim Brainstorming oder anderen Gruppenmethoden, dass „zwei, beziehungsweise n Köpfe besser sind als einer."[318] Betrachtet man allerdings die Ergebnisse zahlreicher Delphi-Studien im Nachhinein, so zeigt sich, dass diese keinesfalls besser, genauer oder treffsicherer die Zukunft vorhersagen können als diverse Prognosen von Einzelindividuen. Worauf gründet nun das bis heute ungebrochene Renommee dieser Methode? Der Vorteil von Delphi scheint vor allem darin zu liegen, dass Prognosen mit möglichst breitem Gruppenkonsens erstellt werden können. Dies ist wichtig, weil die Vorhersagen selten zum Selbstzweck erarbeitet werden, sondern meist als Grundlage für wichtige politische, wirtschaftliche und technologische Entscheidungen dienen. Die Verantwortung wird mit Delphi keinem Einzelnen überlassen, sondern auf mehrere Köpfe verteilt. Die Beliebtheit dieser Methode kommt also nicht von ihrer vermeintlichen Treffsicherheit, sondern hat vielmehr versicherungstaktische Gründe. Wie bei gewichtigen Krankheitsfällen nicht allein ein Arzt die Entscheidungen trifft, sondern ein ärztliches Konsilium, so lässt man wichtige Prognosen auch nur ungern von Einzelpersonen erstellen.
Gruppenprognosen sind zwar nicht besser, aber man fühlt sich sicherer dabei. Wenn man schon eine Fehleinschätzung macht, so waren wenigstens alle daran beteiligt. Brainstorming, Befragung und Delphi kommen in der Zukunftsforschung deshalb so gerne zum Einsatz, weil man damit nicht viel falsch machen, sondern die Verantwortung auf die Gruppe, also auf alle und keinen, übertragen kann. In Anbetracht der Forderung Flechtheims, dass Futurologie nicht determinierte Zukunft berechnen, sondern demokratisch-partizipativ wünschenswerte Zukünfte entwerfen soll, ist dies die große Stärke der intersubjektiven Methoden.

Historische Analogiebildung

Die moderne Zukunftsforschung kennt aber auch eine Reihe von Techniken, welche nicht zwangsläufig auf Gruppen angewiesen sind, sondern auch von Einzelindividuen angewendet werden können. Ein Beispiel dafür ist die historische Analogiebildung. Bei dieser werden Entwicklungen der Vergangenheit mit jenen der Zukunft in Analogie gesetzt. Voraussetzung ist, dass beide eine gewisse Gemeinsamkeit oder Ähnlichkeit miteinander aufweisen. Dafür gibt es im Wesentlichen zwei Möglichkeiten. Einerseits können die Entwicklungen ein- und desselben Themas verglichen werden, wie sie zeitlich verschoben in verschiedenen Ländern auftreten. Ein Beispiel wäre die Verbreitung des Automobils in den USA und in China. Andererseits können die Entwicklungen von zwei ähnlichen Themen verglichen werden, etwa die Verbreitung von ISDN-Anschlüssen mit jener von DSL-Anschlüssen. Ein Beispiel für eine derartige Studie ist „The Railroad and the Space Programme – an Exploration in Historical Analogy" (1965) von Bruce Mazlish. Darin leitet er seine Vorhersagen über die Zukunft der Weltraumfahrt aus den Entwicklungen der Eisenbahn im 19. Jahrhundert ab.[319]

Das Hauptproblem der „historischen Analogiebildung" ist, dass das Definieren von Gemeinsamkeiten ein sehr subjektiver Vorgang ist und man deshalb nie sicher sein kann, dass die gewählte Analogie auch etwas über das zu untersuchende Thema auszusagen vermag. Im Grunde basieren sämtliche Analogie-Methoden auf dem magischen Paradigma der Korrespondenz, des Parallelismus aller Erscheinungsebenen, der Weltharmonik (Johannes Kepler), der Synchronizität (C.G. Jung).[320] Die Bahnen von Planeten oder Vögeln am Himmel wurden mit den Bahnen der Menschen in Analogie gesetzt. Natürliche Prozesse wurden auf Zahlen und Symbole, auf Runen und Karten übertragen. Aus Ereignissen im Tierreich wurde auf Ereignisse im Menschenreich geschlossen und so weiter. Die meisten magischen Prognosetechniken beruhen auf diesem Prinzip. Im Grunde ist das Bilden von historischen Analogien nichts anderes. So haftet dieser Methode auch stets eine stark subjektiv-projektive Färbung an.

Doch gerade dies ist auch ihre inspirative Stärke. Die Analogie regt das schöpferisch-ästhetische Denken an und schafft eine Brücke zum Unterbewusstsein. Im Grunde kommt keine Methode der Zukunftsforschung ohne sie aus. Denn in gewisser Weise werden immer Erfahrungen der Vergangenheit auf die Zukunft projiziert, mit dieser in Analogie gesetzt, auch wenn diese Projektion über Trendextrapolation, Szenarien oder Computersimulationen erfolgt. Umgekehrt kommt auch die historische Analogiebildung selten ohne quantitative Elemente aus. Denn um die Gestalt des Analogons zu umreißen braucht man eine Fülle an Daten, Fakten und Beobachtungen. Will man etwa die Entwicklung des Flugverkehrs im 20. Jahrhundert mit der Entwicklung des Eisenbahnverkehrs im 19. Jahrhundert in Analogie setzen, so braucht man aus dieser Zeit

Wachstumskurven, demografische Daten, Zeitzeugenberichte und ähnliches. Die Auswertung dieser historischen Fakten erfolgt dann aber nur bedingt quantitativ. Vielmehr soll sie den morphologischen Blick schärfen, die „Gestalt" der Eisenbahn des 19. Jahrhunderts umreißen und daraus die künftige „Gestalt" des Flugwesens konstruieren.

Das wohl umfassendste Werk in dieser Richtung war die Kulturkreislehre von Oswald Spengler (1880 – 1936). Anhand einer gigantischen Fülle von historischen Fakten setzte dieser die Entwicklungen der bisherigen Hochkulturen in Analogie und kam dadurch auf messerscharfe Prognosen über die künftigen Geschicke des Abendlandes. Auf seine Morphologie der Weltgeschichte wird das Buch über zeitendeutende Prognostik noch ausführlich eingehen. Folgendes Beispiel zeigt Spenglers historische Analogien zwischen den Kunststilen in der Frühzeit der ägyptischen, antiken, arabischen und abendländischen Kulturkreise:

I. Frühzeit: Ornament und Architektur als elementarer Ausdruck des jungen Weltgefühls: „Die Primitiven"

ÄGYPTER	**ANTIKE**	**ARABER**	**ABENDLAND**
Das Alte Reich (2600-2200)	Dorik (1100-650)	Früharabisch (0-500)	Gotik (900-1500)

1. Geburt und Aufschwung. Aus dem Geiste der Landschaft erwachsende, nicht bewusst geschaffene Formen

ÄGYPTER	ANTIKE	ARABER	ABENDLAND
4./5. Dynastie (2550-2320) Geometrischer Tempelstil, Pyramiden	11./9. Jahrh. Holzarchitektur Die dorische Säule	1./3. Jahrh. Kultische Innenräume, Basilika, Kuppelbau, Säulenbögen	11./13. Jahrh. Romanik und Frühgotik, gewölbte Dome
Reihen von Pflanzensäulen und Flachreliefs, Grabstatuen	Architrav, Geometrischer Stil, Grabvasen	Flächenfüllende Rankenmuster, Sarkophage	Strebesystem, Glasmalerei, Kathedralplastik

2. Vollendung der frühen Formensprache. Erschöpfung der Möglichkeiten und Widerspruch

ÄGYPTER	ANTIKE	ARABER	ABENDLAND
6. Dynastie (2320-2200) Erlöschen des Pyramiden- und episch-idyllischen Reliefstils	8./7. Jahrh. Ausgang des hocharchaischen dorisch-etruskischen Stils	4./5. Jahrh. Ausgang der bildhaften persisch-syrisch-koptischen Künste	14./15. Jahrh. Spätgotik u. Renaissance; Blüte und Ende von Fresko und Statue: Giotto, Michelangelo

Blüte der archaischen Bildnisplastik	Protokorinthische-altattische Tonmalerei	Aufstieg der Mosaikmalerei und Arabeske	Kontrapunkt und Ölmalerei

II. Spätzeit: Bildung einer Gruppe städtisch-bewusster, gewählter, von Einzelnen getragener Künste: „Die großen Meister"

Das Mittlere Reich (2040-1790)	Ionik (650-350)	Spätarabisch (500-800)	Barock (1500-1800)

3. Ausbildung eines reifen Künstlertums

11. Dynastie (2130-1990) Zarte und bedeutende, fast spurlos verschwundene Kunst	Vollendung des Tempelkörpers, die Ionische Säule, Freskomalerei, Aufstieg der freien Rundplastik	Vollendung des Moscheeraumes (zentralkuppelbau Hagia Sophia), Blütezeit der Mosaikmalerei	1500-1650 Der malerische Baustil von Michelangelo bis Bernini; Ölmalerei von Tizian bis Rembrandt

Historische Analogiebildung bei Oswald Spengler (1918)[321]

Der Morphologische Kasten von Zwicky

Ebenfalls als Morphologie bezeichnete der Schweizer Astrophysiker Fritz Zwicky (1898 – 1974) seine Methoden für das systematische Produzieren von neuen Ideen. Er entwarf diese in den 1940er Jahren, unter anderem um vorausschauend Probleme wie die Versorgung des zerstörten Deutschland mit kostenloser Wissenschaftsliteratur zu lösen.[322] Zwicky wollte die Zufälligkeit der Genialität reproduzierbar machen:

> „Global ausgedrückt, ist der Morphologe ein Berufsgenie. Mit anderen Worten: Es ist sein Beruf, ein Genie zu sein, das Entdeckungen und Erfindungen auf allen Gebieten der Wissenschaft, der Technik und des Lebens im Allgemeinen zu machen imstande ist. Wer im landläufigen Sinne als Genie bezeichnet wird, ist im Vergleich zum idealen Morphologen ein Amateur, dessen Leistungen auf Spezialgebiete beschränkt sind und mehr oder weniger den Eindruck des Zufälligen und Dilettantenhaften erwecken."[323]

Auch wenn die Ära der morphologischen Berufsgenies bis heute aussteht und auch Zwickys Methoden aus einem Esel keinen Erfinder machen können, haben sie zumindest bei ihm selbst gut funktioniert. Neben zahlreichen astronomischen Entdeckungen gelang ihm mit seiner morphologischen Analyse auch die Entwicklung von 16 Patenten im Bereich Flugzeugbau.[324] Seine Hauptmethoden waren die „Methode der Systematischen Feldüberdeckung" und der „Morphologische Kasten". Vor allem letzterer zählt bis heute zum Grundrepertoire der Zukunftsforschung. Die Konstruktion eines Morphologischen Kastens geht folgendermaßen vor sich:[325]

1. Genaue Umschreibung, **Definition** und Verallgemeinerung des Problems.

2. Genaue Bestimmung und Lokalisierung aller **Parameter** des Problems; Unterteilung des Gesamtproblems in überschneidungsfreie Segmente

3. Aufstellen des **Morphologischen Kastens**: vertikal Problemsegmente, horizontal möglichst vollständig alle Lösungsideen

4. **Analyse** aller im Morphologischen Kasten enthaltenen Lösungskombinationen und ihrer Eignung für die vorgegebenen Ziele

5. Wahl der optimalen **Lösung** und endgültige Realisierung

Will man beispielsweise die Zukunft der öffentlichen Transportmittel abschätzen, so könnte der Morphologische Kasten so aussehen:

Parameter	**Lösungsideen**				
A: Transportweg	A1: Straße	A2: Schiene	A3: Wasser	A4: Luft	
B: Antrieb	B1: Dampf	B2: Benzin	B3: Gas	B4: Atom- Atom- energie	B5: Solar
C: Passagiere	C1: 1-5	C2: 5-30	C3: 30–100	C4: 100-1.000	
D: Steuerung	D1: Chauffeur	D2: Fernsteuerung	D3: Passagier	D4: Computer	
E: Route	E1: nach Fahrplan	E2: Zielwahl durch Passagier			
F: Streckenlänge in km	F1: 0 – 20	F2: 20 – 100	F3: 100 – 1.000	F4: über 1.000	
...	...	...	...	...	...
Z: ...	Z1: ...	Z2: ...	Z3:...	Z4:...	ZX

Morphologischer Kasten zur Zukunft öffentlicher Transportmittel

Nun werden sämtliche Kombinationen durchgespielt. Allein durch die Parameter A bis F entstehen in diesem Beispiel 1280 mögliche Lösungskombinationen wie etwa:

A1-B2-C2-D1-E1-F2: gibt es bereits – normaler Linienbus.
A1-B2-C1-D1-E2-F1: gibt es bereits – Taxi
A2-B5-C1-D4-E2-F1: Solarbetriebene Transportkapseln für den Stadt-Nahverkehr von Einzelpassagieren und kleinen Personengruppen. Ein Schienennetz verbindet die wichtigsten Ziele. Die Passagiere können ihr Ziel in den Computer eingeben und die Transportkapsel fährt vollautomatisch dort hin.
A3-B4-C4-D4-E1-F4: riesige atombetriebene Passagierkreuzer, welche computergesteuert interkontinentale Seerouten abfahren.
A4-B1-Cx-Dx-Ex-Fx: Dampfbetriebene Flugzeuge scheinen unrealistisch zu sein, doch sind bereits derartige Maschinen durch die Lüfte geflogen, wie etwa 1890 die „Eole" von Clément Ader. Dennoch ist es derzeit eher unwahrscheinlich, dass irgendeine darauf basierende Kombination die Zukunft des öffentlichen Transportwesens prägen wird.

Zwicky legte großen Wert darauf, dass sämtliche mögliche Lösungswege im Kasten eingetragen werden. Deshalb enthält die Aufzählung auch exotische Elemente wie Antrieb mit Dampf oder Atomenergie. Denn gerade wenn man derart abwegige Ideen in die Kombinatorik miteinbezieht, können ungeahnte neuen Erfindungen entstehen. Eine Schwierigkeit des Morphologischen Kastens ist das Definieren der Parameter. Welche Parametergrößen sind wichtig? Soll man auch Farbe, Material, Kosten der Fahrkarten oder Geschwindigkeit mit einbeziehen? Mit welchem Raster soll man Streckenlänge oder Fassungsvermögen definieren? Warum 20 bis 100 km? Warum nicht 50 bis 200 km? Soll man auch Windkraft oder Düsenantrieb mit einbeziehen? Je feiner man die Kategorien definiert, desto mehr gehen die möglichen Kombinationen ins Unendliche. Die Informationsflut ist bald nicht mehr bewältigbar. Der Morphologische Kasten wird zum weißen Rauschen. Zudem sind für die morphologische Analyse profunde Fachkenntnisse über den untersuchten Gegenstand vonnöten. Nur so lassen sich die Möglichkeiten sinnvoll aufzählen und die Kombinationen auf ihr Umsetzungspotential hin realistisch bewerten.
Derartige Schwierigkeiten sind jedoch für die Ziele der Zukunftsforschung nebensächlich, denn es geht ihr nicht um ein vollständiges Erfassen sämtlicher Zukunftsmöglichkeiten, sondern um das systematische Entwerfen von Zukunftsbildern. Wie die Synektik dient auch die morphologische Analyse vor allem heuristischen Zwecken. Im Gegensatz zu den verschiedenen Varianten des Brainstorming oder der Befragung ist sie nicht auf das Vorhandensein einer Gruppe angewiesen, sondern kann auch alleine durchgeführt werden. Sie ist zweifelsohne eine der effektivsten qualitativen Prognosemethoden der modernen Zukunftsforschung.

Cross-Impact-Analyse

Eine gewisse Ähnlichkeit mit der morphologischen Analyse hat die Cross-Impact-Analyse, manchmal auch Verflechtungsmatrix genannt. Diese wurde 1966 an der RAND Corporation von Theodore Gordon und Olaf Helmer entwickelt. Sie soll helfen, die gegenseitige Beeinflussung von möglichen künftigen Ereignissen abzuschätzen.[326] Will man die Wahrscheinlichkeit eines künftigen Ereignisses prognostizieren, so muss man zuerst genau dessen Rahmenbedingungen analysieren. Möglichst vollständig sollen sämtliche relevante Einflussgrößen des Ereignisses gesammelt werden. Häufig geschieht dies durch eine Delphi-Expertenbefragung. Anschließend wird isoliert die Eintrittswahrscheinlichkeit jeder einzelnen Einflussgröße geschätzt. Schließlich werden die Zusammenhänge zwischen den einzelnen Einflussgrößen untersucht. Wie ändert sich die Wahrscheinlichkeit von Ereignis X, wenn Y eintritt und so weiter? Folgend sehen wir eine typische Variante der Verflechtungsmatrix. Sie zeigt die möglichen Zukünfte eines fiktiven Landes, welches sich momentan in einer leichten Wirtschaftskrise befindet:

künftige Ereignisse:	Anfangswahrscheinlichkeit	neue Wahrscheinlichkeit nach Eintreffen eines anderen Ereignisses:						
		1.	2.	3.	4.	5.	6.	Z.
1. schwere Wirtschaftskrise	0,55	X	0,00	0,50	0,65	0,40	0,70	...
2. Aufschwung	0,25	0,00	X	0,30	0,15	0,35	0,10	...
3. Wahl eines rechtspopulistischen Präsidenten	0,40	0,65	0,20	X	0,60	0,70	0,80	...
4. Abbruch sämtlicher diplomatischer Beziehungen	0,15	0,20	0,05	0,25	X	0,30	0,50	...
5. kriegerische Expansion	0,10	0,15	0,01	0,20	0,40	X	1,00	...
6. Einsatz atomarer Waffen	0,01	0,01	0,00	0,05	0,15	0,25	X	...
Z. ...	...	...	...	...	...	...	...	X

Cross-Impact-Analyse der Zukunft eines fiktiven Landes

Die Anfangswahrscheinlichkeit, dass die Wahl eines rechtspopulistischen Präsidenten (3.) bevorsteht, wird in diesem fiktiven Beispiel auf 0,40 geschätzt. Sollte sich jedoch die Wirtschaftslage verschlechtern und zu einer schweren Krise ausweiten, so würde die neue Wahrscheinlichkeit für die Wahl eines rechtspopulistischen Präsidenten auf 0,65 ansteigen. Die Gefahr einer kriegerischen Expansion würde dann von anfangs 0,10 auf 0,15 steigen. Im Falle eines wirtschaftlichen Aufschwunges hingegen würde sich die Kriegsgefahr auf 0,01 verringern und so weiter.
Ursprünglich hegte man große Hoffnungen, dass sich die Verflechtungsmatrix zu einem handfesten quantitativen Prognoseinstrument entwickeln könnte:

> „Die Cross-Impact-Analyse nutzt die Gesetze der Wahrscheinlichkeitsrechnung und beruht auf der fundamentalen Annahme, dass das Bayes-Theorem zur Analyse der Konsistenz menschlichen Urteilsvermögens korrekt ist."[327]

Umfassende Computermodelle wurden auf ihrer Basis programmiert. Doch wie bereits dieses Beispiel zeigt, erfolgt nur ein Pseudo-Einsatz der Wahrscheinlichkeitsrechnung. Erzeugt wird lediglich die Illusion von Quantitativität, eine Schein-Objektivität durch die Verwendung von Zahlen. Die Matrix besteht zur Gänze aus fiktiven Elementen. Auf subjektiv-spekulativen Einschätzungen beruhen:

- Die Auswahl der möglichen Ereignisse
- deren Anfangswahrscheinlichkeiten
- die neuen Wahrscheinlichkeiten nach Eintreffen anderer Ereignisse

Sie ist somit vor allem ein qualitatives Veranschaulichungsinstrument mit objektivesker Stilistik. Ein weiterer Nachteil der Cross-Impact-Analyse ist, dass sie lediglich die wechselseitigen Zusammenhänge von Ereignis-Paaren darstellen kann. Zusammenhänge von mehr als zwei Faktoren vermag sie nicht mehr abzubilden.
Die Stärke der Verflechtungsmatrix liegt in der Veranschaulichung hypothetischer Zusammenhänge zwischen möglichen Zukunftsszenarien. So wurde sie auch ursprünglich entwickelt, um die Resultate von Delphi-Befragungen untereinander abzugleichen. Wie der Morphologische Kasten dient sie vor allem der systematischen Inspiration und schult die Imagination über mögliche zukünftige Wechselwirkungen. Sie ist keine „Prognose-Maschine", sondern vielmehr ein Veranschaulichungs- und Inspirationsinstrument.

Relevanzbaum und Entscheidungsbaum

Ähnliches gilt für Relevanzbaum, Entscheidungsbaum und Netzplan. Auch wenn diese gerne als „Prognose-Methoden" bezeichnet werden, sind sie vor allem Darstellungstechniken, Methoden, um die eigenen Gedanken, Phantasien und Spekulationen strukturiert zu Papier zu bringen. Bei der Relevanzbaum-Analyse geht man von einer in der Zukunft liegenden Zielvorstellung aus und untersucht dann, welche Entscheidungen oder Ereignisse notwendig (relevant) sind, um dieses Ziel zu erreichen. Daraus werden Ereignisketten konstruiert, welche auf das Ziel zulaufen wie die verästelten Wurzeln eines Baumes auf dessen Stamm. Folgendes Beispiel zeigt einen Relevanzbaum mit der Zielvorstellung einer „Weltregierung":

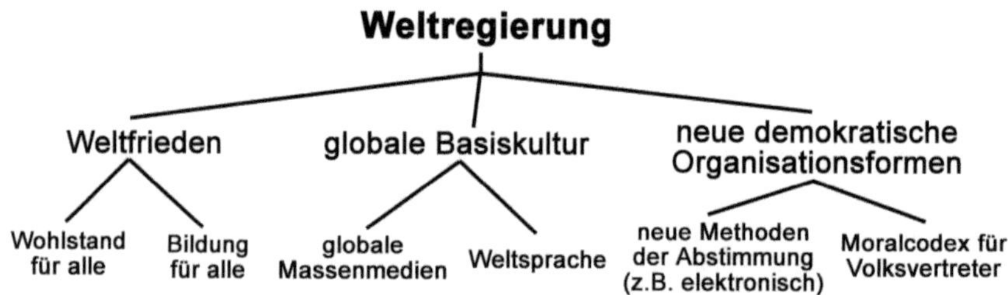

Relevanzbaum am Beispiel „Weltregierung"

Die Entscheidungsbaum-Analyse funktioniert genau umgekehrt. Vom Ist-Zustand ausgehend wird analysiert, welche Entscheidungen in der Zukunft anstehen werden. Mit jeder Entscheidung teilt sich der Zukunftspfad in mehrere alternative Wege. An den Folgeentscheidungen gabeln sich die Alternativwege abermals in mehrere Wege und so fort. Je mehr Entscheidungen im Baum verzeichnet werden, desto mehr Äste und Unteräste, desto mehr alternative Zukünfte ergeben sich an den Enden seiner Zweige. Der Entscheidungsbaum untersucht somit die kausalen Folgen von Entscheidungen, während der Relevanzbaum künftige Ziele unter der teleologischen Perspektive der Finalität betrachtet. Der folgende Entscheidungsbaum zeigt mögliche Zukünfte, welche sich für das Bildungssystem durch die Entscheidung für oder gegen die Gesamtschule ergeben könnten:

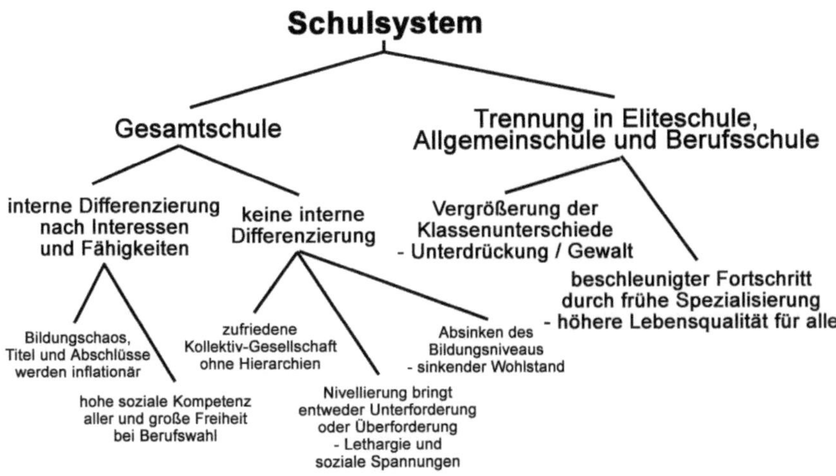

Entscheidungsbaum am Beispiel „Schulsystem"

Auch hier erfolgt die Auswahl der Ereignisse, Entscheidungen, Weggabelungen und Verkettungen subjektiv. Vor allem beim Relevanzbaum ist es oft unmöglich, die Zusammenhänge, welche zum angestrebten Ziel führen, die Hierarchieebenen und Vernetzungen eindeutig aufzufädeln. Ist allgemeiner Wohlstand nun Ursache oder Wirkung für den Weltfrieden? Beeinflusst er nicht ebenso die Ausbildung einer globalen Basiskultur? Ist eine Weltregierung nicht auch ohne ihn möglich? Was ist überhaupt „allgemeiner Wohlstand" und wie misst man ihn? Derartige Fragen sind meist nur durch Willkürakte zu beantworten. So sind all die Strukturpläne der möglichen Zukunft ebenfalls vor allem qualitative Mittel zum Anregen der Phantasie, auch wenn sie gerne in komplexe Computer-Simulationen eingebaut werden mit dem illusorischen Ziel, quantitativ-objektive „Prognose-Maschinen" zu konstruieren.

Rhizomatische Prognostik

Die Komplexität der Wirklichkeit lässt sich selten erschöpfend in lineare Kausalketten zerlegen, schon gar nicht in die hierarchische Struktur des Baumes. Gilles Deleuze (1925 – 1995) und Félix Guattari (1930 – 1992) haben deshalb vorgeschlagen, in der Wissensorganisation das Bild des Baumes durch das Bild des Rhizoms zu ersetzen. Das Rhizom bezeichnet in der Botanik ein ungeordnet wucherndes Wurzelgeflecht. Ebenso ist das Rhizom des Wissens ungeordnet, hierarchielos, heterogen. Es gehorcht keinen formellen Vorgaben und wuchert ziellos in alle Richtungen. All seine Teile können miteinander beliebig verbunden, aber auch ohne jeglichen Zusammenhang belassen werden.

> „In einem Rhizom gibt es keine Punkte oder Positionen wie etwa in einer Struktur, einem Baum oder einer Wurzel. Es gibt nichts als Linien. (...) Ein Rhizom kann an jeder beliebigen Stelle gebrochen und zerstört werden; es wuchert entlang seiner eigenen oder anderen Linien weiter. Man wird mit den Ameisen nicht fertig, weil sie ein tierisches Rhizom bilden: es rekonstituiert sich auch dann noch, wenn es schon großteils zerstört ist. Jedes Rhizom enthält Segmentierungslinien, nach denen es geschichtet ist, territorialisiert, organisiert, bezeichnet, zugeordnet etc.; aber auch Deterritorialisierungslinien, auf denen es unaufhaltsam flieht. Jedes Mal, wenn segmentäre Linien in eine Fluchtlinie explodieren, gibt es Bruch im Rhizom, aber die Fluchtlinie ist selbst Teil des Rhizoms. Diese Linien verweisen ununterbrochen aufeinander. Deshalb kann man nie von einem Dualismus oder einer Dichotomie ausgehen."[328]

Ein typisches Rhizom ist das Internet („World Wide Web") mit seinen unendlichen Wegen, Verknüpfungen, Querverweisen, Kreisverbindungen, Sackgassen, in sich geschlossenen Inseln und Verkehrsknotenpunkten, von keiner obersten Instanz beherrscht, ohne Anfang und ohne Ende in alle Richtungen hinfort wuchernd wie der unbändigbare Fluss des Lebens. Als Gegenentwurf zu Relevanz- und Entscheidungsbaum-Analyse müsste es also eine rhizomatische Prognostik oder „Zukunftsrhizome" geben, welche die Struktur des Baumes durch die chaotische Wucherung des Rhizoms ersetzt. Netzplantechniken wie PERT oder CPM (beide 1956 entwickelt) gehen zwar in diese Richtung, indem sie die Baumstruktur zu einer komplexeren Netzstruktur ausbauen, doch arbeiten diese eben immer noch mit stabilen Strukturen. Die „Struktur" des Rhizoms hingegen ist pulsierend, explosiv und implosiv, selbsterschaffend und selbstzerstörend, transmutierend und fluktuierend. Es kann zwar eine Zeitlang feste Strukturen ausbilden, doch können diese jederzeit mutieren oder wieder zerfallen. Ein Rhizom der zu prognostizierenden Wirklichkeit zu modellieren ist unmöglich, denn es müsste sich selbst enthalten und auch seine eigene Enthaltung der Enthaltung der Enthaltung der Enthaltung....
Das Modell müsste nicht nur Abbild des momentanen Rhizoms sein, es müsste auch nach genau demselben „Programm" arbeiten. Intensive Versuche in diese Richtung gibt es, vor allem in Form der Chaostheorie und

der neuronalen Netze. Phasendiagramme mit seltsamen Attraktoren, Bifurkationen und Fraktalen[329] können zwar zu einem gewissen Grad Grundzüge einfacher Rhizome der Vergangenheit simulieren, aber die Zukunft der Menschheit wird sich damit wohl ebenso wenig jemals prognostizieren lassen wie mit Spieltheorie, Kybernetik oder Trend-Extrapolation. Stand die Moderne mit ihren Vorhersagemodellen für Bürokratie, Regeln, Starrheit und Hierarchie, so spiegelt das Rhizom die Offenheit und Dynamik der Postmoderne.[330]

Wie könnte nun eine praktikable rhizomatische Prognostik aussehen? Welche prognostische Systematik könnte dem Prinzip des Rhizoms gerecht werden? Die Antwort ist einfach und schwierig zugleich. Es darf überhaupt keine Systematik geben. Rhizomatische Prognostik heißt, sich ziellos in die Fluten des Informationschaos zu stürzen und zu versuchen, darin zu schwimmen. Die Reise beginnt im Nirgendwo, in einem konfusen, willkürlichen Zusammenhang mit dem Prognoseziel. Aus dem Taumel der Desorientierung heraus wird schließlich ein Faden ergriffen und weiterverfolgt. Die Informationen werden aufgesogen in der Reihenfolge, wie sie daherkommen. Interessante Stichwörter, Fußnoten, Verweise und Referenzen führen zu neuen Quellen. So entstehen Informationsketten und Themenverästelungen. Führt ein Pfad in eine Sackgasse, so geht es dennoch im Blindflug weiter, bis man wieder auf einen begehbaren Weg stößt. Irgendwann wird man feststellen, dass die Denklinien immer wieder bereits bekannte Punkte kreuzen oder solche, die den bereits passierten ähnlich sind. Man bewegt sich zunehmend sicherer auf den Bahnen des Rhizoms, wird mit ihm vertraut. Die Kenntnisse seiner Topografie werden immer genauer. Zwar sind seine Landschaften ständigen Veränderungen unterworfen, doch man kann sich irgendwie darin orientieren. Das Gespür für seine Launen, Vorlieben und Reaktionsweisen, für seinen Charakter verfeinert sich. Zunehmend entwickelt sich ein Gefühl für die Gestalt des Rhizoms. Wie ein Schatten legt sich sein Geflecht über das Gehirn bis es mit diesem zu sprechen beginnt, bis daraus eigenständige Bilder emporsteigen, Visionen von der Zukunft entstehen. Dann wird es nebensächlich, ob nun der Geist eines Orakeldämons oder der Geist des Rhizoms zu einem spricht. Der Geist der Postmoderne und der Geist der Archaik finden ihre Versöhnung.

Die rhizomatische Prognostik ist eine Abkehr vom Gaukelbild der sturen Schemen und Modelle. Es gibt keine Allgemeinrezepte und Standardlösungen mehr. Im Zentrum steht die Fragestellung, das Problem, und aus diesem heraus erwächst dessen ureigener Lösungsweg. Bislang stand das Modell, die Technik, das Instrument, das Schema im Mittelpunkt. Man versuchte, die Welt in dieses Schema hineinzupressen, ihr die Zwangsjacke des Modells überzustülpen und alles, was an Armen, Beinen, Köpfen und Fühlern aus dieser herausragte abzuschneiden, als Störfaktor zu brandmarken oder als externen Faktor abzutun. Die Zukunft wurde in Relevanzbäume, Kästen und Matrizen gestopft, stets denselben Abfolgen unterjocht und auf diese hin dressiert: Erstens – Zweitens – Drittens – Viertens, die drei Phasen, die vier Grundsätze, die acht Schritte... All dies gibt es in der rhizomatischen Prognostik nicht mehr. Ihre Ströme, Strahlungen und Wellen sind organisch, lebendig. Sie verfertigt nicht Zeichen und Formeln, sondern Melodien und Bilder. Sie ist nicht Wissenschaft im Sinne von Abstrahierungswut, Zergliederungszwang, funktioneller Schemenmeierei und Neutralisierungswahn, sondern sie ist Kunst.
Dort, wo die offene, diskursive Futurologie, Science-Fiction, Kunst und Philosophie aufeinandertreffen, könnte sich eine derartige rhizomatische Prognostik entwickeln. Sie könnte durchaus Teile herkömmlicher Methoden verwenden, doch sie würde sich von diesen nicht ihre Denkwege vorgeben lassen. Sie würde sie lediglich als Anregungen und Gedankenspielzeug betrachten und auch den Mut haben, gänzlich auf sie zu verzichten, wenn sie dies für angemessen erachtet.

Szenario-Technik

Eine der beliebtesten Methoden der modernen Zukunftsforschung ist die Szenario-Technik. Das Wort „Scenario" kommt aus dem Italienischen und bedeutet „Kulisse". Es bezeichnet den Ort, wo die Theaterbühne errichtet wird. Die Szenario-Technik erzählt somit Theaterstücke von der Zukunft. Sie entwirft vorstellbare und logisch begründbare Zukunftsbilder. Sie konstruiert hypothetische Abfolgen von Ereignissen und neue Welten, die daraus entstehen. Man könnte auch sagen, die Szenario-Technik erzählt Geschichten von der Zukunft.
Im Grunde trifft diese Beschreibung auch auf Science-Fiction zu. Die Szenario-Technik unterscheidet sich vom Zukunftsroman lediglich darin,

dass sie keinen literarischen Anspruch erhebt. Stattdessen verkauft sie sich gerne als seriöse Wissenschaft, beziehungsweise als „Technik". Sie will nicht unterhalten, sondern kommende Chancen und Risiken aufzeigen, Grundlagen für wichtige Entscheidungen schaffen. Szenarien sollen es ermöglichen, für verschiedene Eventualitäten der Zukunft gewappnet zu sein. Mit Szenarien lassen sich Strategien für Ereignisse bereits ausarbeiten, bevor diese überhaupt eingetroffen sind. Und wenn diese Ereignisse dann wirklich eintreffen, kann man die bereits fertigen Strategien und Pläne aus der Schublade ziehen und blitzschnell reagieren.

Insofern verwundert es nicht, dass die Szenario-Technik nicht nur in der Zukunftsforschung sehr beliebt ist, sondern überall dort, wo möglichst kurze Reaktionszeiten vorteilhaft sind. Szenarien gibt es im Katastrophenmanagement genauso wie im Militärwesen, in der Politik und in der Wirtschaft, insbesondere in der strategischen Unternehmensführung. Je unsicherer und instabiler die Zeiten sind, desto wichtiger werden Szenarien. So entstammen die ersten Vorläufer der Szenario-Technik auch dem Kriegswesen.
Bereits um 500 v. Chr. verfasste der chinesische General Sun-Tsu das Buch „Die Kunst des Krieges". Er erläuterte darin für jede erdenkliche Kriegssituation, für jedes mögliche „Wenn" die Konsequenzen und passenden Handlungsanweisungen:

> „Wenn der Feind uns zahlenmäßig überlegen ist, können wir ihn am Kampf hindern. Versuche, seine Pläne aufzudecken und zu erkennen, wie erfolgsversprechend sie sind. Reize ihn, und ergründe das seiner Aktivität oder Inaktivität zugrunde liegende Prinzip. Zwinge ihn, sich Blöße zu geben, damit du seine verwundbaren Stellen findest. (...) Schlage kein Lager auf, wenn du in schwierigem Gelände bist. Schließe dich in Gegenden, wo sich große Straßen kreuzen, mit deinen Verbündeten zusammen. Halte dich nicht lange in gefährlich isolierten Positionen auf. (...) Wenn du kämpfen willst, dann stelle den Eindringling nicht in der Nähe eines Flusses, den er überqueren muss. Vertäue dein Schiff stattdessen oberhalb vom Feind, und zwar gegen die Sonne. Fahre nicht stromauf, um dich dem Feind zu stellen."[331]

In Kapitel X. erklärt Sun-Tsu die passenden Strategien für die sechs verschiedenen „Terrains":

> „Zugängliches Gelände, behinderndes Gelände, ausgleichendes Gelände, enge Pässe, steile Anhöhen, Positionen, die weit vom Feind entfernt sind. (...) Gelän-

de, das verlassen werden kann, das jedoch schwer zurückzuerobern ist, wird behindernd genannt. Wenn der Feind unvorbereitet ist, kannst Du aus einer solchen Position vorpreschen und ihn schlagen. Doch wenn der Feind auf dein Kommen vorbereitet ist und du ihn nicht schlägst, dann ist dir, da die Rückkehr nicht möglich ist, die Niederlage sicher.
Wenn die Position so ist, dass keine Seite gewinnt, wenn sie den ersten Schritt tut, wird das Gelände ausgleichend genannt, und die Situation ist festgefahren. Auch wenn in einer solchen Situation der Gegner einen attraktiven Köder anbietet, ist es ratsam, nicht vorzudringen, sondern sich zurückzuziehen, um dadurch umgekehrt den Feind zu verlocken; wenn dann ein Teil seiner Armee herausgekommen ist, kannst Du angreifen und hast den Vorteil auf deiner Seite..."[332]

„Die Kunst des Krieges" enthält bereits die wesentlichen Züge der Szenario-Technik. Die Schrift versucht, mögliche Kriegs-Situationen vorwegzunehmen und dafür passende Strategien anzubieten. Die Beschreibungen sollen den Feldherrn helfen, zukünftige Schlachtszenarien bereits im Vorhinein geistig durchzuspielen. So sind sie vor vielen Überraschungen gefeit und können im Ernstfall besonnen und überlegt reagieren, während sich der Feind, vom Schlachtrausch übermannt, kopflos ins Verderben stürzt. Die Szenario-Technik ist also, ohne als solche bezeichnet zu werden, bereits seit Jahrtausenden fester Bestandteil der strategischen Kriegsführung.

Als sich nach den Tumulten der Weltkriege in der westlichen Welt schließlich eine lange Phase des Friedens stabilisiert hatte, wurde in den 1960er Jahren der Szenario-Begriff auch auf die Wirtschafts- und Sozialwissenschaften übertragen. Die einstmaligen Schlachtfelder verlagerten sich zunehmend auf den wirtschaftlichen Wettbewerb. Vor allem Unternehmen, welche in einem instabilen Umfeld operierten, begannen, ihren strategischen Entscheidungen Szenarien zugrunde zu legen. Vorreiter waren große Konzerne wie Shell, General Electric oder Lockheed. 1981 ergab eine Befragung, dass bereits 40 % der 1.000 größten amerikanischen Industrieunternehmen die Szenario-Technik nutzten.[333] Heute gibt es wohl kaum noch ein großes Unternehmen, welches sich leisten kann, darauf zu verzichten.
Wesentlich an dieser Entwicklung beteiligt waren Herman Kahn und Anthony Wiener, welche in den 1960er Jahren das „scenario writing" populär machten. Ihnen wird häufig die Urheberschaft der Szenario-Technik oder zumindest deren Übertragung auf Wirtschaft und Futurologie zuge-

schrieben. Unter anderem ihr bereits erwähntes Buch „The Year 2000" basierte zu einem großen Teil darauf:

> „Die Szenarien, die eine hypothetische Folge von Ereignissen darstellen, sollen die Aufmerksamkeit auf kausale Prozesse und Entscheidungsmomente lenken. Sie beantworten zwei Arten von Fragen: 1. Wie mag eine hypothetische Situation Schritt für Schritt zustande kommen? und 2. Welche Alternativen gibt es in jedem Stadium für jeden Teilnehmer, um den weiteren Prozess zu verhindern oder in eine andere Richtung zu lenken?"[334]

Kahn und Wiener konstruierten zuerst die „Standardwelt", den „überraschungsfreien Entwurf" der Zukunft, welcher entsteht, wenn alles so weitergeht wie bisher. Dann wurden die „alternativen Zukünfte" entworfen. Diese kommen durch gewisse Ereignisse zustande, welche weniger wahrscheinlich, aber dennoch möglich sind. Es gibt also ein „Trendszenario", sowie Positiv- und Negativ-Extremszenarien. Irgendwo zwischen den beiden Extremszenarien vermutet man, dass sich die tatsächliche Zukunft abspielen wird.

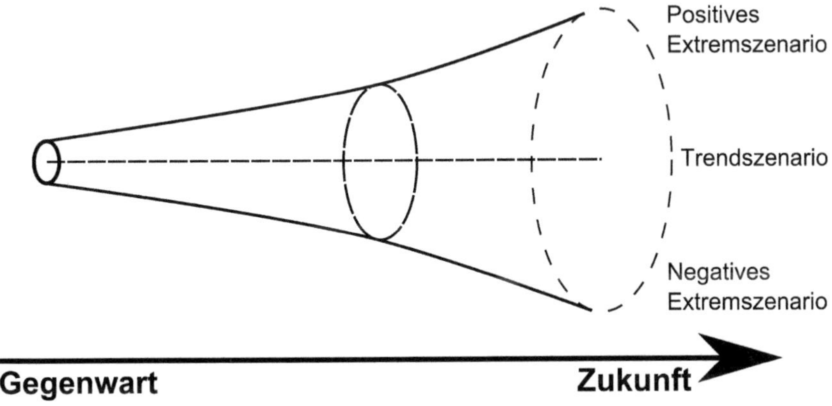

Szenario-Trichter:
Die wahrscheinliche Zukunft liegt irgendwo zwischen den Extremszenarien

Häufig wird dies in Form des „Szenario-Trichters" veranschaulicht. Das Zentrum des Trichters, seine Stoßrichtung, wird vom Trendszenario gebildet. Die Ränder des Trichters werden von den Extrem-Szenarien abgegrenzt. Je weiter man in die Zukunft geht, desto mehr treiben die Extrem-Szenarien auseinander, desto mannigfaltiger werden die möglichen Zukünfte. Der Horizont von Alternativszenarien erweitert sich zunehmend. Vorhersagen werden immer schwieriger. Der Szenario-Trichter besteht aus folgenden drei Elementen:

1. Das **Trendszenario** beschreibt die überraschungsfreie Zukunft, welche entsteht, wenn alles so weitergeht wie bisher. Dieses Szenario gibt die Stoßrichtung vor. Es gilt allerdings zu bedenken, dass eine überraschungsfreie Zukunft zumeist auch das unwahrscheinlichste Szenario ist.

2. Das **Positiv-Extremszenario** beschreibt die wünschenswerteste aller Zukünfte, in der alle positiven Erwartungen optimal erfüllt werden.

3. Das **Negativ-Extremszenario** hingegen beschreibt den schlimmsten Fall, jene Zukunft, in der alles was schiefgehen kann auch schiefgeht.

Dieser Grundaufbau der Szenario-Technik entstand in den relativ stabilen, kontinuierlichen 1960er Jahren. Vollkommen unerwartete Ereignisse wie die Ölkrise der 1970er Jahre, der plötzliche Zusammenbruch des Ostblocks 1989 oder der WTC-Terroranschlag 2001 zeigten jedoch, dass noch so ausgefeilte Szenario-Systeme innerhalb kürzester Zeit komplett wertlos werden können. So begann die Szenario-Technik auch zunehmend Ereignisse einzubeziehen, welche zwar extrem unwahrscheinlich sind, bei Eintreffen aber die Zukunft tiefgreifend verändern können. Beispiele dafür sind Reaktorunfälle wie Tschernobyl, Kometeneinschläge, Sturmfluten oder Tornados, welche ganze Städte zerstören (wie in New Orleans 2005), revolutionäre neue Erfindungen, das Auftauchen charismatischer Führer oder neuer politischer Strömungen und ähnliches.
Diese extrem unwahrscheinlichen Ereignisse mit tiefgreifender Wirkung werden „Wild Cards" genannt. „Wild Card" ist die amerikanische Bezeichnung für den „Joker" im Kartenspiel, jene Karte, welche den gesamten Spielverlauf kippen kann. Insbesondere seit dem Zusammenbruch des Ostblocks und dem damit verbundenen Sicherheitsschock erleben diese unberechenbaren Ausnahmeszenarien einen starken Boom. Typische Wild Cards bietet beispielsweise die Studie „Wild Cards: A Multinational Perspective" (1992) vom Kopenhagener Institut für Zukunftsforschung. Darin werden Szenarien entworfen wie „Hong Kong übernimmt China", „Frauen verlassen den Arbeitsmarkt" oder „Das Ende der Solidarität zwischen den Generationen".[335] Weitere Wild Cards könnten sein: „Ewiges Leben wird möglich", „Menschen können keine Nachkommen mehr zeu-

gen", „Telepathie ersetzt herkömmliche Kommunikationsmittel", „80 % der Bevölkerung Ostdeutschlands wandert aus" oder „Zufällig beschließen alle Menschen einer Stadt gleichzeitig, heute nicht arbeiten zu gehen".

Derartige Überschriften könnten durchaus auch einem Science-Fiction-Roman oder der entgleisten Phantasie eines Kabarettisten entstammen. Worin genau besteht nun die Szenario-Technik? Wie kommt sie zu ihren Zukunftsbildern? Hier zeigt sich, dass die Szenario-Technik eigentlich gar keine eigenständige Technik ist. Denn sie kommt zu ihren Ergebnissen durch einen bunten Mix von anderen Prognosemethoden: Brainstorming, Experteninterviews, Delphi-Befragung, morphologische Analyse, Cross-Impact-Analyse, Trend-Extrapolation, sämtliche Techniken der modernen Zukunftsforschung können zur Szenariobildung herangezogen werden. Der Szenario-Technik eigen ist lediglich eine Reihe von grafischen Darstellungsmethoden wie Szenariotrichter, Szenariofeld, Systemgrid oder Zukunftsraum-Mapping.[336] Sie ist also keine Prognosemethode, sondern eine Darstellungsmethode. Sie sagt nicht voraus, sondern organisiert Voraussagen. Sie ist mehr Planspiel als Technik. Der Ablauf der Szenarienerstellung sieht in etwa folgendermaßen aus:

1. **Zielfestlegung** des Szenarioprojekts
2. Analyse des **Prognosegegenstands** und seiner externen Einflüsse; Festlegen der Akteure und Variablen
3. Ermitteln der **Systemzusammenhänge**
4. Erstellen von Prognosen für die Zukunft der einzelnen **Einflussgrößen**
5. Ermitteln der **Lenkungsvariablen**: Wo kann steuernd eingegriffen werden?
6. Ermitteln von möglichen **Störereignissen** und Wild Cards
7. Zusammenfassen der verschiedenen Möglichkeiten zu konsistenten **Szenarien**, meist umrahmt von einem positiven und einem negativen Extrem-Szenario
8. Erzählerisches **Ausformulieren** der einzelnen Szenarien

Ablauf der Szenariotechnik[337]

Synoptische Methode und Shaping Factors – Shaping Actors

Von diesem groben Leitfaden zur Erstellung von Szenarien gibt es zahllose Varianten und Abwandlungen. Etwa bei der Synoptischen Methode (vom Griechischen syn = zusammen, opt = schauen) werden im ersten Schritt für jeden Einzelaspekt des betrachteten Gegenstands eigene Szenarios erstellt. Im zweiten Schritt erfolgt dann die Zusammenschau aller Einzelszenarios zu einem Gesamtszenario. Diese Vorgehensweise findet sich beispielsweise in der Studie „Britain 1984", welche von Ronald Brech 1963 für Unilever erstellt wurde. Er entwarf zuerst Szenarios für die Teilbereiche Demografie, Psychologie, Soziologie, Technologie, Politik und Wirtschaft. Dann versuchte er, diese Einzelszenarios zu Gesamtszenarios zusammenzufassen. Dabei gestaltete es sich als einigermaßen schwierig, die teilweise sehr widersprüchlichen Einzelszenarien unter einen gemeinsamen Hut zu bringen.[338]

Eine weitere Variante nennt sich "Shaping Factors – Shaping Actors". Diese Methode wurde an der Forward Studies Unit der Europäischen Kommission (FSU) entwickelt und erstmals in der Studie „Die Herausforderungen Europas nach 1992" (1993) eingesetzt. Grundlage sind Diskussionsrunden und Brainstorming-Sitzungen von kleineren Expertengruppen. Bei der Gruppenzusammenstellung wird auf eine möglichst große Charaktervielfalt geachtet. Im Gegensatz zur Delphi-Befragung wird keine Neutralität, Exaktheit oder Konsensbildung angestrebt. Vielmehr stehen Schnelligkeit und Meinungsvielfalt im Vordergrund, weshalb man diese Methode auch gerne als „quick&dirty-Delphi" bezeichnet. Meist werden mehrere Expertengruppen zum selben Thema gebildet. Jede Gruppe soll dann mehrere Szenarios entwerfen. Am Schluss werden die Ergebnisse aller Gruppen zusammengefasst. „Shaping Factors – Shaping Actors" besteht aus drei Schritten:

1. Ermittlung der **Schlüsselfaktoren und –akteure**: Shaping Factors sind gestaltende Faktoren wie Wirtschaftswachstum, öffentliche Meinung usw. Shaping Actors sind die Individuen, Gruppen und Organisationen, deren Interessen den Prognosebereich beeinflussen können. Die Listen werden meist auf die 10-20 wichtigsten Actors&Factors begrenzt.

2. Für jeden einzelnen Actor und Factor werden **Mini-Szenarios** entworfen. Diese werden kurz und prägnant in ein, zwei Zeilen festgehalten.

3. Die **endgültigen Szenarien** entstehen durch verschiedene Kombinationen der einzelnen Mini-Szenarien. Besonderes Augenmerk gilt hierbei den Machtkonstellationen zwischen den Akteuren und deren Abhängigkeiten von den Gestaltungsfaktoren. Die endgültigen Szenarien sollen sich nicht überschneiden und möglichst kohärent sein. Diese End-Szenarien werden dann als Skript, in Form einer Erzählung festgehalten.[339]

Diese Methode beruht auf der Erfahrung, dass die akribischen Bemühungen früherer Zukunftsstudien um exakte und umfassende Daten, um möglichst neutrale Experten und um formelle Korrektheit dennoch keine zuverlässige Vorausschau der Zukunft ermöglicht hat. Wenn aber selbst der gigantischste Aufwand und die größte Gewissenhaftigkeit keine exakten Prognosen erlauben, dann ist es ohnedies viel effektiver, den Mitteleinsatz gering zu halten und möglichst schnell und unkompliziert den Zukunftshorizont abzustecken. „Shaping Actors – Shaping Factors" ist der Versuch, mit einem Minimum an Techniken, Formalismen und Aufwand auszukommen und so zu einem unverkrampften Umgang mit der Zukunft zurückzufinden. Subjektivismus wird nicht mehr als zu neutralisierender Feind angesehen, sondern als wichtiger Faktor der Menschheitsgeschicke und somit auch von deren Prognose.

Megatrends

Im Rausch des Milleniums wurde der Begriff „Megatrends" sehr populär. Das englische Wort „Trend" bezeichnet die Richtung, die Tendenz von Zeitgeistströmungen. Trends sind die Modewellen, welchen die Horden und Herden des Kollektivs gerade hinterherlaufen: die angesagte Kleidung, die coole Musik, die hippen Worte und Redewendungen, die begehrten Produkte, Gimmicks und Gadgets, der gerade moderne Lifestyle und so weiter. In der Regel sind Trends kurzlebig und werden alle paar Monate oder Jahre von neuen Trends abgelöst. Zudem betreffen sie meist nur spezielle Personenkreise oder Regionen. Megatrends hingegen sind sehr große Trends, langfristige Zeitgeist-Entwicklungen, welche sich über ganze Jahrzehnte erstrecken und dabei einen großen Teil der Weltbevölkerung betreffen.

Der amerikanische Zukunftsforscher John Naisbitt (*1929) prägte den Begriff 1982 mit seinem Bestseller „Megatrends: Ten New Directions Transforming Our Lives". In diesem Buch stellte er unter anderem den bis heute populären Megatrend der „Globalisierung" vor.[340]

Megatrends sind den Szenarien sehr ähnlich, wobei sie gerne unter einem markttauglichen Schlagwort verkauft werden: Individualisierung, Urbanisierung, Konnektivität, Silver Agers, Digitalisierung, Industrie 4.0, Neues Lernen, Female Shift, Grüne Energie oder Informationsgesellschaft sind nur einige Beispiele aus den vergangenen Jahrzehnten.[341] Zur Erstellung der Megatrends werden dieselben Methoden verwendet wie bei der Szenario-Technik. Dabei werden aktuelle soziale oder technologische Trends narrativ vergrößert und in die Zukunft projiziert. Oft steht der journalistische, marketingtaugliche Aspekt im Vordergrund. Denn Megatrends werden in erster Linie von Consultants und Speakers entwickelt, welche sich im Beratungsgeschäft gut verkaufen müssen. So ist man einerseits stets auf der Jagd nach dem nächsten großen Ding und versucht, diesem einen möglichst spannenden und eingängigen Namen zu geben. Andererseits dürfen diese Megatrends nicht zu innovativ, exotisch oder visionär sein. Denn schließlich geht es den Kunden der „Future Consultants" vor allem um eine unmittelbare Nutzbarkeit für die Geschäftsentwicklung. Im Fokus stehen neue Bedürfnisse der Konsumenten von morgen. So schließen die Megatrends die Brücke zwischen Markt-, Trend- und Zukunftsforschung.
Mainstream-Orientierung und Show-Elemente sind aber auch die große Stärke der Megatrends. Sie helfen, Zukunftsthemen verständlich in der Allgemeinheit zu etablieren und dienen Firmen und Branchen als kollektive Leitbanner für gemeinsame Zielvorstellungen und Zukunftspläne.

Pictures of the Future

Ebenfalls eine Sonderform der Szenariotechnik sind die "Pictures of the Future", welche die Siemens AG Anfang der 2000er Jahre für die strategische Zukunftsplanung entwickelt hat. Diese kombinieren zwei gegenläufige Sichtweisen. Zuerst werden die Trends, Pläne und Roadmaps der Gegenwart in die Zukunft extrapoliert. Was passiert, wenn alle Entwicklungen so weiterlaufen wie in der Vergangenheit? So entsteht ein „überraschungsfreies" Bild von morgen, welches zwar auf vielen gesicherten Daten basiert, aber blind für künftige Diskontinuitäten und Systembrüche ist. Um diese zu berücksichtigen, wird dann mittels Szenariotechnik die Welt von morgen modelliert und in die Gegenwart retropoliert. Welche Entwicklungen und Erfindungen sind notwendig, damit diese Zukunftsszenarien irgendwann Wirklichkeit werden? Im dritten Schritt werden beide Betrachtungsweisen in Einklang gebracht und zu stimmigen Bildern der Zukunft, den „Pictures of the Future" vereint.

Um den derart entworfenen Szenarios Leben einzuhauchen, wird als Abschluss des Prozesses von einem Künstler ein Bild gemalt. Darauf sind die wichtigsten Akteure und technischen Elemente zu sehen. Zudem wird das Szenario in eine Erzählung verpackt, meist aus der persönlichen Sicht eines Zukunftsmenschen. So sieht man auf dem Bild beispielsweise einen chinesischen Rentner des Jahres 2030, der aus dem Fenster des Hochgeschwindigkeitszuges auf die Skyline von Shanghai blickt und all die Veränderungen beschreibt, welche sich in den vergangenen Jahrzehnten ereignet haben. Oder zwei Geschäftspartner stehen auf einer grünen Wiese und der eine schildert, wie die Industrie 4.0 Fabrik funktioniert, welche sich versteckt unter der grünen Wiese befindet. So werden die technologischen Zukunftsszenarien emotional aufgeladen und in Bezug zum menschlichen Leben gesetzt. Die Zukunftsbilder werden permanent aktualisiert, sind somit entsprechend der laufenden Entwicklungen im stetigen Wandel. So entsteht ein breiter Zukunftshorizont für die strategische Planung von Forschungsschwerpunkten, Investitionen, Produktentwicklung und Business Development. Erklärtes Ziel der Methode ist es, die Zukunft nicht nur vorherzusagen, sondern sie selbst zu erfinden und mitzugestalten.[342]

Zukunftsvisionen in Magie und Moderne

Damit endet der Überblick über die wichtigsten qualitativen Methoden der modernen Zukunftsforschung. Es gibt eine Vielzahl von vielversprechenden Namen und szientifesken Bezeichnungen, welche den Anschein erwecken mögen, dass man heute weiter wäre in der Zukunftsschau und über fundierte Instrumente verfüge: Methode 635, Synektik, Relevanzbaum-Analyse, Cross-Impact-Analyse, Delphi- oder Szenario-Technik erstellt und angewendet von Zukunftsforschern, wissenschaftlichen Prognostikern, Futurologen, Technologiefolge-Abschätzern, Trendforschern und sonstigen Experten.
Stets ist man bemüht zu betonen, dass man sich vom Aberglauben der Wahrsager, Astrologen und Kartenschläger unterscheide, dass die erstellten Zukunftsbilder mehr seien als die Phantastereien von Utopisten und Science-Fiction-Autoren. Doch worin besteht nun dieser Unterschied genau? Hier wie dort sind die Zukunftsbilder am Ende Spekulation. Meistens kommt es dann doch anders. Vieles ist so allgemein formuliert, dass die Prognose gar nicht falsch sein kann. Und manchmal sind auch Treffer dabei. Das Herausarbeiten der Unterschiede zwischen wissenschaftlichen und abergläubischen Methoden gestaltet sich somit weit schwieriger, als auf den ersten Blick vermutet. Dazu kommt, dass die Wahrsager, die Utopisten, die Science-Fiction-Autoren oder die modernen Zukunftsforscher nur Schlagbegriffe sind, unter denen bunte Vielfalten von Individuen zusammengefasst werden. In allen Sparten gibt es objektivistische Technokraten ebenso wie pluralistisch-intuitive Phantasten. Hier wie dort gibt es Forscher, die vornehmlich „es wird" oder „es muss" sagen und andere, die „möglicherweise könnte" oder „vielleicht sollte" bevorzugen. Hier wie dort gibt es Vertreter des strengen Determinismus, aber auch solche, welche an Willensfreiheit und Selbstbestimmung glauben.

Die einzelnen Sparten überlappen sich und befruchten einander gegenseitig. In der Prognostik der kommunistischen Staaten waren Zukunftsforschung und die marxistische Utopie untrennbar verschmolzen. Autoren wie H.G. Wells, Stanislaw Lem oder Isaac Asimov waren sowohl als Science-Fiction-Autoren, als auch als Zukunftsforscher tätig. Charles Richet, der mit „Dans Cent Ans" als einer der ersten Vorläufer der modernen Zukunftsforschung gilt, war auch einer der ersten Parapsychologen und erforschte eingehend die Praktiken von Wahrsagern und Hellsehern. Sowohl bei den visionären Methoden der magischen Prognostik, als auch bei den qualitativen Methoden der modernen Zukunftsforschung wird betont, dass die Methode allein noch nicht zu treffenden Vorhersagen führt, sondern die Treffsicherheit immer von „der Kompetenz der beteiligten Experten" abhänge. Schaut man sich jedoch die Prognosen renommierter Spezialisten und Teams von Fachleuten an, so ist die Trefferquote dennoch durchwachsen. Worin liegt nun diese vielgeforderte „Kompetenz"? Besteht sie vielleicht in der Fähigkeit, Fehlprognosen als „Beinaherichtigprognosen" zu verkaufen oder geschickte Formulierungen auszuknobeln, welche eine Falsifikation der Prognose verunmöglichen? Ist nicht vielleicht einfach Glück die Kompetenz des erfolgreichen Prognostikers?

Die Spekulations-Umhüllung

Sucht man die Unterschiede zwischen magischen, phantastischen und wissenschaftlichen Prognostiken in ihren Ergebnissen oder in ihren Inhalten, so ist diese Mühe vergeblich. Alle beruhen auf Spekulationen, Einschätzungen, Bewertungen, Subjektivismen, Mutmaßungen. Die Unterschiede finden sich vielmehr in der Form, der Spekulations-Umhüllung, der Selbstpräsentation.
Die Wahrsager verwenden mystische Symbole, Götter und Wesenheiten, um ihren Spekulationen eine Umhüllung zu geben. Die Zukunftsforscher hingegen verwenden Kästchen, Trichter, Pfeile, Kurven und Zahlen als Präsentationsform. Doch am Ende erzählen sie alle Geschichten von der Zukunft. Ob prophetischer Traum, Wahrsagung oder göttliche Offenbarung, ob spannender Zukunftsroman oder utopische Gesellschaftsvision, ob Szenarios oder zusammengefasste Ergebnisse von morphologischen Kästen oder Delphi-Befragungen, die Endprodukte sind Geschichten, Erzählungen, Narrationen. Die Primodelle der Vorhersage ziehen sich als anthropologische Konstante[343] durch die Geistesgeschichte. Nur ihre Zeitgeistmasken ändern sich.[344]

Stellenwert des visionären Individuums

Ein weiterer Unterschied ist der Stellenwert des visionären Individuums. Die magische Prognostik ist von Einzelpersonen dominiert, während man in der modernen Zukunftsforschung die diskursive Zusammenarbeit in Gruppen bevorzugt. Auf der einen Seite finden sich Charismatiker, Propheten, Hellseher, die über eine höhere Gabe verfügen, die von den Göttern auserwählt wurden, um ihr Wort den Menschen zu übermitteln. Auch in der Parapsychologie geht man davon aus, dass die Gabe der Präkognition zwischen den Menschen sehr unterschiedlich verteilt ist. Nur wenige Menschen verfügen über die Fähigkeit, die Grenzen von Raum und Zeit, die Beschränkungen der herkömmlichen Sinne, zu überwinden. Auch Utopien und Zukunftsromane werden vornehmlich von Einzelpersonen verfasst.
Die moderne Zukunftsforschung hingegen brachte eine Abkehr vom visionären Individuum. Auf besondere Gaben von Einzelnen wollte man sich nicht mehr verlassen. Die totalitären Ideologien und Charismatiker der Weltkriegsepoche hatten die Vertrauensgrundlage dafür zerstört. Es hatte sich herausgestellt, dass die Zukunftsvisionen von Einzelnen gefährlich sein und der Allgemeinheit großen Schaden zufügen können. Deshalb versuchte man, die Macht der Prognostik auf Gruppen zu verteilen. Denkfabriken, Brainstorming-Teams, Zukunftswerkstätten, Befragungen von Laien- und Expertengruppen bis hin zur Delphi-Befragung zeugen von diesem Misstrauen gegenüber dem visionären Individuum. Natürlich gibt es nach wie vor beliebte Charismatiker und Visionäre in der Zukunftsforschung. Doch sobald die Visionen und Prognosen Entscheidungsgrundlage für die Geschicke des Kollektivs sind, werden diese meist von Gruppen erstellt. Selbst Köpfe wie Herman Kahn oder Robert Jungk erstellten ihre Vorhersagen in Teams, zusammen mit anderen Experten.

Natürlich ist auch dieses Abgrenzungskriterium relativ, hat es doch auch in der magischen Prognostik oftmals Expertenstäbe gegeben. Die prophetischen Verse des Orakels von Delphi wurden im Kreis der Priesterschaft erstellt. Die Worte des Tibetischen Staatsorakels Nechung und dessen Konsequenzen werden von den Mitgliedern der Tibetischen Regierung gemeinsam gedeutet. Im Mittelalter und in der Renaissance gab es an vielen Königshöfen nicht nur einen Hofastrologen, sondern oft gleich ganze Wahrsagerstäbe. Insofern ist die Kollektivierung der Prognostik vielleicht weniger ein ausschließliches Spezifikum der modernen Zukunftsforschung, sondern vielmehr ein Prozess, der immer dann einsetzt, wenn für die Allgemeinheit viel abhängt von der Richtigkeit der Prognosen.

Anspruch der Prognostik

So bleibt als letztes Unterscheidungsmerkmal der Anspruch der Prognostik. Bei den magischen Wahrsagern finden wir vornehmlich einen Absolutheitsanspruch. Die Stimme der Götter hat immer Recht. Ihr Wille steht fest. Ihre Zukunft ist unverrückbar. Die Methoden der Prognostik sind unfehlbar. Fehlbar sind lediglich die Menschen, indem sie den wahren Stimmen der Götter nicht richtig zuhören oder diese falsch interpretieren. Die visionäre Prognostik der Magie erhebt den Anspruch zu sagen, was sein wird. Dafür fordert sie kritiklosen Glauben ein.
Auch in der Parapsychologie geht man davon aus, dass es grundsätzlich möglich ist zu sagen, was sein wird. Sie ist sich allerdings bereits der großen Gefahren von Vorhersagen bewusst. Machtspiele, Manipulation, Fälschung, Betrug und Selbstbetrug, Geldmacherei und Leichtgläubigkeit sind die Regel. Signifikante Präkognition, welche experimenteller Überprüfung standhält, ist die seltene Ausnahme. Und selbst bei den wenigen Fällen, welche auf echte Präkognition hinweisen, sind die Ergebnisse derart unzuverlässig, dass es fahrlässig wäre, diese als Entscheidungsgrundlage zu verwenden. Das Prophetentum erhebt ebenfalls präkognitiven Anspruch. Darüber hinaus will es vorschreiben, was der Mensch tun soll. Es erweitert somit den präkognitiven Anspruch um einen normativen. Auch manche Utopien und Gesellschaftsvisionen bergen präkognitive Elemente, beispielsweise der wissenschaftliche Kommunismus von Marx und Engels. Im Vordergrund steht jedoch die normative Funktion. Utopien entwerfen vor allem Zukunftsvisionen darüber, was sein soll und wie die Welt besser wäre.

Die moderne Zukunftsforschung hingegen beschränkt sich darauf, was sein kann. Sie erhebt nur noch spekulativen Anspruch: „Quod autem potest esse totaliter aliter" – Es kann so oder auch total anders sein. Der Absolutheitsanspruch wird aufgegeben. Bei der technokratisch-objektivesken Richtung in der Tradition eines Herman Kahn geschieht

dies vornehmlich als Selbstschutz vor Fehlprognosen. Tendenziell ist man immer noch dem präkognitiven Anspruch zugeneigt. Die Zukunft könnte so schön ergründbar sein, wenn sich die Welt nur an die Modellprämissen halten würde.
Bei der partizipativ-humanistischen Richtung in der Tradition von Flechtheim hingegen erfolgt die Abkehr vom Absolutheitsanspruch aus philosophischen Überlegungen. Für sie ist die Zukunft prinzipiell nicht berechenbar. Sie hält „sichere" Prognosen und Zukunftsvisionen zudem für höchst gefährlich, weil sich daraus leicht totalitäre Systeme entwickeln können. Sie wendet sich entschieden gegen präkognitive Ansprüche und sieht Zukunft als indeterminiert und frei gestaltbar an. Um diesen Gestaltungsfreiraum zum Wohle der Menschen zu nutzen, betont sie den normativen Anspruch. Sie will herausarbeiten, was sein soll. Im Gegensatz zu herkömmlichen Utopien und Prophetentum werden diese Normen jedoch nicht von Göttern, Propheten oder einzelnen Gesellschaftsvisionären aufgestellt, sondern sie werden demokratisch von allem Betroffenen mitbestimmt. In der Triangel auf folgender Seite werden die Ansprüche der verschiedenen Vertreter visionärer Prognostik noch einmal zusammengefasst.

Die visionäre Prognostik ist die unmittelbarste Möglichkeit, in die Zukunft zu blicken. Ihre Erkenntnisquelle ist die Eingebung. Ihr Medium ist der Mensch selbst. Ihre Methoden sind lediglich Hilfsmittel der Inspiration, Steigrohre der Intuition. Die visionäre Prognostik bietet im Vergleich zu zeichen- und zeitendeutender Prognostik kaum „handfeste" Werkzeuge. Dadurch erlaubt sie einen unverstellten Blick auf die dahinterliegenden Anschauungen und Weltbilder, auf die Berührungspunkte, Überschneidungsfelder und Entwicklungsverläufe zwischen magischen, phantastischen, wissenschaftlichen und postmodernen Prognosemethoden. Die Paradigmen, die Modemasken der Zeitgeister und Kulturgeister, die Spekulations-Umhüllungen ändern sich. Was bleibt ist die uralte Sehnsucht, die Schleier der Zeit zu durchdringen und das Kommende zu erschauen. So ist dieses Buch über Zukunftsvisionen gleichzeitig auch ein Buch über die Visionen der Prognostik. Und trotz unzähliger Methoden bleibt das Wesen der Zukunft am Ende unergründlich. Denn der Geist ist Gedanke und Gespenst zugleich.

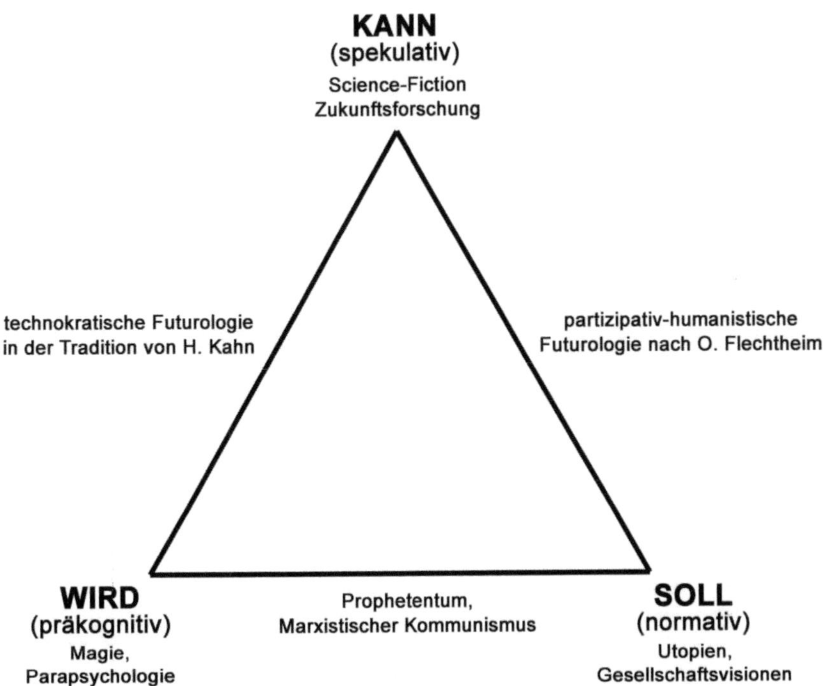

Die verschiedenen Ansprüche der visionären Prognostik, Niederwieser (2015)

Quellen

Einleitung

[1] Cicero (44 v.Chr.), S. 19
[2] vgl. hierzu Kuhn (1967) und Fleck (1935)
[3] vgl. Niederwieser (2002), S. 35ff
[4] Bonis (2002), S. 109, Black (2000), S. 15
[5] Bonis (2002), S. 84
[6] Black (2000), S. 17
[7] vgl. u.a. Bonis (2002), S. 136ff, Black (2000), S. 32, Richardson (2002), S. 31ff
[8] vgl. Sherden (1998), S. 1
[9] vgl. Black (2000), S. 32, Keightley in Lutz (1999), S. 18ff
[10] vgl. u.a. Autorenkollektiv (1968), Bönisch (1971), Dobrow (1971), Edeling (1968), Haustein (1969), Heyden (1967)
[11] Cicero (44 v. Chr.), S. 21, 35
[12] vgl. Morus (1958), S. 35ff

01. Besessenheit und Trance

[13] Thubten Ngodup in Lutz (1999), S. 127
[14] Dalai Lama (1990), S. 314f
[15] Dalai Lama (1990), S. 315
[16] Thubten Ngodup in Lutz (1999), S. 129
[17] Lobsang Jigme in Schüttler (1971), S. 46f
[18] Dalai Lama (1990), S. 311f
[19] Dalai Lama (1990), S. 313
[20] Maaß (1996), S. 11ff
[21] Diodorus in Rachet (1982), S. 52
[22] Diodorus in Rachet (1982), S. 56
[23] Rachet (1982), S. 62
[24] Giebel (2001), S. 16f
[25] Rachet (1982), S. 66
[26] Rickenbach in Lutz (1999), S. 107
[27] Maaß (1996), S. 15
[28] De Boer in Dokumentation Terra X: Das Delphi-Syndikat, ZDF am 15.8.2004
[29] De Boer in Dokumentation Terra X: Das Delphi-Syndikat, ZDF am 15.8.2004
[30] Cicero (44 v. Chr.), S. 140f
[31] Plutarch in Schröder (1990), S. 133
[32] Cicero (44 v. Chr.), S. 139
[33] Herodot in Rachet (1982), S. 65
[34] Cicero (44 v. Chr.), S. 139
[35] ausführliche Darstellung Herodots Geschichte über König Kroisos in Giebel (2001), S. 38ff
[36] Förster (1985), S. 192ff
[37] Haase (1987), S. 180
[38] Matthews (1991), S. 240

02. Visionen durch Rauschmittel

[39] Rätsch (1996), S. 280
[40] siehe u.a. Rätsch (1998) und Storl (2000)
[41] Müller in Rätsch (1996), S. 300
[42] Rätsch (1996), S. 287
[43] Reichel-Dolmatoff in Rätsch (1996), S. 282f
[44] Rätsch (1996), S. 288ff
[45] Huxley (1954), S. 14f
[46] Rätsch (1998), S. 94ff
[47] Rätsch (1998), S. 197
[48] Ponce in Rätsch (1996), S. 303
[49] Rätsch (1998), S. 402ff
[50] Rätsch (1998), S. 769f
[51] Rätsch (1998), S. 631
[52] Rosenbohm (1991), S. 59
[53] Rosenbohm (1991); Rätsch (1998), S. 634
[54] Rätsch (1998), S. 635

03. Nekromantie

[55] Ritner in Ciraolo / Seidel (2002), S. 90ff
[56] übersetzt und gekürzt aus Griffith / Thompson (1904)
[57] Cryer (1994), S. 181
[58] Homer (1989), S. 161ff
[59] Deuteronomium 18,9-22 in Schmitt (2004), S. 339f
[60] übersetzt und gekürzt nach Leviticus Rabbah 26,7 in Ciraolo / Seidel (2002), S. 101
[61] Agrippa (1510), S. 491f
[62] Lucas (1948), S. 287f
[63] Schilde (1940), S. 6
[64] Homberger in Lutz (1999), S. 273ff
[65] Schott (1997), S. 16ff, S. 26ff
[66] zum Element der Zeichenkultivierung und afrikanischen Orakeln mit kultivierten Zeichen siehe Niederwieser (2016), S. 113ff
[67] Bender (1976), S. 25
[68] The Metropolitan Museum of Art – Museum Plan September-October 2005
[69] Tenhaeff (1973), S. 172
[70] Tenhaeff (1973), S. 180ff
[71] Leonard in Tenhaeff (1973), S. 183
[72] Tenhaeff (1973), S. 165ff
[73] Tenhaeff (1973), S. 182

[74] Bender (1986), S. 7
[75] zur Renovierung von Zeitgeistmasken siehe Niederwieser (2018), S. 237ff
[76] v.a. Voggenhuber (2012) und Voggenhuber (2018)
[77] siehe www.pascal-voggenhuber.com - aufgerufen am 11.02.2020
[78] ausführlich zu Primodellen, Zeitgeistmasken und Zeitgeist-Tektonik in Niederwieser (2018), S. 33ff und S. 237ff

04. Prophetische Träume

[79] Bender (1986), S. 14; Bender (1972), S. 15, Rhine nach Schmidt (2002) spricht sogar von 75 %
[80] Morus (1958), S. 52
[81] Cryer (1994), S. 158f
[82] übersetzt aus Rochberg (2004), S. 85f
[83] Siemes (1990), S. 22
[84] Morus (1958), S. 65
[85] 1. Buch Mose 41, 17-25
[86] Buch Daniel 2, 31-35
[87] eine ähnliche Deutung der Endzeit aufgrund der biblischen Offenbarung findet sich bei Sir Isaac Newton, siehe S. 87ff
[88] Finamore in Berchman (1998), S. 156
[89] Cicero (44 v.Chr.), S. 45
[90] Finamore in Berchman (1998), S. 155f
[91] Kudlien (1991), S. 68ff
[92] Artemidor in Kudlien (1991), S. 73
[93] Artemidor in Kudlien (1991), S. 77
[94] Cicero (44 v.Chr.), S. 48f
[95] Jaggi (1973), S. 134f
[96] nach Wales (1983), S. 117ff
[97] Wales (1983), S. 121
[98] Cauquelin (2004), S. 54
[99] Smith (1991), S. 245f
[100] Smith (1991), S. 251
[101] übersetzt aus Smith (1991), S. 252
[102] Smith (1991), S. 254
[103] Smith (1991), S. 255f; ausführlich zur Bedeutung des Traumes in China in Lackner (1985)
[104] näheres zur Traumkultur der Senoi bei Domhoff (1990)
[105] Stearn (1966), S. 25f
[106] Stearn (1966), S. 218ff, S. 236ff; Malone (1997), S. 88f
[107] Stearn (1966), S. 33ff, S. 64ff, S. 81
[108] Stearn (1966), S. 35
[109] Stearn (1966), S. 84f
[110] einen sehr guten aktuellen Überblick zur parapsychologischen Erforschung anomalistischer Träume gibt Chris Roe in Mayer (2015), S. 137ff
[111] Bender (1986), S. 21f
[112] Mylius (1974)
[113] Bender (1972), S. 24
[114] Mylius in Bender (1986), S. 18
[115] Mylius in Bender (1986), S. 17

05. Präkognition

[116] einen aktuellen Überblick über die parapsychologischen Forschungen zur Präkognition gibt Mayer (2015)
[117] Bender (1976), S. 45
[118] Hawking (1988), S. 181ff
[119] Hawking (1988), S. 182
[120] Bender (1972), S. 20
[121] Bender (1976), S. 57f
[122] Ryzl (2004), S. 239
[123] Bender (1972), S. 21
[124] Bender (1986), S. 28f
[125] Bender (1976), S. 57
[126] Tenhaeff (1976), S. 144ff
[127] Bender (1972), S. 22
[128] Bender (1976), S. 60
[129] Bender (1976), S. 63
[130] Rhine (1950)
[131] Jung (1976), S. 558
[132] Jung (1976), S. 564
[133] Bender (1986), S. 24
[134] Bender (1972), S. 18
[135] Sheldrake (2003), S. 215f
[136] Schmidt (2002), S. 40
[137] Sheldrake (2003), S. 216; Sheldrakes Zahlen sind jedoch manchmal mit Vorsicht zu genießen.
[138] Meckelburg (1984), S. 139
[139] übersetzt aus Utts (1996), S. 23
[140] Schmidt (2002), S. 31f, Sheldrake (2003), S. 249

06. Prophetentum und Zukunftsmythen

[141] Breuer (2003), S. 34ff
[142] Breuer (2003), S. 30f
[143] León-Portilla (1962), S. 11f
[144] Breuer (2003), S. 73ff
[145] León-Portilla (1962), S. 95
[146] Kaiser (1989), S. 19
[147] Geertz (1992), S. 385f

[148] Laut zahlreichen Internet-Quellen entstammt diese oftmals zitierte Prophezeiung Frank Waters (1980). Trotz ausgiebiger Recherchen konnte ich sie dort jedoch nicht auffinden. Dies scheint mir symptomatisch für viele spektakuläre Prophezeiungen. Sie verbreiten sich durch unkritisches Abschreiben wie ein Lauffeuer und niemanden interessiert es mehr, das eigentlich gar keine zuverlässige Quelle vorliegt.
[149] Herrmann (2002), S. 123
[150] Gauger (1998), S. 337
[151] Jeremias in Baldermann (1999), S. 19
[152] Herrmann (2002), S. 129
[153] Mari-Brief von Prophet Sibtu an König Zimri-Lim nach Nissinen (2003), S. 47
[154] Mari-Brief von Prophet Inib-sina an König Zimri-Lim nach Nissinen (2003), S. 28
[155] Nissinen (2003), S. 16
[156] Mari-Brief von Prophet Laum an König Yasmah-Addu nach Nissinen (2003), S. 23
[157] Mari-Brief von Prophet Lanasum an König Zimri-Lin nach Nissinen (2003), S. 49f
[158] Mari-Brief von Itur-Asdu an König Zimri-Lin nach Nissinen (2003), S. 51
[159] Jeremias in Baldermann (1999), S. 20
[160] 1. Buch der Könige 18, 26-29
[161] Kopp (1991), S. 47ff
[162] Buch Amos 3, 9-11
[163] Buch Amos 4, 1-3
[164] Buch Jeremia 38, 2
[165] Kopp (1991), S. 131
[166] Kopp (1991), S. 177
[167] Buch Joel 3, 4
[168] Buch Daniel 7, 14
[169] Evangelium nach Lukas 3, 16
[170] Schöllgen in Baldermann (1999), S. 97ff
[171] Schöllgen in Baldermann (1999), S. 103ff
[172] Gauger (1998), S. 381
[173] Gauger (1998), S. 333f
[174] Gauger (1998), S. 346
[175] Erstes Sibyllinisches Buch nach Gauger (1998), S. 19
[176] Drittes Sibyllinisches Buch nach Gauger (1998), S. 87
[177] Viertes Sibyllinisches Buch nach Gauger (1998), S. 119
[178] Drittes Sibyllinisches Buch nach Gauger (1998), S. 91
[179] Viertes Sibyllinisches Buch nach Gauger (1998), S. 117
[180] Zweites Sibyllinisches Buch nach Gauger (1998), S. 51
[181] Achtes Sibyllinisches Buch nach Gauger (1998), S. 191
[182] Gauger (1998), S. 380ff
[183] Gauger (1998), S. 382ff
[184] Columbus (1997), S. 25
[185] Da Vinci (1988), S. 11
[186] Da Vinci (1988), S. 33
[187] Da Vinci (1988), S. 51
[188] Leppin in Baldermann (1999), S. 202
[189] übersetzt aus Newton (1733), S. 16, 21
[190] übersetzt aus Newton (1733), S. 30f
[191] Offenbarung des Johannes 13, 16-18
[192] Dimde (2005)
[193] vgl. Ovason (1998), Ramotti (2002) oder Dimde (2004)
[194] Nostradamus 1. Centurie, Vers 35
[195] Offenbarung des Johannes 1, 10-11
[196] Gunter (1950), S. 7ff
[197] vgl. Bekh (1988), Bender (1986)
[198] Bekh (1988), S. 43
[199] Hanauer (1997), S. 11, 40
[200] Hanauer (1997), S. 120f
[201] Rahner (1958), S. 65ff
[202] Ratzinger nach Hanauer (1997), S. 108

07. Utopien und Gesellschaftsvisionen

[203] Wuckel (1986), S. 17
[204] Platon (1976)
[205] More (1551)
[206] Brockhaus (1971), S. 54f
[207] Wolgin in Campanella (1955), S. 20f
[208] Campanella (1955), S. 33ff
[209] Campanella (1955), S. 39f
[210] Campanella (1955), S. 34
[211] Campanella (1955), S. 53
[212] Considerant (1906), S. 11; Bebel (1907), S. 28ff
[213] Considerant (1906), S. 25f, 54ff
[214] Bebel (1907), S. 69ff
[215] Fourier (1919), S. 14
[216] Bebel (1907), S. 121
[217] Bebel (1907), S. 39ff
[218] Adler in Considerant (1906), S. 40
[219] Honegger (1919)
[220] Musik (2001), S. 30
[221] Marx (1867), S. 791
[222] Berger (1968), S. 5
[223] Berger (1968), S. 6
[224] Berger (1968), S. 5

08. Zukunftsroman und Science Fiction

[225] Kepler (1993)
[226] Heß in Burmeister (1992), S. 130f
[227] Cyrano De Bergerac (1913), S. 81f
[228] Cyrano De Bergerac (1913), S. 142f
[229] Cyrano De Bergerac (1913), S. 218
[230] Mercier (1771)
[231] Shelley (1819)
[232] vgl. Poe (1984)
[233] Verne (1865)
[234] Verne (1870)
[235] Verne (1863), Verne (1873)
[236] Verne (1886)
[237] Verne (1860)
[238] Verne (1863)
[239] Wells (1975)
[240] Wells (1974)
[241] Wells (1901)
[242] Steinmüller in Burmeister (1992), S. 98f; Wells (1914)
[243] Huxley (1932)
[244] Orwell (1949)
[245] Steinmüller in Burmeister (1992), S. 23ff
[246] Lem (1992), S. 72; Kuznicki in Steinmüller (2000), S. 77
[247] Lem (1964), (1970/1+2)

09. Geschichte der modernen Zukunftsforschung

[248] vgl. u.a. Steinmüller (2000), S. 37; Flechtheim (1991), S. 162
[249] vgl. Comte (1824), S. 115ff, 137ff; Mikl-Horke (1997), S. 16ff
[250] Steinmüller (2000), S. 37f
[251] Wells nach Steinmüller (2000), S. 40
[252] Flechtheim (1987), S. 37
[253] Brehmer (1910), S. 107, 245ff, 77ff, 63ff, 35f und 184ff
[254] vgl. u.a. Paschke (1981), S. 609f
[255] vgl. Brockhaus (2004) unter „Vierjahresplan"
[256] vgl. Weber (1999), S. 3
[257] Bell in Kahn (1967), S. 413ff
[258] Lübke nach Steinmüller (1999), S. 89
[259] Flechtheim (1991), S. 26; in der Literatur wird oft fälschlicherweise 1943 angegeben
[260] Flechtheim (1991), S. 165
[261] Flechtheim (1991), S. 167ff
[262] Kappler (1983), S. 11 und Kappler (2006), S. 60ff
[263] Flechtheim (1987), S. 48f und Flechtheim (1991), S. 165
[264] siehe Neuberger (1995), S. 283ff
[265] Jungk (1989), S. 22
[266] http://www.rand.org/about/history/ - aufgerufen am 10.01.2006
[267] http://hudson.org unter „Herman Kahn, Founder" – aufgerufen am 10.01.2006
[268] Klappentext von Kahn (1967)
[269] Kahn (1967), S. 66ff
[270] Lem (1970/1), S. 154ff
[271] Flechtheim (1987), S. 40
[272] Kahn (1976)
[273] Popper (1987), S. XII
[274] Lem (1976) im Vorwort der deutschen Ausgabe von (1964), S. If
[275] Peccei (1974), S. 19ff, 76ff
[276] Meadows (1972)
[277] Meadows in Peccei (1974), S. 28
[278] de Jouvenel in Steinmüller (2000), S. 55
[279] siehe u.a. Horx/Wippermann (1996), Horx (2011) oder Horx (2013)
[280] Westphalen (1997), S. 9
[281] Grunwald (1999), S. 94ff und 113ff
[282] Kennedy nach Dierkes (1986), S. 206
[283] Technology Assessment Act nach Dierkes (1986), S. 209
[284] http://www.wws.princeton.edu/ota/ - aufgerufen am 15.01.2006
[285] Bechmann nach Grunwald (1999), S. 97
[286] Rapp (1999), S. 223ff
[287] siehe Westphalen (1997), S. 289ff, 305ff, 322ff und 340ff; Berg in Petermann (1999), S. 229ff und Brenner (2002)
[288] Baron und Zweck in Stein (2003), S. 19
[289] Niederwieser (2018), S. 33ff, 237ff
[290] www.z-punkt.de - aufgerufen am 08.07.2015
[291] www.zukunftsinstitut.de - aufgerufen am 08.07.2015
[292] www.futuremanagementgroup.com - aufgerufen am 08.07.2015
[293] www.ewi-psy.fu-berlin.de/v/master-zukunftsforschung/ und www.netzwerk-zukunftsforschung.eu/ - aufgerufen am 05.03.2015
[294] Pictures of the Future (seit 2001) und http://www.siemens.com/innovation/de/home/pictures-of-the-future.html - aufgerufen am 05.03.2015

10. Qualitative Prognosemethoden der Moderne

[295] VDI nach Westphalen (1997), S. 199; Die in der Liste enthaltenen Kosten-Nutzen- sowie Nutzwert-Analysen wurden hier ausgelassen, weil sie nicht der Prognose dienen, sondern ausschließlich der Bewertung.
[296] Flechtheim (1987), S. 56
[297] Osborn (1993), S. 151ff
[298] Osborn (1993), S. 156
[299] Osborn (1993), S. 167
[300] Paulus (2005), S. 38f
[301] Gisholt (1976), S. 133
[302] Steiner in Strebel (2003), S. 309ff
[303] Jungk (1989), S. 17
[304] Jungk (1989), S. 79, 88ff, 221ff
[305] nach Schlicksupp (1999), S. 135f
[306] vgl. Niederwieser (2016), S. 185ff
[307] Malone (1997), S. 27, 35, 69, 81, 87, 114, 135, 156
[308] Flechtheim (1987), S. 61
[309] Malone (1997), S. 36, 42, 99, 102
[310] Flechtheim (1987), S. 64
[311] Engels in Schachnasarow (1982), S. 28f
[312] Jungk (1965), S. 14f
[313] die jeweiligen Autoren in Jungk (1965), S. 34, 83ff, 127, 329f
[314] Dalkey (1969), S. 15
[315] vgl. u.a. Swoboda (1979), S. 159ff und Adler (1996), S. 5
[316] Dalkey (1969), S. 16ff
[317] Swoboda (1979), S. 160f
[318] Dalkey (1969), S. 6f
[319] Mazlish (1965)
[320] ausführlich zu Keplers Weltharmonik und Jungs Synchronizität in Niederwieser (2018), S. 76ff
[321] Spengler (1918/22), Tafeln ab S. 71
[322] Zwicky (1966), S. 123ff
[323] Zwicky (1966), S. 115
[324] Zwicky (1966), S. 260
[325] Zwicky (1966), S. 116f; Steiner in Strebel (2003), S. 322
[326] u.a. Gisholt (1976), S. 161ff; Graf (1999), S. 157ff; Gelbmann / Vorbach in Strebel (2003), S. 158ff
[327] Linstone (1975), S. 325
[328] Deleuze (1977), S. 14, 16
[329] vgl. Briggs/Peat (1990)
[330] siehe Weiskopf (2003), S. 10
[331] Sun Tzu (2001), Kapitel VI., VIII., IX.
[332] Sun Tzu (2001), Kapitel VI., VIII., IX.
[333] Gausemeier in Westphalen (1997), S. 203
[334] Kahn (1967), S. 21
[335] Agerup in Steinmüller (2000), S. 112
[336] näheres zu diesen Darstellungsmethoden siehe u.a. Gausemeier in Westphalen (1997), S. 209ff
[337] angelehnt u.a. an Reibnitz in Steinmüller (2000), S. 102f und Graf (1999), S. 205
[338] Gisholt (1976), S. 120
[339] Bertand in Steinmüller (2000), S. 87ff
[340] vgl. Naisbitt (1982)
[341] siehe u.a. www.zukunftsinstitut.de und www.z-punkt.de - beide aufgerufen am 08.07.2015
[342] Eberl (2013), S. 14f und Rasul (2019)

Zukunftsvisionen in Magie und Moderne

[343] Der Wunsch nach Vorhersage als „anthropologische Konstante" wurde von Michael Lackner formuliert, siehe u.a. Lackner (2019)
[334] ausführlich zu Primodellen, Zeitgeistmasken und Zeitgeist-Tektonik in Niederwieser (2018), S. 33ff und S. 237ff

Literatur

Adler, Michael / Ziglio, Erio u.a. (1996) *Gazing into the Oracle – The Delphi Method and its Application to Social Policy and Public Health*, London: Jessica Kingsley Publishers

Agrippa Cornelius von Nettesheim (1510) *De Occulta Philosophia* in der deutschen Übersetzung „Die Magischen Werke" von 1995, Berlin: Verlag Richard Schikowski

Autorenkollektiv (1968) *Philosophie und Prognostik*, Berlin: Dietz Verlag

Baldermann, Ingo u.a. (1999) *Prophetie und Charisma*, Neukirchen-Vluyn: Neukirchener Verlag

Bebel, August (1907) *Charles Fourier – Sein Leben und seine Theorien* in der Ausgabe von (1978), Leipzig: Reclam Verlag

Bekh, Wolfgang Johannes (1988) *Am Vorabend der Finsternis: Europäische Seherstimmen: Weissagungen – Visionen - Erscheinungen*, München: W. Ludwig Verlag

Bender, Hans (1972) *Telepathie, Hellsehen und Psychokinese*, München: Piper Verlag

Bender, Hans (1976) *Parapsychologie – ihre Ergebnisse und Probleme*, Frankfurt am Main: Fischer Taschenbuch Verlag

Bender, Hans (1986) *Zukunftsvisionen, Kriegsprophezeiungen, Sterbeerlebnisse*, München: Piper Verlag

Berchman, Robert M. (1998) *Mediators of the Divine – Horizons of Prophecy, Divination, Dreams and Theurgy in Mediterranean Antiquity*, Atlanta: Scholars Press

Berger, Rolf (1968) *Der Blick in die Zukunft : Gedanken zur marxistisch-leninistischen Gesellschaftsprognose* aus der Schriftenreihe „Kurs für junge Vertrauensleute", Berlin: Verlag Tribüne

Black, Jeremy (2000) *DuMont Atlas der Weltgeschichte*, Köln: DuMont

Bonis, Louis de (2002) *Vom Affen zum Menschen – Evolution des Menschen*, Heidelberg: Spektrum der Wissenschaft

Bönisch, Alfred (1971) *Futurologie*, Berlin: Akademie-Verlag

Brehmer, Arthur (1910) *Die Welt in 100 Jahren* in der Ausgabe von (2010), Hildesheim: Georg Olms Verlag

Brenner, Jens u.a. (2002) *TA-Kontexte: Erfahrungsberichte zur Technikfolgenabschätzung – Festschrift für Diethard Schade*, Stuttgart: Akademie für Technikfolgenabschätzung in Baden-Württemberg

Breuer, David / Geiger, Jürgen (2003) *Azteken*, Köln: DuMont

Briggs, John / Peat, David (1990) *Die Entdeckung des Chaos – Eine Reise durch die Chaostheorie*, München: dtv Deutscher Taschenbuch Verlag

Brockhaus (2004) Digitalversion, Mannheim: Brockhaus Verlag

Brockhaus, Heinrich (1971) *Die Utopia-Schrift des Thomas Morus*, Hildesheim: Verlag Dr. H.A. Gerstenberg

Burmeister, Klaus / Steinmüller, Karlheinz u.a. (1992) *Streifzüge ins Übermorgen – Science Fiction und Zukunftsforschung*, Weinheim: Beltz Verlag

Campanella, Thomas (1955) *Der Sonnenstaat – Idee eines philosophischen Gemeinwesens*, Berlin: Akademie-Verlag

Cauquelin, Josiane (2004) *The Aborigines of Taiwan – The Puyuma: from Headhunting to the Modern World*, London: RoutledgeCurzon

Cicero, Marcus Tullius (44 v.Chr.) *De Divinatione*, in der deutschen Übersetzung von Raphael Kühner (o.A.), München: Wilhelm Goldmann Verlag

Ciraolo, Leda / Seidel, Jonathan u.a. (2002) *Magic and Divination in the Ancient World*, Leiden: Brill / Styx

Columbus, Christopher (1997) *The Book of Prophecies*, Berkeley: University of California Press

Comte, Auguste (1824) *Cours de philosophie positive* in der gekürzten deutschen Ausgabe von (1933) *Die Soziologie – Die Positive Philosophie im Auszug*, Leipzig: Alfred Kröner Verlag

Considerant, Viktor (1906) *Fouriers System der sozialen Reform*, Leipzig: Verlag C.L. Hirschfeld

Cryer, Frederick (1994) *Divination in Ancient Israel and its Near Eastern Environment*, Sheffield: Sheffield Academic Press Ltd

Cyrano De Bergerac (1913) *Mondstaaten und Sonnenreiche*, München: Bayerische Verlags-Anstalt

Dalai Lama (1990) *Das Buch der Freiheit – Die Autobiographie des Friedensnobelpreisträgers*, Bergisch Gladbach: Gustav Lübbe Verlag

Dalkey, Norman C. (1969) *The Delphi Method: An Experimental Study of Group Opinion*, Santa Monica: Rand Corporation

Da Vinci, Leonardo (1988) *Prophezeiungen*, herausgegeben von Klaus Weirich, Weissach im Tal: Alkyon Verlag

Deleuze, Gilles / Guattari, Félix (1977) *Rhizom*, Berlin: Merve Verlag

Dierkes, Meinolf / Petermann, Thomas / Thienen Volker von u.a. (1986) *Technik und Parlament - Technikfolgen-Abschätzung: Konzepte, Erfahrungen, Chancen*, Berlin: Edition Sigma

Dimde, Manfred (2005) *Nostradamus 2006*, München: Droemer Knaur Verlag

Dimde, Manfred / Bergmann, Horst (2004) *Der Astro-Code des Nostradamus*, München: Droemer Knaur Verlag

Dobrow, Gennadij Michajlovic (1971) *Prognostik in Wissenschaft und Technik*, Berlin: Dietz Verlag

Domhoff, William (1990) *Mystique of Dreams: A Search for Utopia through Senoi Dream Theory*, Chicago: University of Chicago Press

Eberl, Ulrich (2011) *Zukunft 2050 – Wie wir schon heute die Zukunft erfinden*, Weinheim: Beltz & Gelberg

Edeling, Herbert (1968) *Prognostik und Sozialismus*, Berlin: Dietz Verlag

Flechtheim, Ossip K. (1987) *Ist die Zukunft noch zu retten?*, München: Heyne Verlag

Flechtheim, Ossip K. / Joos, Egbert (1991) *Ausschau halten nach einer besseren Welt – Biographie, Interview, Artikel*, Berlin: Dietz Verlag

Fleck, Ludwik (1935) *Entstehung und Entwicklung einer wissenschaftlichen Tatsache – Einführung in die Lehre vom Denkstil und Denkkollektiv* in der Auflage von (1980), Frankfurt am Main: Suhrkamp Verlag

Förster, Till (1985) *Divination bei den Kafibele-Senufo*, Berlin: Dietrich Reimer Verlag

Fourier, Charles (1919) *Die Phalanx – Eine Auslese aus seinen Schriften*, München: Dreiländerverlag

Gauger, Jörg-Dieter (1998) *Sibyllinische Weissagungen*, Düsseldorf: Artemis & Winkler

Geertz, Armin (1992) *The Invention of Prophecy – Continuity and Meaning in Hopi Indian Religion*, Knebel: Brunbakke Publications

Giebel, Marion (2001) *Das Orakel von Delphi – Geschichte und Texte*, Stuttgart: Reclam Verlag

Gisholt, Odd (1976) *Marketing-Prognosen*, Bern: Verlag Paul Haupt

Graf, Hans Georg (1999) *Prognosen und Szenarien in der Wirtschaftspraxis*, Zürich: Verlag Neue Zürcher Zeitung

Griffith, Francis / Thompson, Herbert (1904) *The Demotic Magical Papyrus of London and Leiden*, London: H. Grevel & Co.

Grunwald, Armin u.a. (1999) *Rationale Technikfolgenbeurteilung - Konzepte und methodische Grundlagen*, Berlin: Springer Verlag

Gunter, Max (1950) *Die Voraussagen des blinden Jünglings*, München: Verlag Almar Reitzner; in der Berliner Staatsbibliothek auch vorliegend in einer Ausgabe aus dem Jahr (1800) *Proroctwj gednoho slep'ho mladence*

Haase, Evelin (1987) *Der Schamanismus der Eskimos*, Aachen: Rader Verlag

Hanauer, Josef (1997) *Wunder oder Wundersucht? Erscheinungen –Prophezeiungen – Visionen – Besessenheit*, Aachen: Karin Fischer Verlag

Haustein, Heinz-Dieter (1969) *Wirtschaftsprognose, Grundlagen – Elemente – Modelle*, Berlin: Verlag Die Wirtschaft

Hawking, Stephen W. (1988) *Eine kurze Geschichte der Zeit – Die Suche nach der Urkraft des Universums*, Reinbeck bei Hamburg: rororo Rowohlt Verlag

Herrmann, Siegfried (2002) *Geschichte und Prophetie – Kleine Schriften zum Alten Testament*, Stuttgart: Verlag W. Kohlhammer

Heyden, Günter (1967) *Gesellschaftsprognostik, Probleme einer neuen Wissenschaft*, Berlin: VEB Deutscher Verlag der Wissenschaften

Homer (1989) *Odyssee*, Berlin: Aufbau-Verlag

Honegger, Hans (1919) *Godin und das Familistère von Guise – Ein praktischer Versuch der Verwirklichung von Fouriers Utopie*, Zürich: Rascher

Horx, Matthias / Wippermann, Peter (1996) *Was ist Trendforschung?*, Düsseldorf: Econ Verlag

Horx, Matthias (2011) *Das Megatrend-Prinzip – Wie die Welt von morgen entsteht*, München: Deutsche Verlags-Anstalt

Horx, Matthias (2013) *Zukunft wagen: Über den klugen Umgang mit dem Unvorhersehbaren*, München: Deutsche Verlags-Anstalt

Huxley, Aldous (1932) *Brave New World* in der deutschen Ausgabe von (1997) *Schöne neue Welt*, Frankfurt: Fischer Verlag

Huxley, Aldous (1954) *The Doors of Perception / Heaven and Hell* in der deutschen Ausgabe von (1996) *Die Pforten der Wahrnehmung / Himmel und Hölle*, München: Piper Verlag

Jaggi, O.P. (1973) *Indian System of Medicine*, Delhi: Atma Ram & Sons

Jung, Carl Gustav (1976) *Die Dynamik des Unbewußten*, Olten und Freiburg im Breisgau: Walter Verlag

Jungk, Robert / Müllert, Norbert R. (1989) *Zukunftswerkstätten – Mit Phantasie gegen Routine und Resignation*, München: Heyne Verlag

Jungk, Robert / Mundt, Hans Josef (1965) *Unsere Welt 1985 – Entwürfe von hundert Wissenschaftlern und Technikern aus fünf Kontinenten*, Wien: Verlag Kurt Desch

Kahn, Herman (1976) *The next 200 Years – A Scenario for America and the World* in der deutschen Ausgabe *Vor uns die guten Jahre – Ein realistisches Modell unserer Zukunft*, Wien: Verlag Fritz Molden

Kahn, Herman / Wiener, Anthony J. (1967) *The Year 2000 – A Framework for Speculation on the next thirty-three Years* in der deutschen Fassung von (1968) *Ihr werdet es erleben - Voraussagen der Wissenschaft bis zum Jahre 2000*, Wien: Verlag Fritz Molden

Kaiser, Rudolf (1989) *Die Stimme des Großen Geistes – Prophezeiungen und Endzeiterwartungen der Hopi-Indianer*, München: Kösel Verlag

Kappler, Ekkehard / Seibel, Johannes u.a. (1983) *Entscheidungen für die Zukunft - Instrumente und Methoden der Unternehmensplanung*, Frankfurt: Frankfurter Allgemeine Zeitung GmbH

Kappler, Ekkehard (2006) *Controlling – Eine Einführung für Bildungseinrichtungen und andere Dienstleistungsorganisationen*, Münster: Waxmann Verlag

Kepler, Johannes (1993) *Gesammelte Werke – Band 11,2: Calendaria et prognostica. Astronomica minora. Somnium*, München: Beck Verlag

Kopp, Johanna (1991) *Israels Propheten – Gottes Zeugen heute*, Paderborn: Bonifatius Verlag

Kudlien, Fridolf (1991) *Sklaven-Mentalität im Spiegel antiker Wahrsagerei*, Stuttgart: Franz Steiner Verlag

Kuhn, Thomas S. (1967) *Die Struktur wissenschaftlicher Revolutionen*, Frankfurt am Main: Suhrkamp Verlag

Lackner, Michael (1985) *Der chinesische Traumwald: traditionelle Theorien des Traumes und seiner Deutung im Spiegel der ming-zeitlichen Anthologie Meng-lin hsüan-chieh*, Frankfurt: Peter Lang Verlag

Lackner, Michael (2019) *Tradition und Gegenwart der Prognostik*, Vortrag am 23.07.2019 im Rahmen der IKGF-Konferenz „Die Zukunft der Prognostik" in Erlangen

Lem, Stanislaw (1964) *Summa technologiae* in der deutschen Ausgabe von (1981), Frankfurt: Suhrkamp Verlag

Lem, Stanislaw (1970/1) *Phantastik und Futurologie I* in der deutschen Ausgabe von (1984), Frankfurt: Suhrkamp Verlag

Lem, Stanislaw (1970/2) *Phantastik und Futurologie II* in der deutschen Ausgabe von (1984), Frankfurt: Suhrkamp Verlag

Lem, Stanislaw (1992) *Die Vergangenheit der Zukunft*, Frankfurt: Insel Verlag

León-Portilla, Miguel / Heuer, Renate (1962) *Rückkehr der Götter – Die Aufzeichnungen der Azteken über den Untergang ihres Reichs*, Köln: Friedrich Middelhauve Verlag

Linstone, Harold A. / Turoff, Murray (1975) *The Delphi Method - Techniques and Applications*, Reading: Addison-Wesley

Lucas, Olumide (1948) *The Religion of the Yorubas*, Lagos: C.M.S. Bookshop

Lutz, Albert u.a. (1999) *Orakel – Der Blick in die Zukunft*, Zürich: Museum Rietberg

Maaß, Michael (1996) *Delphi – Orakel am Nabel der Welt*, Sigmaringen: Thorbecke Verlag

Malone, John Williams (1997) *Predicting the Future – From Jules Verne to Bill Gates*, New York: M. Evans and Company, Inc.

Marx, Karl (1867) *Das Kapital* in der Ausgabe von (1968) *Karl Marx – Friedrich Engels – Werke, Band 23*: Berlin: Dietz Verlag

Matthews, John (1991) *Keltischer Schamanismus: Rituale, Symbole, Traditionen*, München: Eugen Diederichs Verlag

Mayer, Gerhard / Schetsche, Michael / Schmied-Knittel, Ina / Vaitl, Dieter Hrsg. (2015) *An den Grenzen der Erkenntnis – Handbuch der wissenschaftlichen Anomalistik*, Stuttgart: Schattauer GmbH

Mazlish, Bruce (1965) *The Railroad and the Space Programme – An Exploration in Historical Analogy*, Cambridge: MIT Press

Meadows, Dennis L. (1972) *Die Grenzen des Wachstums – Bericht des Club of Rome zur Lage der Menschheit* in der Ausgabe von (1994), Stuttgart: Deutsche Verlagsanstalt

Meckelburg, Ernst (1984) *Geheimwaffe Psi*, Bern: Scherz Verlag

Mercier, Louis-Sébastien (1771) *L'An 2440 - rêve s'il en fut jamais* in der deutschen Ausgabe von (1989) *Das Jahr 2440 – Ein Traum aller Träume*, Frankfurt: Insel Verlag

Mikl-Horke, Gertraude (1997) *Soziologie – Historischer Kontext und soziologische Theorie-Entwürfe*, München: R. Oldenbourg Verlag

More, Thomas (1551) *Utopia* als Faksimile von (1969), Amsterdam: Da Capo Press

Morus (1958) *Die Enthüllung der Zukunft: Prophetie – Prognose - Planung von Babylon bis Wall Street*, Hamburg: Rowohlt Verlag

Musik, Alexander (2001) *Familistère – die backsteinerne Utopie* in „Mietermagazin" 5/01, Berlin: Berliner Mieterverein

Mylius, Christine (1974) *Traumjournal: Experiment mit der Zukunft (herausgegeben von Hans Bender)*, Stuttgart: Deutsche Verlags-Anstalt

Naisbitt, John (1982) *Megatrends: Ten New Directions Transforming Our Lives*, New York: Warner Books

Neuberger, Oswald (1995) *Führen und geführt werden*, Stuttgart: Ferdinand Enke Verlag

Newton, Sir Isaac (1733) *Observations Upon The Prophecies Of Daniel, And The Apocalypse Of St. John*, London: J. Darby and T. Browne

Niederwieser, Christof (2002) *Über die magischen Praktiken des Managements – Persönlichkeitsmodelle des modernen Managements im kulturhistorischen Vergleich*, München: Rainer Hampp Verlag

Niederwieser, Christof (2016) *Prognostik 02: Zeichendeutung*, Trossingen: Zukunftsverlag

Niederwieser, Christof (2018) *Die magischen Praktiken des Managements – Persönlichkeitsmodelle im kulturhistorischen Vergleich*, Rottweil: Zukunftsverlag

Niederwieser, Christof (2020) *Prognostik 03: Trends & Zyklen der Zeit*, Rottweil: Zukunftsverlag

Nissinen, Martti (2003) *Prophets and Prophecy in the Ancient Near East*, Leiden: Brill

Orwell, George (1949) *1984* in der Auflage von (2002), Berlin: Ullstein Taschenbuchverlag

Osborn, Alex F. (1993) *Applied Imagination – Principles and Procedures of Creative Problem-Solving*, New York: Creative Education Foundation Press

Ovason, David (1998) *The Nostradamus Code: For the First Time the Secrets of Nostradamus Revealed in the Age of Computer Science*, London: Arrow / Random House

Paschke, Uwe (1981) *Enzyklopädie der Weltgeschichte*, Baden-Baden: Holle Verlag

Paulus, Jochen (2005) *Brainstorming – ein beliebter Flop* in „Bild der Wissenschaft" 01/2005, Leinfelden-Echterdingen: Konradin Medien GmbH

Peccei, Aurelio / Siebker, Manfred (1974) *Die Grenzen des Wachstums – Fazit und Folgestudien*, Reinbek bei Hamburg: Rowohlt Taschenbuch Verlag

Petermann, Thomas / Coenen, Reinhard u.a. (1999) *Technikfolgen-Abschätzung in Deutschland – Bilanz und Perspektiven*, Frankfurt: Campus Verlag

Pictures of the Future – Die Zeitschrift für Forschung und Innovation (seit 2001), München: Siemens AG

Platon (1976) *Der Staat (Politeia)* eingeleitet und übersetzt von Karl Vretska, Stuttgart: Reclam

Poe, Edgar Allan (1984) *Complete Stories and Poems of Edgar Allan Poe*, New York: Doubleday

Popper, Karl (1987) *Das Elend des Historizismus*, Tübingen: J.C.B. Mohr (Paul Siebeck)

Rachet, Guy (1982) *Delphi – Das Heiligtum der Griechen*, Freiburg: Herder Verlag

Rahner, Karl (1958) *Visionen und Prophezeiungen*, Freiburg: Herder

Ramotti, Ottavio / Calliope, Tami (2002) *Nostradamus: The Lost Manuscript: The Code That Unlocks the Secrets of the Master Prophet*, Rochester: Destiny Books

Rapp, Friedrich u.a. (1999) *Normative Technikbewertung – Wertprobleme der Technik und die Erfahrungen mit der VDI-Richtlinie 3780*, Berlin: Edition Sigma

Rasul, Nazar (2019) *Enhancing Innovation Capabilities in the Digital World through Foresighting and Scenario Development*, Vortrag am 23.07.2019 im Rahmen der IKGF-Konferenz „Die Zukunft der Prognostik" in Erlangen

Rätsch, Christian (1996) *Die wichtigsten Schamanendrogen Kolumbiens* in Reichel-Dolmatoff, Gerardo (1996) *Das schamanische Universum : Schamanismus, Bewusstsein und Ökologie in Südamerika*, München: Diederichs Verlag

Rätsch, Christian (1998) *Enzyklopäde der psychoaktiven Pflanzen : Botanik, Ethnopharmakologie und Anwendung*, Aarau: AT Verlag

Rhine, Joseph B. (1950) *Die Reichweite des menschlichen Geistes – Parapsychologische Experimente*, Stuttgart: Deutsche Verlags-Anstalt

Richardson, Matthew (2002) *Das populäre Lexikon der ersten Male – Erfindungen, Entdeckungen und Geistesblitze von Abakus bis Ziffernblatt*, München: Piper Verlag

Rochberg, Francesca (2004) *The Heavenly Writing – Divination, Horoscopy, and Astronomy in Mesopotamian Culture*, Cambridge: Cambridge University Press

Rosenbohm, Alexandra (1991) *Halluzinogene Drogen im Schamanismus*, Berlin: Dietrich Reimer Verlag

Ryzl, Milan (2004) *Handbuch Parapsychologie*, München: Hugendubel Verlag

Schachnasarow, Georgij C. (1982) *Die Zukunft der Menschheit*, Leipzig: Urania Verlag

Schilde, Willy (1940) *Orakel und Gottesurteile in Afrika*, Leipzig: R. Voigtländers Verlag

Schlicksupp, Helmut (1999) *Innovation, Kreativität und Ideenfindung*, Würzburg: Vogel Verlag

Schmidt, Stefan (2002) *Außergewöhnliche Kommunikation?*, Oldenburg: BIS der Universität Oldenburg

Schmitt, Rüdiger (2004) *Magie im Alten Testament*, Münster: Ugarit-Verlag

Schott, Rüdiger (1997) *Orakel und Opferkulte bei Völkern der westafrikanischen Savanne*, Opladen: Westdeutscher Verlag

Schröder, Stephan (1990) *Plutarchs Schrift De Pythiae Oraculis*, Stuttgart: B.G. Teubner Verlag

Schüttler, Günter (1971) *Die letzten Tibetanischen Orakelpriester - psychiatrisch-neurologische Aspekte*, Wiesbaden: Franz Steiner Verlag

Sheldrake, Rupert (2003) *The Sense of being Stared at – and other Aspects of the extended Mind*, London: Hutchinson

Shelley, Mary Wollstonecraft (1819) *Frankenstein* in der Reprint-Ausgabe von (1959), London: Dent

Sherden, William A. (1998) *The fortune sellers: the big business of buying and selling predictions*, New York: John Wiley & Sons

Siemes, Wolfgang (1990) *Zeit im Kommen: Methoden und Risiken der magischen und rationalen Zukunftsschau*, Zürich: Edition Interfrom

Smith, Richard J. (1991) *Fortune-tellers and Philosophers – Divination in Traditional Chinese Society*, Boulder: Westview Press

Spengler, Oswald (1918/22) *Der Untergang des Abendlandes – Umrisse einer Morphologie der Weltgeschichte* in der Ausgabe von (2003), München: dtv Deutscher Taschenbuch Verlag

Stearn, Jess (1966) *Edgar Cayce – The Sleeping Prophet*, New York: Double Day & Company Inc.

Stein, Gotthard u.a. (2003) *Umwelt und Technik im Gleichklang - Technikfolgenforschung und Systemanalyse in Deutschland*, Berlin: Springer Verlag

Steinmüller, Angela / Steinmüller, Karlheinz (1999) *Visionen 1900 2000 2100 – Eine Chronik der Zukunft*, Hamburg: Rogner & Bernhard bei Zweitausendeins

Steinmüller, Karlheinz u.a. (2000) *Zukunftsforschung in Europa – Ergebnisse und Perspektiven*, Baden-Baden: Nomos Verlagsgesellschaft

Storl, Wolf-Dieter (2000) *Götterpflanze Bilsenkraut*, Solothurn: Nachtschatten Verlag

Strebel, Heinz u.a. (2003) *Innovations- und Technologiemanagement*, Wien: WUV Universitätsverlag

Sun-Tzu (2001) *Die Kunst des Krieges : die älteste militärische Abhandlung der Welt*, Lüchow: Phänomen-Verlag

Swoboda, Helmut (1979) *Propheten und Prognosen – Hellseher und Schwarzseher von Delphi bis zum Club of Rome*, München: Droemer Knaur

Tenhaeff, Willem HC (1973) *Kontakte mit dem Jenseits? – Der Spiritismus-Report*, Berlin: Universitas Verlag

Tenhaeff, Willem HC (1976) *Der Blick in die Zukunft - Präkognition*, Berlin: Universitas Verlag

Utts, Jessica (1996) *An Assessment of the Evidence for Psychic Functioning* in Journal of Scientific Exploration 10 (1), New York: Pergamon Press

Verne, Jules (1860) *Paris im 20. Jahrhundert* in der Ausgabe von (1996), Wien: Paul Zsolnay Verlag

Verne, Jules (1863) *Fünf Wochen im Ballon* in der Ausgabe von (1978), Berlin: Verlag Neues Leben

Verne, Jules (1865) *Von der Erde zum Mond* und (1870) *Reise um den Mond* in der Ausgabe von (1978), Berlin: Verlag Neues Leben

Verne, Jules (1870) *20.000 Meilen unter dem Meer* in der Ausgabe von (1980), Berlin: Verlag Neues Leben

Verne, Jules (1873) *In 80 Tagen um die Welt* in der Ausgabe von (2000), Hildesheim: Gerstenberg

Verne, Jules (1886) *Robur der Eroberer* in der Ausgabe von (1912), Berlin: Weichert Verlag

Voggenhuber, Pascal (2012) *Botschafter der unsichtbaren Welt: Wie der Dialog mit dem Jenseits unser Leben bereichert und heilt*, München: Heyne Verlag

Voggenhuber, Pascal (2018) *Nachricht aus dem Jenseits 2.0 – Die neuesten Erkenntnisse meiner Arbeit als Medium*, Altendorf: Giger Verlag

Wales, Quaritch (1983) *Divination in Thailand*, London: Curzon Press

Waters, Frank (1980) *Das Buch der Hopi – Nach den Berichten der Stammesältesten aufgezeichnet von Kacha Hónaw (Weißer Bär)*, Düsseldorf: Eugen Diederichs Verlag

Weber, Jürgen (1999) *Einführung in das Controlling (8. Auflage)*, Stuttgart: Schäffer-Poeschel Verlag

Weiskopf, Richard (2003) *Menschenregierungskünste – Anwendungen poststrukturalistischer Analyse auf Management und Organisation*, Wiesbaden: Westdeutscher Verlag

Wells, H.G. (1901) *Der Krieg der Welten*, Wien: Perles Verlag

Wells, H.G. (1914) *The World Set Free – A Story of Mankind*, Leipzig: Bernhard Tauchnitz Verlag

Wells, H.G. (1974) *Der Unsichtbare*, Zürich: Diogenes Verlag

Wells, H.G. (1975) *Die Zeitmaschine*, Berlin: Verlag Das Neue Berlin

Westphalen, Raban Graf von u.a. (1997) *Technikfolgenabschätzung*, München: Oldenbourg Verlag

Wuckel, Dieter (1986) *Science Fiction – Eine illustrierte Literaturgeschichte*, Hildesheim: Olms Presse

Zwicky, Fritz (1966) *Entdecken, Erfinden, Forschen im Morphologischen Weltbild* in der Version von (1989), Glarus: Verlag Baeschlin

Sonstige Quellen:

Dokumentation Terra X: *Das Delphi-Syndikat*, ZDF am 15.8.2004

Future Management Group: www.futuremanagementgroup.com

Hudson Institute: www.hudson.org/

Masterstudiengang Zukunftsforschung:
www.ewi-psy.fu-berlin.de/v/master-zukunftsforschung/

Netzwerk Zukunftsforschung: www.netzwerk-zukunftsforschung.eu/

Pascal Voggenhuber: www.pascal-voggenhuber.com

Office of Technology Assessment: www.wws.princeton.edu/ota/

RAND Corporation: www.rand.org/

Siemens Pictures of the Future:
www.siemens.com/innovation/de/home/pictures-of-the-future.html

Zukunftsinstitut: www.zukunftsinstitut.de

Z_Punkt GmbH – The Foresight Company: www.z-punkt.de

Themenregister

Personenregister

Christof Niederwieser
Die magischen Praktiken des Managements

336 Seiten
86 Abbildungen und Tabellen

ISBN 978-3-9464-9501-7

2. Auflage
(deutlich erweiterte Neuauflage)

ZUKUNFTSVERLAG
Rottweil 2018

Den wahren Charakter von Menschen zu erkennen und daraus die Eignung als Mitarbeiter abzuleiten, das ist erklärtes Ziel der Management-Diagnostik. Dabei beruft man sich gerne auf die neuesten Erkenntnisse der Wissenschaft.

„Die magischen Praktiken des Managements" blickt hinter die Fassade der Fortschrittlichkeit moderner Managementforschung. Auf einer Reise in die magischen Denkwelten unserer Vorfahren werden historische Persönlichkeitsmodelle mit den Methoden der aktuellen Betriebswirtschaftslehre verglichen. Vielgelehrte Theorien wie die Managertypen von Maccoby, die Menschenbilder von Schein oder die Führungsstile im 3D-Modell von Reddin, aber auch kommerzielle Diagnostik-Tools wie DISG®, MBTI®, Insights®, LIFO®, HBDI® oder TMS werden antiken Typologien gegenübergestellt und weisen dabei erstaunliche Parallelen auf...

17 Jahre nach der vergriffenen Erstauflage ist nun endlich die deutlich erweiterte Neuausgabe dieses Klassikers da. Mit zahlreichen neuen magischen Praktiken, einem Kochrezept für Diagnostik-Tools, dem Modell der Zeitgeist-Tektonik und über 150 zusätzlichen Seiten an neuem Material.

Die PROGNOSTIK Buchreihe

von Christof Niederwieser

**Die gesammelten Vorhersagemethoden
der Menschheitsgeschichte
auf 900 Seiten**

Der Blick in die Zukunft hat eine lange Geschichte. Orakelpriester, Propheten und Visionäre prägten mit ihren Vorhersagen die Geschicke ganzer Völker und Kulturen. Und auch heute sind Wettervorhersagen, Konjunkturprognosen, Börsenzyklen und Megatrends allgegenwärtig.

PROGNOSTIK 01: Zukunftsvisionen

212 Seiten
34 Abbildungen und Tabellen

ISBN 978-3-9464-9511-6

2. Auflage
ZUKUNFTSVERLAG
Rottweil 2020

Der erste Band „Zukunftsvisionen" stellt jene Arten der Zukunftsschau vor, die auf Intuition und Inspiration gründen: Trance und Besessenheit, Wahrträume, Präkognition, religiöse Zukunftsmythen, Utopien, Gesellschaftsvisionen und Science Fiction bis hin zu den qualitativen Methoden der aktuellen Trend- und Zukunftsforschung.

PROGNOSTIK 02: Zeichendeutung

352 Seiten
70 Abbildungen und Tabellen

ISBN 978-3-9464-9506-2

ZUKUNFTSVERLAG
Trossingen 2016

Der zweite Band „Zeichendeutung" präsentiert jene Arten der Prognostik, die aus den Signaturen der Erscheinungswelt die Zukunft lesen: Omen und Orakel in Afrika, Leberschau in Babylon, die römischen Auspizien, Physiognomik und Typenlehren in Indien oder I-Ging in China bis hin zu den Wahlprognosen, Wirtschafts- und Börsenanalysen, Gentests, NLP Patterns und Big Data Forecastings von heute.

PROGNOSTIK 03: Trends & Zyklen der Zeit

348 Seiten
84 Abbildungen und Tabellen

ISBN 978-3-9464-9513-0

ZUKUNFTSVERLAG
Rottweil 2020

Der dritte Band „Trends & Zyklen der Zeit" stellt jene Arten der Prognostik vor, die im Fluss der Zeit Muster erkennen und daraus die Zukunft lesen: von den Weltzeitaltern, Wahrsagekalendern und astrologischen Systemen historischer Hochkulturen über die Stadien, Stufenleitern und Kulturzyklen der abendländischen Philosophie bis zu den Verlaufsformeln, Wachstumskurven und Trend-Extrapolationen, den Wirtschaftszyklen und Klima-Projektionen der Gegenwart.

Und nicht selten findet sich Modernes in den magischen Methoden und Magisches in den Modellen unserer Zeit.